平山裕人

アイヌ地域史
資料集

明石書店

はじめに

　前著『アイヌの歴史』（明石書店、2014年）を執筆する上で、東アジアの列島（サハリン～台湾に至る島々）から見たアイヌ史、北東アジアから見たアイヌ史、世界史から見たアイヌ史、国家と先住民族を視点にしたアイヌ史と、大きなアングルから捉えたアイヌ史を描こうとした。

　それに対し本書は、地域ごとに細分化して見たアイヌ史がどのように映るのかということで、研究したものである。言わば『アイヌの歴史』とは真逆の立ち位置にいることになる。アイヌの人たちは日本が侵攻する前、そもそもどういう言葉を話し、その言葉の背景にどういう歴史や文化があったかという視点で書いた『アイヌ語古語辞典』（明石書店、2013年）とともに、アイヌ史研究のまとめ・三部作の最後として、『アイヌ地域史資料集』を送ることにする。

　ところで、私たちには、アイヌ史に対して、一つのイメージがある。

　つまり、渡島半島の沿岸で起きた「コシャマインの戦い」、（オホーツク海岸を除く）北海道全域で起きた「シャクシャインの戦い」、クナシリ水道周辺で起きた「クナシリ・メナシの戦い」。北海道南部に始まる、和人の侵攻は、三百数十年かけて、アイヌモシリ全域に及んだ。

　近代になると、日本とロシアがアイヌモシリを分割した。そして、日本政府はアイヌの狩猟・漁労の生業を奪い、文化を奪い、ついにはアイヌ語も奪ったのだ。

　この「アイヌ史の流れ」は大きな視野で見ると、間違いないものである。しかし、自分の住んでいる街の「アイヌ史の流れ」を知って、ハタと気付いた。それは私たちのイメージする「アイヌ史の流れ」とはずいぶん違うものだと。

　この違和感は何なのか。

　その地域、その地域には、今までの「アイヌ史のイメージ」とは異なる「アイヌ史」があったのである。和人地や中国との距離、自然環境によって、地域の個性が形作られていったと言えよう。そこで、地域ごとに独立させてアイヌ史を見ようではないかと考えた。「地域を発信地点とするアイヌ史」を創れるのではないかと。

　実際には、常に松前、箱館、江戸、あるいは近代では東京、札幌を視点にした史料を使わなければならないという限界を感じる。しかし、それを少しでも「地域」を基点にしたアイヌ史を作成しようと綱引きしながら、この資料集を作ることにしたのである。

［アイヌ地域史資料集］もくじ

はじめに ……………………………… 3

地名対照表について ……………… 6

地名対照表1. 渡島国から西回りに …… 7

地名対照表2. 胆振国から東回りに …… 12

第Ⅰ部　前近代

前近代について ……………………… 16

西蝦夷地編

西蝦夷地編　凡例 ………………… 17

西蝦夷地各場所地図 ……………… 22

　久遠場所 ………………………… 24

　奥尻場所 ………………………… 26

　太田場所 ………………………… 27

　太櫓場所 ………………………… 28

　瀬棚場所 ………………………… 30

　須築場所 ………………………… 32

　島小牧場所 ……………………… 34

　寿都場所 ………………………… 36

　歌棄場所 ………………………… 38

　磯谷場所 ………………………… 40

　岩内場所 ………………………… 42

　古宇場所 ………………………… 44

　積丹場所 ………………………… 46

　美国場所 ………………………… 48

　古平場所 ………………………… 50

　下余市場所 ……………………… 52

　上余市場所 ……………………… 54

　忍路場所 ………………………… 56

　高島場所 ………………………… 58

　小樽内場所 ……………………… 60

　石狩場所（浜場所） …………… 63

　石狩場所（イシカリ13場所） ………… 64

　厚田場所 ………………………… 74

　浜益場所 ………………………… 76

　増毛場所 ………………………… 78

　留萌場所 ………………………… 81

　苫前場所 ………………………… 83

　天塩場所 ………………………… 86

　天売・焼尻場所 ………………… 88

　利尻場所 ………………………… 90

　礼文場所 ………………………… 92

　宗谷場所 ………………………… 94

　斜里場所 ………………………… 98

東蝦夷地編

東蝦夷地編　凡例 ………………… 101

東蝦夷地各場所地図 ……………… 106

　箱館六箇場所 …………………… 108

　山越内場所 ……………………… 112

　虻田場所 ………………………… 114

　有珠場所 ………………………… 117

　絵鞆場所 ………………………… 120

　幌別場所 ………………………… 122

　白老場所 ………………………… 124

　勇払場所 ………………………… 126

　沙流場所 ………………………… 132

　新冠場所 ………………………… 135

　静内場所 ………………………… 138

　三石場所 ………………………… 141

　浦川場所 ………………………… 144

　アブラコマ（様似）場所 ……… 147

　幌泉場所 ………………………… 149

　十勝場所 ………………………… 151

　白糠場所 ………………………… 154

　久寿里場所 ……………………… 156

　厚岸場所 ………………………… 160

　根室（キイタップ）場所 ……… 163

　国後場所 ………………………… 166

色丹場所 ……………………… 169
択捉場所 ……………………… 170

北千島・北蝦夷地編

北千島

千島列島地図 ……………………… 175
北千島アイヌ ……………………… 176

北蝦夷地

北蝦夷地地図 ……………………… 178
北蝦夷地（樺太）…………………… 179

第Ⅱ部　近代

近代／北海道編

近代／北海道編について ………… 188
近代／北海道編　凡例 …………… 190
北海道14振興局地図 ……………… 192
北海道11カ国地図 ………………… 193
檜山地方 ……………………… 194
後志地方 ……………………… 196
石狩地方 ……………………… 198
空知地方 ……………………… 200
上川地方 ……………………… 202
留萌地方 ……………………… 204
宗谷地方 ……………………… 206
網走地方 ……………………… 208
渡島地方 ……………………… 210
胆振地方 ……………………… 212
日高（浦河）地方 …………… 215
十勝地方 ……………………… 218
釧路地方 ……………………… 221
根室地方 ……………………… 224

近代／南樺太編

近代／南樺太編について ………… 227
近代／南樺太　凡例 ……………… 229

南樺太地図 ……………………… 231

西海岸

好仁村 ……………………… 232
広地村・真岡町・蘭泊村 ……… 233
小能登呂町・野田町 …………… 234
泊居町・名寄村 ………………… 235
久春内村 …………………… 236
珍内村 ……………………… 237
鵜城村 ……………………… 238
恵須取町・西柵丹村（及びサハリン北部）
……………………… 239

アニワ湾

能登呂村 …………………… 240
留多加町 …………………… 241
千歳村 ……………………… 242
大泊町 ……………………… 243
遠淵村 ……………………… 244
知床村 ……………………… 245

東海岸

富内村 ……………………… 246
落合町 ……………………… 247
栄浜町 ……………………… 248
白縫村 ……………………… 250
帆寄村 ……………………… 251
元泊村 ……………………… 252
知取町 ……………………… 253
泊岸村 ……………………… 254
内路村 ……………………… 255
敷香町 ……………………… 256

アイヌ史博物館一覧 ……………… 258
おわりに ……………………… 260
索　引 ……………………… 263

地名対照表について

　本書は、アイヌの人たちがどういう歴史をたどったか、地域ごとに見たもので
ある。

　まず①アイヌ文化後期（和人の歴史でいう「近世」）、②近代アイヌ文化期（和人
の歴史でいう「近代」）の歴史に大きく分けて記した。

　だが、そこで示した地名は、現代の地名とどう対応するのか、明らかにしてお
かなければならないだろう。そこで、

　　⑦渡島国から西回りに、北海道日本海岸・オホーツク海岸。

　　⑦胆振国から東回りに、北海道太平洋岸・南千島。

に分けて、地名対照表を作成してみた。

　この地名対照表は、次の④〜⑪を比較したものである。

　④アイヌ文化後期の商場（場所）。

　⑪アイヌモシリを北海道と改称し、日本の一部にしたときの国・郡（1869年国
郡）。

　ⓒ1910年に14支庁に、1932年にはすべての支庁名が現在の各振興局と同じ
名前になった。各市町村名は、1922年にアイヌが居住していた地名のみを示し
た。

　⑪平成の大合併以前の2003年の市町村（2003年の市町村）。

　なお、第Ⅰ部前近代の「北蝦夷地編」と、第Ⅱ部近代の「南樺太」について
は、この地名対照表には含まず、該当する場面でそれぞれの地図を付記している
ので、そちらを参照していただきたい。

解説　道・国・郡とは

　古代の日本は道（東海道、南海道など）〜国（美濃国、尾張国など）〜郡〜里制を敷いた。
1869年、日本政府はそれまで蝦夷地（アイヌモシリ）と呼ばれていた地を北海道と名付け、
道のもとに国・郡制を敷いた。つまりこの年から、名実ともに、北海道を日本の一部にし
たことを宣言したことになる。

【地名対照表】1. 渡島国から西回りに

場所	1869年の国郡		1922年の支庁・市町村		2003年の市町村
	国	郡	支庁	市町村	
茅部	渡島	茅部	渡島		南茅部
尾札部					鹿部
					砂原
					森
子安		亀田			大野
					七飯
戸井					戸井
尻岸内					恵山
					椴法華
（和人地）		上磯			知内
					木古内
					上磯
		福島			福島
		津軽			松前
		松前			松前
					福島
		檜山	檜山		上ノ国
					江差
					厚沢部
		爾志			乙部
					熊石
久遠	後志	久遠		久遠	大成
太田					
太櫓		太櫓		太櫓	北檜山
瀬棚		瀬棚		瀬棚	北檜山
				東瀬棚	瀬棚
須築				利別	今金
奥尻		奥尻			奥尻
島小牧		島牧	後志	西島牧	島牧

地名対照表

場所	1869年の国郡		1922年の支庁・市町村		2003年の市町村
	国	郡	支庁	市町村	
寿都	後志	寿都	後志		黒松内
					寿都
歌棄		歌棄			寿都
磯谷		磯谷			蘭越
岩内		岩内		前田 岩内	共和
					岩内
古宇		古宇		神恵内 入舸 美国 古平 大江	泊
					神恵内
積丹		積丹			積丹
美国		美国			
古平		古平			古平
下余市 上余市		余市			仁木
					赤井川
				余市 塩谷 高島 小樽	余市
忍路		忍路			小樽
高島		高島			
小樽内		小樽			
上サッポロ	石狩	札幌	石狩		札幌
下サッポロ					
ナイホウ					
ハッシャフ					
シノロ					
シマップ				江別	北広島
ツイシカリ					江別
トクヒラ		石狩			当別
					新篠津
					石狩
上夕張 下夕張		夕張	空知		夕張
					長沼
					由仁
		空知		角田 栗沢	栗山
					南幌
					栗沢
					岩見沢
					北村

場所	1869年の国郡		1922年の支庁・市町村		2003年の市町村
	国	郡	支庁	市町村	
下カバト 上カバト	石狩	空知	空知	新十津川 雨竜	美唄
					三笠
					砂川
					上砂川
					奈井江
					歌志内
					芦別
					赤平
					滝川
		樺戸			月形
					浦臼
					新十津川
		雨竜			雨竜
					北竜
					沼田
				深川、音江	幌加内
					深川
					妹背牛
					秩父別
		勇払	上川	旭川	占冠
		上川			南富良野
					富良野
					上富良野
					中富良野
					旭川
					美瑛
					東神楽
					東川
					当麻
					愛別
					上川
					比布
					鷹栖
	天塩				和寒
					剣淵

場所	1869年の国郡		1922年の支庁・市町村		2003年の市町村
	国	郡	支庁	市町村	
	天塩	上川	上川	士別	士別
					朝日
					下川
					風連
				知恵文 名寄	名寄
		中川			美深
				中川	中川
					音威子府
厚田	石狩	厚田	石狩	厚田	厚田
浜益		浜益		浜益	浜益
増毛	天塩	増毛	留萌	増毛	増毛
留萌		留萌		留萌	留萌
				小平	小平
苫前		苫前		苫前	苫前
				焼尻	羽幌
焼尻・天売					初山別
天塩		天塩		遠別	遠別
					天塩
				幌延	幌延
礼文	北見	礼文	宗谷	香深	礼文
利尻		利尻		鴛泊	利尻
					利尻富士
宗谷		天塩			豊富
		宗谷		稚内 宗谷 頓別	稚内
					猿払
		枝幸			中頓別
					浜頓別
					歌登
				枝幸	枝幸
		紋別	網走	雄武	雄武
					西興部
				興部	興部
				紋別・渚滑	紋別
				滝上	滝上

場所	1869年の国郡		1922年の支庁・市町村		2003年の市町村
	国	郡	支庁	市町村	
	北見	紋別	網走		湧別
				上湧別	上湧別
				遠軽	遠軽
					丸瀬布
					白滝
					生田原
		常呂		佐呂間	佐呂間
				常呂	常呂
				端野	端野
				野付牛	北見
				留辺蕊	留辺蕊
				置戸	置戸
					訓子府
		網走		網走	網走
					女満別
					東藻琴
	釧路			美幌	美幌
				津別	津別
斜里	北見	斜里		小清水	小清水
				斜里	斜里
					清里

【地名対照表】2. 胆振国から東回りに

場所	1869年の国郡		1922年の支庁・市町村		2003年の市町村
	国	郡	支庁	市町村	
野田追		山越	渡島		八雲
					長万部
虻田		虻田		弁辺	豊浦
				虻田	虻田
					洞爺
有珠		有珠		伊達	伊達
					壮瞥
					大滝
絵鞆	胆振	室蘭	胆振		室蘭
幌別		登別		幌別	登別
白老		白老		白老	白老
マコマイ ホタナイ アツマ ムカワ （勇払）		勇払		苫小牧	苫小牧
				安平	早来
					追分
				厚真	厚真
				鵡川	鵡川
				似湾	穂別
マス、チイカイ、タルマイ、ママチ、オサツ、アツイシ、イシャリ、ムイシャリ		千歳	石狩	千歳	千歳
				恵庭	恵庭
沙流		沙流		門別	門別
				平取	平取
新冠	日高	新冠	日高	高江	新冠
静内		静内		静内	静内
三石		三石		三石	三石
浦河		浦河		荻伏 浦河	浦河

場所	1869年の国郡		1922年の支庁・市町村		2003年の市町村
	国	郡	支庁	市町村	
様似	日高	様似	日高	様似	様似
幌泉		幌泉			えりも町
十勝	十勝	広尾	十勝	茂寄	広尾
		当縁		大樹	大樹
					忠類
		河西			中札内
					更別
				帯広、河西	帯広
				芽室 伏古	芽室
		河東			
		河西			清水
		上川			
		河西			新得
		河東		音更	音更
				鹿追	鹿追
				上土幌	土幌
				大津	上土幌
		中川			豊頃
		十勝			
		中川		幕別	幕別
				川合	池田
				本別	本別
	釧路	足寄		足寄	足寄
					陸別
	十勝	十勝		浦幌	浦幌
白糠	釧路	白糠	釧路	白糠、音別 尺別	音別
					白糠
久寿里		阿寒			阿寒

地名対照表

場所	1869年の国郡		1922年の支庁・市町村		2003年の市町村
	国	郡	支庁	市町村	
久寿里	釧路		釧路	舌辛	鶴居
		川上		標茶	標茶
				弟子屈、熊牛	弟子屈
		釧路			釧路（市）
				釧路（村）昆布森	釧路（町）
厚岸		厚岸		厚岸	厚岸
					浜中
根室	根室		根室	和田	根室
		根室		別海	別海
		野付			
		標津		標津	中標津
					標津
		目梨		植別	羅臼
色丹	千島	色丹		斜古丹	色丹
国後		国後		泊	泊
				留夜別	留夜別
択捉		択捉		留別	留別
		振別			
		紗那		紗那	紗那
		蘂取		蘂取	蘂取

第Ⅰ部
前近代

〈前近代について〉

1604年、徳川家康は、松前氏に黒印状を渡した。

そこには、松前に渡る和人は、松前氏の許可なく、アイヌと交易はできないと記している。

これこそが、アイヌとの交易を一手に引き受けることを認めた、松前藩成立の基本証文となった。

以後、17～19世紀半ばにかけて、松前藩はアイヌモシリの海岸部を中心に、地域ごとに商場（場所）を置いた。それは、

①1630年代頃～1720年頃

松前藩主に認められた家臣が、それぞれの地域（商場）でアイヌと交易した。

②1720年頃～19世紀初頭

各家臣は、商人に商場（場所）を請け負わせ、交易は和人商人とアイヌの関係になっていった。和人商人は、松前藩家臣に請負代金（運上金）を払った。

③18世紀末～1860年代

和人商人は、アイヌを漁場労働者として使役した。19世紀半ばには、漁場生産の高い地に、他地域のアイヌを出稼ぎ（連行）させた。また、1840年に和人のニシン漁、出稼ぎがルモイで解禁になり、1855年にはシャコタン半島を越えての居住も認められた。

という歴史をたどっている。

この間、①の時期には、交易の不利からシャクシャインの戦いが起き、③においては、漁場労働の過酷さから、クナシリ・メナシの戦いが起きている。ことに③においては、非人道的な漁場労働から、アイヌの人口は激減した。

しかし、それはアイヌ史全体を俯瞰した見方であり、地域（商場あるいは請負場所）ごとに見たら、どんな歴史になるのだろうか。

商場（場所）は、松前藩が置いたものだから、松前藩に近い地域は、小さな集落ごとに一つの商場（場所）が置かれ、遠くなると広大な面積で一つの商場（場所）になる。

さらに言えば、サハリンの大部分、中・北千島には、最後まで商場（場所）は置かれていない。

そういう傾向を踏まえながらも、アイヌ史を示す貴重な資料として、商場（場所）ごとのアイヌ史を紹介する。

西蝦夷地編　凡例

　基本的に各地域（場所）ごとに、以下の情報をもとにして、アイヌの歴史をたどった。データのない項目は「データなし」とした。なお、石狩場所（イシカリ13場所）に関しては、13の場所をまとめたものであり、凡例のような形での記載はできなかった。

1. アイヌ集落と首長

　北海道各地のアイヌ首長名がわかるのは、17世紀後半からである。
　本書は、（地域別）アイヌ史資料集であり、当然、まずアイヌ首長名から紹介した。

2. 知行主

　北海道の各アイヌ集落に、商場を設置したのは、松前藩の家臣である。ここから、アイヌモシリ侵攻の第一歩が始まった。従って、各場所の知行主名を2番目に示した。

3. 運上金と場所請負人

　18世紀前半には、商人が各知行主から場所を請け負うようになった。その商人名と、請け負った運上金額を時代ごとに示した。ただし、運上金額には疑問があるものもある。

4. 産物

　各場所で獲れる水産物や陸産物は時代によって異なる。それは、和人の需要が変わってくるので、それに合わせて、漁獲物も変わることになる。そこで時代ごとの産物を示した。

5. アイヌの生活

　地域ごとの「アイヌの生活」と言っても、いつの時代を典型とすべきか。
　文献史料がそろっていて、アイヌの生活が和人の商品経済に破壊される前ということで、「19世紀初頭」という時期に照準を当ててみた。
　『遠山・村垣西蝦夷日記』（『遠』）と『東海参譚』（『東』）は1806年、『西蝦夷地日記』（『西記』）は1807年の旅行記である。『遠』と『東』は同じ一行の旅行だが、見ている視点が若干違う。また、『遠』『参』は春の記録であるのに対し、『西記』は夏の記録である。春と夏では、狩猟や漁獲物の違いから、アイヌ集落も和人の番屋も異なる可能性がある。
　三書に掲載されているアイヌ集落や、和人の運上屋、番屋があった地点は、それから約50年後の、19世紀半ばの松浦武四郎『東西蝦夷山川地理取調図』（『山川』）から調べ、地図起こしをした。『山川』に見えないが、ほぼ位置がわかる場合も、地図に示した。

6. 歴史

　17〜19世紀半ばにおける、さまざまな史料に残されている、その地域の歴史や、集落、運上金の変遷などを、要約してみた。

17

『西蝦夷地分間』（『分』）による。ただし、時代により、場所の範囲は変わる。また、『分』に記載されていない「範囲」は示していない。

場所名は漢字で、アイヌ語地名はカタカナで示した。

現在の位置

その場所の特徴をまとめる。

(惣)(乙)：総乙名（総首長）
(乙)：乙名（首長）
(脇)：脇乙名（副首長）
(惣)(小)：惣小使
(小)：小使
(土)：土産取

河野常吉『場所請負人及運上金（抄）』による。（『松前町史』より）

(元)：元運上金
(差)：差荷金
(増)：増運上金
(仕)：仕向金
(上)：上乗金
(秋)：秋味
(マ)：マス
(タ)：タラ
(雑)：雑魚
(別)：別段上納
(冥)：冥加金
(積)：積金

岩内（イワナイ）場所〔岩内町、泊村〕

範囲：カモイシリカ～モイノトマリ（5里半）

ポイント 水産物が豊富。18 世紀には大集落になる。19 世紀になると、集落は小さくなるが、運上金ははねあがる。

1. アイヌ集落と首長

西暦（元号）	戸数（人口）	アイヌ首長
1670（寛文10）年	10 + α	カンネクルマ（カンニシコル）　セクランケ※1
1786（天明6）年		(乙)ワジマ　(小)パクロ
1792（寛政4）年	100（340）	(乙)ツシマ　(小)トサニ
1822（文政5）年	71（250）	
1854（安政元）年	26（56）	
1863（文久3）年		(惣)(乙)セベンケ　(小)チカイクル

※1：『揆』より。

2. 知行主

西暦（元号）	知行主
1739（元文4）年	蠣崎庄右衛門（含むフルウ） 山方（材木か）は松前藩主
1786（天明6）年	松前藩主
1792（寛政4）年	蠣崎佐士　藩主（場）※2

※2：『場』より。

3. 運上金と場所請負人

西暦（元号）	運上金（両）	場所請負人
1739（元文4）年	100	
1786（天明6）年	150	熊野屋新右衛門
1792（寛政4）年	250	熊野屋忠右衛門
1822（文政5）年	450	加賀屋多左衛門
1841（天保12）年	515	仙北屋仁左衛門
1846（弘化3）年	465	仙北屋仁左衛門
1854（安政元）年	515	仙北屋仁左衛門
1861（文久元）年	515	仙北屋仁右衛門
1867（慶応3）年	(元)515 (雑)1299両2分 (仕)160両3分	仙北屋仁左衛門

シリフカ（泊村）

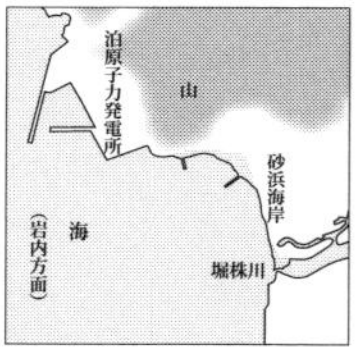

イワナイ（岩内町）

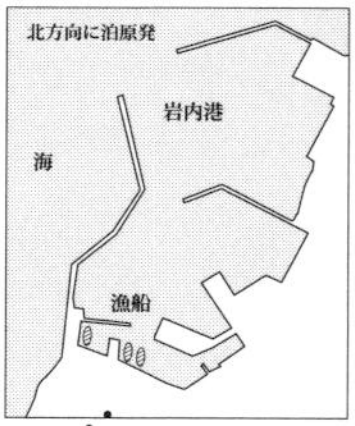

［見学］岩内場所について岩内町郷土館（岩内町清住 5-3）に説明がある。

42

〔地図〕実際に行って、見てきた現在の風景
※島の地形は、松浦竹四郎『東西蝦夷山川地理取調図』（『山川』）を写した。

1739年は『蝦夷商賣聞書』(『商』)、1792年は『西蝦夷地分間』(『分』)、1863年は『西蝦夷日誌』(『西誌』)による。他に1807年がある場合は『西蝦夷地日記』を参照した。

西蝦夷地編

4. 産物

西暦(元号)	主な産物
1739(元文4)年	ニシン、カズノコ、串貝たくさん、サメ油、干タラ、イリコ少々、松材木(近年まで)夏生マスたくさん、秋生サケ
1792(寛政4)年	ニシン(7千束)、カスベ、アワビ、イリコ(5束)、シリム川はサケ
1863(文久3)年	ニシン、タラ、アワビ、カスベ、ヒラメ、ナマコ、コンブ、サケ、其外雑魚、材木多い

5. アイヌの生活(19世紀初頭)

	『遠』(4月10日)	『東』(4月10日)	『西記』(8月25日)
ホロナイ	○	2	
シキシマナイ	○		
ノフカ	○		
イワナイ	運 ア 20余		(アイヌ400人程)
シリフカ川	漁小(サケ)		
モイノトマリ			

6. 歴史

(1) 17世紀
 ①イワナイのカンネクルマ(カンニシコルと同一人物であろう)が、岩内〜美国まで力を持った(『津』)。
 ②シリフカのアイヌが、"シャクシャインの戦い"に参加した。シリフカのカンニシコルは、米と干鮭の交換比率を問題にした(『津』)。

(2) 18世紀
 ①18世紀末には、ムイノトマリ(現・泊市街)が登場(『郷』)。1739年には「湊」として紹介(『商』)。和船が入る関係か。
 ②1754年、蠣崎佐士によると、フルウとイワナイの境界について、アイヌが議論になったという(『抄』)。
 ③18世紀には、大集落になった。18世紀末に首長のワジマが力を持った。

(3) 19世紀
 ①集落の規模は小さくなったが、運上金は激増した。
 ②土地は肥沃で、畑地が多かった(『西誌』)。

首長カンネクルマ

前近代アイヌ列伝

シャクシャインの謀殺後も、カンネクルマは松前に抵抗を示した。1670年4月には、イシカリとともに松前を攻め滅ぼそうと相談し、5月には松前からの通詞を殺害しようとしたが、止められた。

岩内アイヌ首長系図

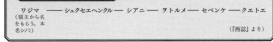

ワジマ ─ シュクセエヘンクル ─ シアニ ─ ヲトルメ ─ セベンケ ─ クエトエ
(領主から名をもらった。本名シノミ)

(『西誌』より)

・アイヌ集落や和人の運上屋、番屋のある地

ア	:アイヌ戸数
番	:番屋
漁	:漁小屋
運	:運上屋
小	:小屋
○	:地名のみ掲載

海岸線は松浦竹四郎『東西蝦夷山川地理取調図』(1859年)を写す。

※「5. アイヌの生活」は19世紀初頭、海岸線地図は19世紀半ばのものなので、50年ほどの時間差がある。従って、前者にはあって後者にはなくなってしまった地名、集落もあることをお断りしたい。

なお、地名表記は同一地名でありながら、「場所の範囲」(『分』)、「アイヌの生活」(『遠』『東』『西記』)、「地図」(『山川』)の文字が若干異なることがあった。その場合は「アイヌの生活」の表記に合わせた。

◇引用史料

- 『津』　喜田村校尉編『津軽一統志』1670年
- 『寛』　則田安右衛門『寛文拾年狄蜂起集書』1670年
- 『揆』　『松前蝦夷一揆聞書』1670年
- 『快』　水戸藩編『快風丸記事』1688年
- 『主』　松前広時『松前主水広時日記』1692年
- 『郷』　『松前島郷帳』1700年
- 『松』　『松前蝦夷記』1717年
- 『商』　『蝦夷商買聞書』1739年
- 『年』　『松前年々記』1742年
- 『福』　『福山秘府』1780年
- 『抄』　松前広長『舊紀抄録』1781年以降
- 『随』　『松前随商録』1784年
- 『草』　最上徳内『蝦夷草子』別録1786年
- 『拾』　佐藤玄六郎『蝦夷拾遺』1786年
- 『分』　『西蝦夷地分間』1792年
- 『場』　『東西蝦夷地場所附』1792年
- 『夷』　串原正峯『夷諺俗話』1792年
- 『遠』　遠山金四郎・村垣左太夫『遠山村垣西蝦夷日誌』1806年
- 『東』　東寗元積『東海参譚』1806年
- 『伊能』伊能忠敬『大日本沿海輿地全図』(伊能図) 1821年
- 『西記』田草川伝次郎『西蝦夷地日記』1807年
- 『近』　松浦武四郎『近世蝦夷人物誌』1858年
- 『山川』松浦竹四郎『東西蝦夷山川地理取調図』1859年
- 『安』　『安政六未七月土人御目見得ニ付日記』1859年
- 『知』　松浦武四郎『知床日誌』1863年
- 『西誌』松浦武四郎『西蝦夷日誌』1863年(含む1807、1808、1822、1854年)
- 『家』　新田千里『松前家記』1878年
- 『門』　『北門史綱』1868年以降

※『近』『知』『西誌』は、松浦武四郎が1845〜56年に調査したもの。

◇アイヌ文化期の遺跡の参考文献

- 『遺』　野村崇『日本の古代遺跡』41(北海道Ⅱ)、保育社、1997年

◇他

- 『庶』　高倉新一郎編『日本庶民生活史料集成』第四巻、三一書房、1969年の註より

◇アイヌ伝承（西蝦夷地）

　和人の記録のみで、アイヌ史を描こうとすると、和人の侵攻史だけになってしまう。それをアイヌの視点で見直しても、アイヌの抵抗史になってしまう。アイヌ自身の記録がないのだから、「やむなし」なのか。

　実は、膨大なアイヌ伝承がある。多くは、神々の世界のことを伝えたものだが、中に「この史実を伝えようとしたものだろう」というものがある。

　それらは、絶対年代がわからない、どこまでが史実なのかわからないという問題がある。しかし、明らかにアイヌ自身が残そうとした歴史である。

　しかも、その歴史は、アイヌの抵抗史などではない。そもそも、ほとんどの伝承に和人は出てこない。隣接するアイヌの襲撃、戦いがほとんどである。

　和人の影響を早く受けた檜山・後志（の大部分）の伝承は少ない上に、歴史を読み取れるものは見えない。逆にオホーツク海岸の伝承は、因幡勝雄氏が書にまとめたが、ここは「場所」の面積が広大で、一つの「場所」にほぼ一つの「伝承」の紹介としたため、多くを割愛せざるを得なかった。

　なお、ここに紹介したアイヌ伝承は、各文献を要約したものであって、全文を引用したものではないことをお断りしておきたい。

　『集成』　因幡勝雄『アイヌ伝承ばなし集成』（日本海・オホーツク海岸）北海道出版企画
　　　　　　センター、2007年
　『伝説』　更科源蔵『アイヌ伝説集』北書房、1971年
　『伝承』　宇田川洋『アイヌ伝承と砦』北海道出版企画センター、1981年
　『通観』　稲田浩二・小澤俊夫編『日本昔話通観』第1巻、同朋舎出版、1989年

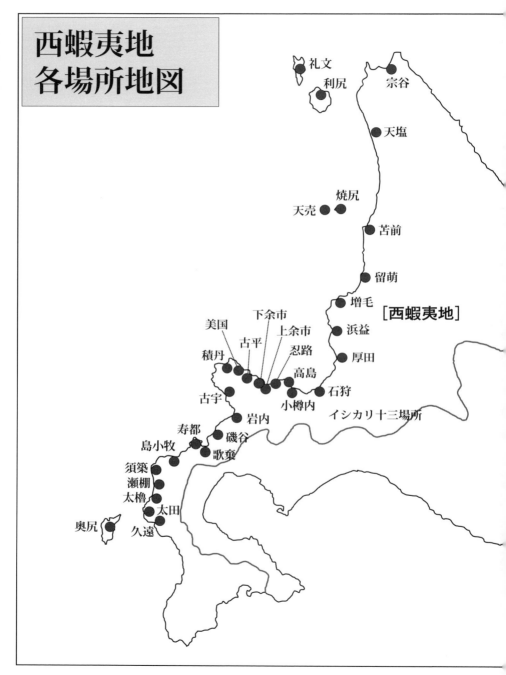

西蝦夷地編

　17世紀後半のシャクシャインの戦いまでに、すでに宗谷場所まで置かれている。また、一時期、北見のユーヘツに商場があったようだ。
　19世紀になって、1807（文化4）年～1846（弘化3）年の間に、宗谷場所から紋別場所が独立した。
　また、1859（安政6）年から、蝦夷地「警備」を奥羽6藩に分割した。そのため、翌1860（万延元）年、宗谷場所のうち、「柵内（さんない）」を除いて天領にしたため、柵内場所が成立、斜里場所からも網走場所が分離した。

斜里

［東蝦夷地］

久遠場所〔せたな町〕
クドオ

範囲：ホンムイ～ナカホクシ（5里）

ポイント 17世紀後半にはセタナイの彦次郎の配下。セタナイアイヌと和人地との境界が久遠か。19世紀には漁場生産激減か。

1. アイヌ集落と首長

西暦（元号）	戸数（人口）	アイヌ首長
1670（寛文10）年		彦次郎
1786（天明6）年		㋵コタロウ ㋵チクマンテ ㋛カンナヲク
1807（文化4）年	3～4	㋵デレケウシ、ホロシマ
1822（文政5）年	5（25）	
1855（安政2）年	3（11）	
1856（安政3）年		㋵クワンレキ ㋫イラヘン ㋛スエタケ

セキナイ（八雲町熊石地区）

2. 知行主

西暦（元号）	知行主
1739（元文4）年	厚谷六左衛門
1786（天明6）年	厚谷新下
1792（寛政4）年	厚谷新下

3. 運上金と場所請負人

西暦（元号）	運上金（両）	場所請負人
1739（元文4）年	不同	
1786（天明6）年	25	中嶋屋兵右衛門
1792（寛政4）年	20	石橋治兵衛
1822（文政5）年	6両永120文	石橋屋松兵衛
1841（天保12）年	6両2分	石橋屋松兵衛
1846（弘化3）年	5両2分	西屋金蔵
1854（安政元）年	6両2分	石橋屋松之丞
1857（安政4）年	6両2分	石橋屋松兵衛
1867（慶応3）年	㋲6両2分 ㋞45両 ㋕1両3分	石橋屋松兵衛

ウスベツ（せたな町大成地区）

※石橋屋松兵衛が運上屋を久遠に移すが、アイヌに対する強欲非道はすさまじかった。養子の瀬左衛門はもっとひどかった（『近』）。

4. 産物

西暦(元号)	主な産物
1739(元文4)年	ニシン、カズノコ、串貝、干サケ、魚油、イリコ少々
1863(文久3)年	小場所で、運上にならない。 他から来た人々のタラ、ナマコ、アワビ捕りを禁じる。 (春彼岸)ニシン、ガンギ[※1] (夏至より)ナマコ、アワビ (6月より)コンブ、タラ、スルメ、サケ、ノリ、フノリなど

※1：ソコガンギエイの略(石垣福雄『北海道方言辞典』)。

5. アイヌの生活(19世紀初頭)

	『遠』 (3月25日)	『東』 (3月25日)	『西記』 (8月21日)
ホロワシリ			「本邦夷地境」
セツキナイ	漁⑤(和人6)		(和人6〜7)
ウスベツ	運	運 ア2	ア3〜4
ユノシリ	(越年小屋1)	ア1	
テレケウシ	ア3		
ホロシマ		○	
太田崎	松前からの漁 (仮⑤)	○	岩穴権現社あ る

6. 歴史

(1) 17世紀
① 「せつき内村」の首長が彦二郎で、「是より狭地」だという(『寛』)。関内は、山が押し迫った入り江で、狭い。彦二郎はセタナイ首長なので、「せつき内」まで影響力を持っていたことになる。
② 『郷』には「うすべち」が記される。関内より大きな入り江である。

(2) 18世紀
① 『商』によると、18世紀前半では、ウスベチに商場がある。

(3) 19世紀
① 『草』によると、18世紀後半までウスベチ場所だったが、『分』では、18世紀末には久遠に運上屋を置くようになった。
臼別より久遠の方が大きな入り江である。
② 1856年、首長のクワンレキが場所請負人の非人道性を箱館奉行支配調査役の向山源太夫に訴えた(『近』)。

クドオ(せたな町大成地区)

奥尻場所〔奥尻町〕

範囲：

ポイント　オクシリアイヌの記録はない。セタナイやフトロアイヌの漁労圏。

1. アイヌ集落と首長、2. 知行主、5. アイヌの生活
データなし

3. 運上金と場所請負人

西暦（元号）	運上金（両）	場所請負人
1792（寛政4）年	10	
1822（文政5）年	50	河内屋小兵衛
1823（文政6）年	28両1分　㊥1両3分　㊙2分永65文、2分	佐野屋権次郎
1841（天保12）年	30両1分	新谷新左衛門
1854（安政元）年	32	荒屋要右衛門
1861（文久元）年	30両1分	荒屋新右衛門
1867（慶応3）年	㊝30両1分　㊥1両3分　㊞20　㊫1両2分	荒屋新左衛門

4. 産物

西暦（元号）	主な産物
1863（文久3）年	（春彼岸）ニシン、ガンギ （夏）アワビ、ナマコ、スルメ、カスベ、タラ、海草

オクシリ（奥尻島）

（『山川』の奥尻島は実際の地形と大きく異なる）

6. 歴史

（1）17世紀
　① 17世紀には、「但　沖に大島有　おくしりの島と申也」（『津』）、「おこしり島」（『郷』）が見えるが、アイヌの活動や、商場記述は見えない。

（2）18世紀
　① 1766年、江戸勤務の河合兎毛からオコシリ島を取り上げ、金5両を宛てた（『抄』）。

（3）19世紀
　① 1818（文政元）年では、ヲクシリ島は無人島であり、春はニシン漁、夏はアワビ、イリコを漁し、乙部村あたりから出漁した（『北夷談』）。
　② 19世紀後半の史料（『西誌』）によると、以前にはフトロやセタナイのアイヌが、毎春オットセイ猟に来ていたという。

オクシリ島のアイヌの歴史はいま一つ見えない。『福』に1490年、松前に曹洞宗法源寺が建立されたとあるが、これは若狭国随芳が開いたもので、奥尻島から移ったという。15世紀後半に奥尻島に和人がいたということか。

太田場所〔せたな町〕
オオタ

範囲：ナクホクシ～ヲヲナ（1里半）

ポイント 漁場生産が少ないのに、松前藩主の場所。日本海岸のアイヌに対する押さえか。

1. アイヌ集落と首長、5. アイヌの生活
データなし

2. 知行主

西暦（元号）	知行主
1786（天明6）年	松前藩主
1792（寛政4）年	松前藩主

3. 運上金と場所請負人

西暦（元号）	運上金（両）	場所請負人
1786（天明6）年	5	加賀屋太右衛門

4. 産物

西暦（元号）	主な産物
1863（文久3）年	ニシン、アワビ、サメ、コンブ、タラ、ガンギ

6. 歴史
(1) 17世紀
　① 17世紀には「大田の崎」が見える（『寛』）。
(2) 18世紀
　① 『商』には見えず、18世紀前半に、大田場所があったかどうか、疑問。
　② 18世紀末には、松前藩主の場所とされた（『草』）。
(3) 19世紀
　① 19世紀初頭には、松前から来る人（和人か）の板小屋があった（『遠』）。
　② 『西誌』によると、19世紀後半には、久しくアイヌが居住しておらず、請負人もいなかった。

オオタ（せたな町大成地区）

西蝦夷地編

太櫓場所〔せたな町〕
フトロ

範囲：ヲヲナ〜モイシ（3里半）

ポイント 19世紀初頭に人口減少があった。その後、回復したのは他地域からの移住によるものか。19世紀中葉には和人の商業資本に組み込まれた。

1. アイヌ集落と首長

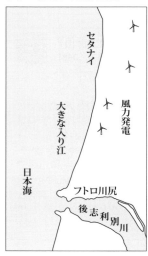

フトロ（せたな町北檜山地区）

西暦（元号）	戸数（人口）	アイヌ首長
1670（寛文10）年		ランチ
1792（寛政4）年	10（80）	㊁アサリ ㊰ポンニシハ ㊩イビリナ
1807（文化4）年	5	㊁ハッテ ㊩リエ
1822（文政5）年	17（68）	
1855（安政2）年	18（73）	

2. 知行主

西暦（元号）	知行主
1739（元文4）年	牧田嘉右衛門
1786（天明6）年	和田郡治
1792（寛政4）年	和田郡治

3. 運上金と場所請負人

西暦（元号）	運上金（両）	場所請負人
1739（元文4）年	年々不同	
1786（天明6）年	80	建部屋忠右衛門
1792（寛政4）年	80	田中松平
1822（文政5）年	18	阿部屋甚右衛門
1823（文政6）年	48両外3分永120文 ㊛2分	庄兵衛（名字は示さず）
1841（天保12）年	6	浜屋勘兵衛
1846（弘化3）年	50	石橋屋松兵衛
1854（安政元）年	60	浜屋与三右衛門
1861（文久元）年	50	浜屋与三右衛門
1867（慶応3）年	㊀50　㊥25 ㊉11	浜屋与三右衛門

4. 産物

西暦(元号)	主な産物
1739(元文4)年	ニシン、カズノコ、串貝、魚油少々、イリコ、夏塩マス、秋生サケ
1792(寛政4)年	ニシン、サケ、カスベ
1807(文化4)年	サケ
1863(文久3)年	(海)春彼岸よりニシン、8月はカスベ、海噀※1、アワビ、コンブ、ガンギ、スルメ (陸)サケ、マス、アメマス、魚が多い、巨材多く、近年、松前城築城のとき、使った

※1：ナマコのことか。

5. アイヌの生活(19世紀初頭)(太田場所・太魯場所)

	『遠』(3月25日)	『東』(3月25日)	『西記』(8月21～22日)
太田崎	松前からの漁 (仮小)	○	岩穴権現社ある
トワタウシ		(2)	○
乱レ崎	○	○	
フトロ	ア5、運 20年前まで漁猟。その後、不漁。	男女アイヌが「夫役」	
フトロベツ	○(サケ漁場)		ア5
トシベツ			

6. 歴史

（1）17世紀
　①「ふとろ」という地名が見える（『津』・『郷』）。
　②「金掘ルイカ」という地名がある。寛文年代（1660～70年代）に、金掘がたくさん来て、橋（ルイカ）を造ったという（『西誌』）。

（2）18世紀
　①『西記』によると、30年前（1780年頃）に、江差檜山奉行により、椴材等を伐採する和人がいたが、サケ漁をするアイヌとの対立を回避するため、秋には引き上げた。
　②『遠』によると、20年前（1790年頃）まで漁労をしていたが、その後、不漁だと言う。

（3）19世紀
　①19世紀初頭の人口減の後、アイヌの人口が持ち直した。
　②『西誌』によると、昔、アイヌがトシベツ川上流のカンノボリにいたが、文化年間（19世紀初頭）にフトロに移住したと言う。

瀬棚場所〔せたな町〕

範囲：モイシ〜チロラシナイ（3里半）

ポイント 16〜17世紀は、後志利別川を背景に、アイヌの一大拠点。18世紀も、漁場生産による大集落。

1. アイヌ集落と首長

西暦（元号）	戸数（人口）	アイヌ首長
1670（寛文10）年	30	彦次郎（居城があった）
1692（元禄5）年		三蔵
1786（天明6）年		㊗ヤソウ　㊚アベアンケ
1792（寛政4）年	26(60)	㊗シフナラ
1807（文化4）年	12	㊗シフナ　㊚シヲビキ
1822（文政5）年	19(86)	
1854（安政元）年	18(73)	
1863（文久3）年		㊗シイヘシ※1　㊚シテバ※2

※1：『西誌』より。※2：『近』より

2. 知行主

西暦（元号）	知行主
1739（元文4）年	八木橋瀬左衛門
1786（天明6）年	谷悌増蔵
1792（寛政4）年	谷悌増蔵（左門）

3. 運上金と場所請負人

西暦（元号）	運上金（両）	場所請負人
1739（元文4）年	年々不同	
1786（天明6）年	100	大黒屋茂右衛門
1792（寛政4）年	120	大黒屋伝九郎
1807（文化4）年	70	三条屋仁左衛門
1822（文政5）年	60	高田屋吉次郎
1823（文政6）年	60両外1両2分永50文	
1841（天保12）年	65	山崎屋新兵衛
1846（弘化3）年	65	山崎屋新兵衛
1854（安政元）年	65	古畑屋伝十郎
1861（文久元）年	65	古畑屋伝十郎
1867（慶応3）年	65　㊞35　㊎18両2分	古畑屋伝十郎

アブラ（せたな町瀬棚地区）

セタナ（せたな町瀬棚地区）

〔遺跡〕セタナイチャシ
　面積は150×120メートル。青磁などの陶磁器、刀子、鍋などの鉄製品、寛永通宝が出土した（『遺』）。

4. 産物

西暦（元号）	主な産物
1739（元文4）年	ニシン、カズノコ、串貝少々、干タラ、サメ油、干サケ、夏塩マス、秋生サケ
1792（寛政4）年	ニシン、サケ、カスベ
1807（文化4）年	サケ
1863（文久3）年	（春）ニシン、ガンギ、カスベ、マス （夏）ナマコ、アワビ、細コンブ、アサクサノリ、布コンブ

5. アイヌの生活（19世紀初頭）

	『遠』 (3月27～29日)	『東』 (3月27～29日)	『西記』 (8月22～23日)
トシベツ			江差檜山奉行 40～50人 山稼ぎ 60～70人
セタワキ	○		
セタナイ	○	○	ア 12 ババ川
三本杉		○	
スッキ	○	○	○

6. 歴史

(1) 16～17世紀

① セタナイ首長と思われるタナサカシ、その娘婿のタリコナが、松前の蠣崎氏に謀殺された（1529年、1536年）。1550年に、松前の蠣崎氏とセタナイのハシタイン、シリウチのチコモタインの間で、和平が成立した。

② シマコマキ（島牧）～セタナイを支配したらしいヘナウケが松前藩と戦いになった（ヘナウケの戦い。1643年）。

③ 1670年頃、彦次郎はセタナイ～クドオあたりまで支配した。

④ 『郷』に、「はませたない」「あぶら」の地名が見える。

(2) 18～19世紀

① 18世紀の運上金は多く、それに呼応して、アイヌ集落も大きかった。

② 19世紀になると、運上金も減り、戸数も減るが、一定の勢力を保っていた。

③ 19世紀半ば、オホンがアザラシ、トドの猟を続けていた。トシベツ川流域でのたばこや麻の畑作を希望していた（『近』）。

④ 漁労の暇な時期には、畑作を行った（『西誌』）。

前近代アイヌ列伝　首長タナサカシ

1529年3月26日、タナサカシを首長とするアイヌ勢が上ノ国の和喜館を攻めようとした。蠣崎義広は和睦しようと申し立て、たくさんの賠償品を渡すという。タナサカシが館に行き、品物を受け取ったとき、矢を射られ殺害された（『新』）。このとき義広はセタナイに迎撃させており（『家』）、タナサカシはセタナイ首長と思われる。

須築場所〔せたな町〕

範囲：スツキ～ホンカリハ（3里半）

ポイント 18世紀には一定の漁場生産があったが、アイヌ人口が少なく、シマコマキ場所に吸収された。

1. アイヌ集落と首長

西暦(元号)	戸数(人口)	アイヌ首長
1792(寛政4)年	1(4)	トベナイ
1807(文化4)年	1	
1854(安政元)年	(1)	

スツキ（せたな町瀬棚地区）

2. 知行主

西暦(元号)	知行主
1739(元文4)年	湊浅之進
1758年(宝暦8)	湊平佐衛門※1
1786(天明6)年	松前藩主
1792(寛政4)年	松前藩主　（湊平左衛門）※2

※1：『抄』より。　※2：『場』より。

3. 運上金と場所請負人

西暦(元号)	運上金(両)	場所請負人
1786(天明6)年	28	天満屋専右衛門
1792(寛政4)年	27	小黒屋与治兵衛
1807(文化4)年	8	源兵衛(苗字は不明)
1822(文政5)年	114／125／2（含むシマコマキ）	新谷武兵衛（含むシマコマキ）
1828(文政11)年	7両永125文外永142文5分㊙2分	新谷武八
1841(天保12)年	200（含むシマコマキ）	阿部屋伝次郎（含むシマコマキ）
1854(安政元)年	200（含むシマコマキ）	小川九右衛門（含むシマコマキ）

4. 産物

西暦(元号)	主な産物
1739(元文4)年	サメ、生サケ
1792(寛政4)年	ニシン、タラ、カスベ
1863(文久3)年	サケ、マス、アメマス、ウグイ

5. アイヌの生活（19世紀初頭）

	『遠』（3月29日）	『東』（3月29日）	『西記』（8月23日）
スツキ	運なし ⑦なし	秋マス漁	運 ⑦1
小モッタ	○	○	
セツポナイ		⑦5	
大モッタ		○	○ モッタ崎
白糸崎	○	○	
コタンケシ	○	○	
ホンカリハ			

6. 歴史

（1）17世紀
　① 『津』に、「小川　潤有」と「白糸の滝とて　二本有　其上には六月中迄雪有　名所なり」とあり、和人の名所として紹介。『郷』には見えない。

（2）18世紀
　① 18世紀前半には、「蝦夷人少シ」（『商』）とあり、18世紀いっぱい人口が少なかった。
　② 18世紀前半には、津軽アイヌが運上を申請し漁労をしたと言うが、驚くべき事実だ。
　③ 1758年に湊平佐衛門によるスツキの出入りの申し立てがあった（『抄』）。
　④ 1771年、湊平佐衛門の願いがあって、先年「召し揚げた」スツキ・シマコマキ境の三ヶ所を「拝借」させた（『抄』）。
　⑤ アイヌ人口は少ないが、一つの「場所」として成立。一定の漁場生産を持つ。商場〜場所請負という段階を踏むのが通常のパターンだが、ここは商場の段階があったか疑問。また、18世紀末には、松前藩主の直領。

（3）19世紀
　① 19世紀初頭には、「近年不猟」、「運上屋　アイヌの住居もなし」とある（『遠』）。
　　やがて、島小牧場所に含まれた。
　② 『西誌』によれば、セタナイ首長シイヘシが、19世紀半ばに、境界地について申し立てたが、松前藩は取り上げなかった。

解説　津軽アイヌ

　藩領内に組み込まれたアイヌには、①松前アイヌ、②津軽アイヌ、③盛岡アイヌがいた。このうち、津軽アイヌは、⑦宇鉄周辺、④竜飛崎〜小泊、⑦夏泊半島先端部（3ヶ所）の、5ヶ所のアイヌ集落があったという（『青森県史[資料編]近世Ⅰ』より）。

島小牧場所〔島牧村〕

範囲：ホンカリハ～シシヤモライケシ（6里余）

ポイント　ニシン、アワビ、カスベが長期間続いた特産物。場所請負人はめまぐるしく変わるが、アイヌ首長はリーダーの力量を持つ人々が多かった。

1. アイヌ集落と首長

西暦（元号）	戸数（人口）	アイヌ首長
1643（寛永20）年		ヘナウケ※1
1670（寛文10）年	24	チネコリ※2　チョツへ※3　テマリケ※4
1786（天明6）年		㊗シビラ　㊛モンリキヒ
1792（寛政4）年	40（210）	㊗シビラ　㊥ユラノ　㊛ボロトキ
1807（文化4）年	トマリは9軒	㊗シビラ　㊥ユラノスケ　㊛アリヨ
1822（文政5）年	31（128）	
1855（安政2）年	11（34）	
1858（安政5）年		㊥リクニンリキ　㊛フクタロ
1859（安政6）年		㊥レリンリキ※5

※1：『福』より。　※2：『寛』より。　※3：『津』より。　※4：『寛』より。　※5：『安』より。

2. 知行主

西暦（元号）	知行主
1739（元文4）年	並川忠右衛門
1786（天明6）年	並川善兵衛
1792（寛政4）年	並川平八郎※6　並川平蔵※7

※6：『場』より。
※7：『分』より。

3. 運上金と場所請負人

西暦（元号）	運上金（両）	場所請負人
1786（天明6）年	120	材木屋藤右衛門
1792（寛政4）年	250	阿部屋九郎兵衛
1807（文化4）年	75	
1810（文化7）年		岩屋善左衛門
1822（文政5）年	スツキと合わせ114／125／2	新屋武兵衛
1827（文政11）年	107両　㊝8両　2両永140文　㊗2分	新屋武八
1841（天保12）年	スツキと合わせ200	阿部屋伝次郎
1846（弘化3）年	スツキと合わせ200	小川九兵衛
1854（安政元）年	スツキと合わせ200	小川九右衛門

4. 産物

西暦（元号）	主な産物
1739（元文4）年	ニシン、数の子ばかり、串貝（悪）
1792（寛政4）年	ニシン、イリコ、アワビ、カスベ
1807（文化4）年	ニシン、イリコ、アワビ、タラ、カスベ、サケ少々
1863（文久3）年	（春）ニシン　（夏）ナマコ、アワビ、雑コンブ　（秋）スルメ、サケ、カスベ、タラ、雑魚

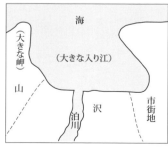

シマコマキ（島牧村）

5. アイヌの生活（19世紀初頭）

	『遠』(3月29日～4月6日)	『東』(4月1～5日)	『西記』(8月23日)
ホンカリハ		○	
ハラウタ	ア3（漁小30）ニシン、タラ、アワビ	(30)	タラ漁（和人5～6）
ツワセ	○		ア4～5
エトロフ	ア5		ア4～5
シマコマキ（トマリ）	運 ア10	○	運 ア9
トコタン	ア4～5	ア3	ア2～3
ヘロカロイシ	ア3	(3)	ア2～3
カイジン	ア5（漁小3）		ア3～4（和人2）
キヒジヲシ		(3)	
アッチヤシナイ		(1)	
ヲリカ	○	○	○
シシヤモライケシ		○	○

6. 歴史

(1) 17世紀
① 1631年に、シマコマキより砂金が出た（『家』）。
② 1643年、シマコマキ～セタナイを支配していたらしいヘナウケが、松前藩と戦った（『福』）。

(2) 18世紀
① アイヌの人口が多かった。
② 1758年、近藤権九、並川家一類によるシマコマキ出入りの申し立てがあった（『抄』）。

(3) 19世紀
① 18世紀末～19世紀初頭にかけて、シビラを首長とし、安定した人口を保っていた。
② 18世紀末以来、運上金の変動が激しいが、1840年代以降はスッキ場所と合わせて200両となった。
③ 19世紀半ばのリクニンリキの時代、漁場労働でアイヌが酷使され、人口が減少し、特に女性が減った。種痘を試みたり、他集落から女性に来てもらい、集落を維持しようとした（『近』）。

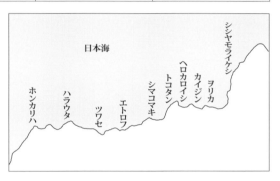

西蝦夷地編

前近代アイヌ列伝　リクニンリキ

1850年頃、過酷な漁場労働のため、病死したり、子どもが育たない状況の中、3人ほど娘を「買い取り」、未婚の者と結婚させようとした。しかし、支配人や通訳たちは聞き入れず、リクニンリキを荒縄でしばり、台所に吊るし上げた（『近』）。

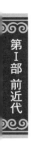

寿都（スッツ）場所〔寿都町〕

範囲：シシヤモライケシ～モナイ（3里半）

ポイント ニシン漁、サケ漁が中心。17～19世紀半ばまで安定した人口を保っていたが、天然痘で壊滅的な人口減。

1. アイヌ集落と首長

西暦（元号）	戸数（人口）	アイヌ首長
1670（寛文10）年	20	弥左衛門
1692（元禄5）年		(乙)キイクイン
1786（天明6）年		(乙)ニキタイ　(小)マツケ
1792（寛政4）年	20（55）	(乙)セキナイ　(脇)イタリシヤン　(小)マツケイ
1807（文化4）年	19	(乙)マツケ　(脇)ヲマナシ　(小)イロイヌ
1822（文政5）年	15（76）	
1855（安政2）年	16（63）	
1858（安政5）年	4	(脇)ムニトク

2. 知行主

西暦（元号）	知行主
1739（元文4）年	鈴木六平
1786（天明6）年	鈴木弥兵衛
1792（寛政4）年	鈴木弥兵衛

スッツ（寿都町）

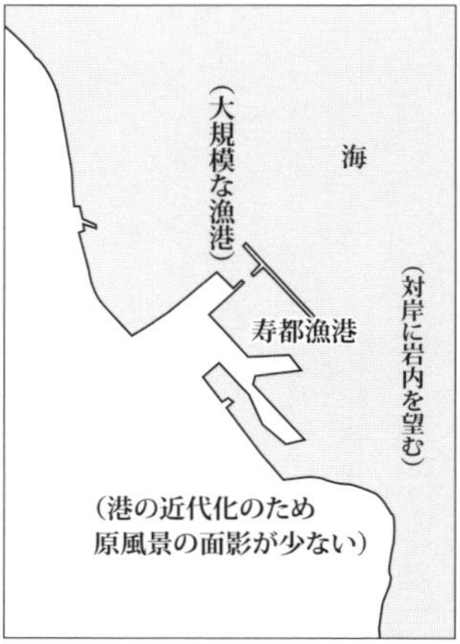
（大規模な漁港）
海
寿都漁港
（対岸に岩内を望む）
（港の近代化のため
原風景の面影が少ない）

3. 運上金と場所請負人

西暦（元号）	運上金（両）	場所請負人
1739（元文4）年	少し高値	
1786（天明6）年	80	北屋兵右衛門
1792（寛政4）年	100	北屋善右衛門
1810（文化7）年		福島屋次郎七
1822（文政5）年	125	柳屋新兵衛
1841（天保12）年	110	山崎屋新兵衛
1846（弘化3）年	92　(秋)20　(差)8	山崎屋新兵衛
1854（安政元）年	120	山崎屋荘兵衛

4. 産物

西暦（元号）	主な産物
1739（元文4）年	ニシン、カズノコ、サメ油たくさん、イリコ、串貝、秋生サケ
1792（寛政4）年	ニシン、アワビ、カスベ
1807（文化4）年	イリコ、アワビ、ニシン、サケ
1863（文久3）年	ニシンが第一、サケ、マス、カスベ、ヒラメ、タラ、ナマコ、アワビ、駄コンブ、材木、薪、シイタケ

5. アイヌの生活（19世紀初頭）

	『遠』（4月6日）	『東』（4月6日）	『西記』（8月24日）
シシヤモナイ		○	○
レウマキ	○		
弁慶岬	○		○
サメトマリ		○	○
ヤヲイ		○	
イワサキ		○（泊）	
六条澗		○	
タヲキシナイ		○	
スッツ	運 ア 20	○	ア 19（和人6）
ヲムナイ（モナイ？）			

6. 歴史

（1）17世紀
　①17〜18世紀を通して、アイヌ集落の規模は安定していた。
　②17世紀のうちに、大船の入る「六条澗」という地名があった（『津』）。

（2）18世紀
　①アイヌ首長は、ニキタイ（セキナイと同一人物か）〜マツケイ（ニキタイ時代は小使い）と、スムーズに交替していた。
　②18〜19世紀の運上金は、100両前後で安定していた。

（3）19世紀
　①運上屋は、18世紀末にはイワサキ（『分』）、19世紀初頭にはスッツ（『西記』）になった。
　②19世紀半ばには、漁業のほかに畑作も行った。
　③19世紀半ばには、19戸（60人）中41人が天然痘で死亡。シマコマキへの移住もあり、4戸だけになった（『近』）。その上、和人の酒店、小間物、荒物店（雑貨類）が現れた（『西誌』）。

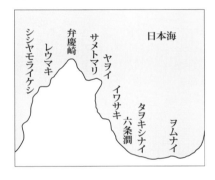

前近代アイヌ列伝　副首長ムニトク

　1850年頃、太平洋岸のアブタと日本海岸のオタスツが黒松内川をめぐって境界争いになった。この川はスッツにも流れこんでいるため、ムニトクも加わり、双方のアイヌの代表と番人が話し合いに入った。歌棄場所の支配人はオタスツのイテンに妥協案を示し、イテンはその案をムニトクに言った。ムニトクは「漁場はアイヌのものであって支配人に言われる筋合いはない」と怒った（『近』）。

西蝦夷地編

歌棄場所〔寿都町〕

範囲：モナイ～ホロベツ（2里）

ポイント　アイヌが力を持っていた時代は日本海交易や城下交易で、場所請負制が敷かれてもニシン漁で栄えた。

1. アイヌ集落と首長

西暦（元号）	戸数（人口）	アイヌ首長
1670（寛文10）年	5～6	イコチマイン　サケスヘ※1
1786（天明6）年		⑦タロヲ　⑪ヨウコモ
1792（寛政4）年	25（170）	⑦アリカシキイ　脇ネタロ ⑪エトモグル
1807（文化4）年	44～45	
1822（文政5）年	46（209）	
1855（安政2）年	15（54）	⑦イトテン
1859（安政6）年		惣ラルハケ　⑪ヲヲセ※2

※1：『寛』より。　※2：『安』より。

2. 知行主

西暦（元号）	知行主
1739（元文4）年	蠣崎元右衛門
1786（天明6）年	蠣崎弥次郎
1792（寛政4）年	蠣崎弥次郎（蠣崎将監）

3. 運上金と場所請負人

西暦（元号）	運上金（両）	場所請負人
1739（元文4）年	スツツより小	
1786（天明6）年	140	福島屋金兵衛
1792（寛政4）年	120	福島屋金兵衛
1810（文化7）年		柳谷庄兵衛
1822（文政5）年	210	柳谷新兵衛（含むスツツ）
1841（天保12）年	210	西川准兵衛
1846（弘化3）年	210	西川准兵衛（含むイソヤ）
1854（安政元）年	427（含むイソヤ？）	桝屋栄五郎
1861（文久元）年	210	佐藤（桝屋）栄右衛門
1867（慶応3）年	元210 増708両1分 仕74	佐藤栄右衛門

解説　人間のユーカラとオタスッ

釧路の八重九郎のユーカラ（釧路ではサコロベという）では、オタスッに住む人が英雄となって活躍する。オタスッという地名は、永田方正『北海道蝦夷語地名解』（国書刊行会、1972年）に6地名あるが、すべて後志国の地名である。その中でも、17世紀以来の史料に見えるのは、ここ歌棄だけである。かつて、ここが日本海交易の拠点となって繁栄していたのが反映されて、英雄叙事詩となったものか。八重のユーカラの解説は、萩中美枝『アイヌの文学ユーカラへの招待』（北海道出版企画センター、1980年）を参照されたい。

4. 産物

西暦（元号）	主な産物
1739（元文4）年	ニシン、カズノコ、サメ油たくさん、イリコ、串貝、秋生サケ（以上寿都と同じ）、串貝は少ない
1807（文化4）年	ニシン、サケ、アワビ、コンブ
1863（文久3）年	ニシン、アワビ、ヒラメ、タラ、ナマコ、サケ、雑魚、駄コンブ、ふのり、材木多い

5. アイヌの生活（19世紀初頭）

	『遠』 （4月8日）	『東』 （4月8日）	『西記』 （8月25日）
ヲムナイ （モナイ？）			
ヲタスツ	運 ア 27	○	運 ア 44〜45
ビヤノサキ	○	(11)	○
ホロヘツ			

6. 歴史

（1）17世紀
① シャクシャインの戦いのとき、イコチマインが日本海岸決起の火付け役になった。
② 1692年、オタスツアイヌのウイマム（御目見得）記事が見える（『主』）。

（2）18世紀
① 18〜19世紀にかけて、ニシン漁によって、大きな利益をもたらした。アイヌ集落も大きくなっていった。

（3）19世紀
① 19世紀になると、アイヌ集落は急激に大きくなり、運上金も増加した。
② 19世紀半ば、天然痘により、人口が大きく減少した（『西誌』）。
③ オタスツアイヌとアブタアイヌが黒松内の漁領をめぐって議論になった（『近』）。

ウタスツ（寿都町）

磯谷場所 〔寿都町〕
イソヤ

範囲：ホロベツ、タンネシリ～カムイシリハ（2里半）

ポイント　17～19世紀前半まで、安定した人口のもと、イソヤではニシン漁、シリベツではサケ漁を行ってきた。19世紀半ばに人口減。

1. アイヌ集落と首長

西暦(元号)	戸数(人口)	アイヌ首長
1670(寛文10)年	20(シリベツ10戸、イソヤ10戸)	ウエカラ[※1]
1786(天明6)年		㊚インコミナ　㊛ニコル
1792(寛政4)年	26(125)	㊚インコシナ　㊙エベイショ　㊛ニツコル
1807(文化4)年	27	㊚イベシウ　㊙ヒンニ　㊛ヤロク
1822(文政5)年	24(83)	
1854(安政元)年	5(17)	
1859(安政6)年		㊧トクハシ　㊙オケヌカル　㊛エイサク[※2]

※1：『撥』より。　※2：『安』より。

2. 知行主

西暦(元号)	知行主
1670(寛文10)年	(イソヤ)蠣崎主殿[※3]　(シリヘツ)蠣崎蔵人
1739(元文4)年	下国主鈴
1786(天明6)年	下国舎人
1792(寛政4)年	下国舎人
1807(文化4)年	下国衛馬

※3：津軽藩地図より。

3. 運上金と場所請負人

西暦(元号)	運上金(両)	場所請負人
1739(元文4)年	240[※4](3年)　下直[※5]	
1786(天明6)年	80	恵比須屋久次郎
1792(寛政4)年	100	恵比須屋治助
1807(文化4)年	200	
1810(文化7)年		柳谷庄兵衛(含むオタスツ)
1822(文政5)年	130/90	柳谷庄兵衛
1841(天保12)年	197　㊛55　㊀隔年7　雑魚網5他	西川准兵衛(含むオタスツ)
1846(弘化3)年	137　㊛57　㊀7　雑魚5　㊤7　㊥13	西川徳兵衛(含むオタスツ)
1854(安政元)年	427(含むオタスツ)	桝屋栄五郎
1861(文久元)年	200両2分	佐藤(桝屋)栄右衛門
1867(慶応3)年	㊛55　㊡137　㊥5　㊥13　㊀7　㊧878両2分　㊦55両2分	佐藤栄右衛門

※4：松前藩主へ。　※5：蠣崎主殿へ。

40

4. 産物

西暦（元号）	主な産物
1739（元文4）年	（知別）秋生サケ（松前藩主へ）、（磯谷）出物類不足、ニシン、カズノコ、夏塩マス
1792（寛政4）年	ニシン、アワビ、イリコ
1807（文化4）年	ニシン、（シリベツ川は）サケ、アワビ、イリコ
1863（文久3）年	ニシン、サケ、アワビ、ナマコ、カスベ、ヒラメ、雑魚、コンブ、海藻、材木、雑木

5. アイヌの生活（19世紀初頭）

	『遠』（4月10日）	『東』（4月10日）	『西記』（8月25日）
ホロヘツ	○		
アルトル	（漁小）ニシン		
イソヤ	運 ア 26		番 ニシン漁場
ノット			ア 27（和人2～3のみ）
シマコタン		4	
シリヘツ	サケの漁事多い 運 ア		運 サケ
ポンライデン		2	
ライデン		3	

6. 歴史

（1）17世紀
　①シリヘツとイソヤは、そもそも別集落であった。
　②イソヤは蠣崎主殿、シリヘツは蠣崎蔵人が知行主。両地域で、"シャクシャインの戦い"が起きた。
　③"シャクシャインの戦い"で、イソヤアイヌはルイシン（利尻）に遠征した。

（2）18世紀
　①アイヌ集落は、17世紀から19世紀前半にかけて、安定した規模を保ってきた。
　②18世紀前半では、イソヤ場所自体はニシン漁を主体に下国氏の所有、シリベツ川は大川で、サケ漁を主体に松前藩主が所有した。

（3）19世紀
　①『西誌』によれば、19世紀初頭にサケ漁が減少。
　②『西誌』によれば、19世紀半ばには、和人の漁家、商家が続いた。
　③『西誌』によれば、春はメナまで、堅雪の頃はコンボまで（シリベツ川水源まで行った人はいない）行ったという。

イソヤ（寿都町）

岩内場所〔岩内町、泊村〕

範囲：カモイシリカ〜モイノトマリ（5里半）

ポイント　水産物が豊富。18世紀には大集落になる。19世紀になると、集落は小さくなるが、運上金ははねあがる。

1. アイヌ集落と首長

西暦（元号）	戸数（人口）	アイヌ首長
1670（寛文10）年	10 + α	カンネクルマ（カンニシコル）　セクランケ[※1]
1786（天明6）年		⑫ワジマ　⑨パクロ
1792（寛政4）年	100（340）	⑫ツシマ　⑨トサニ
1822（文政5）年	71（250）	
1854（安政元）年	26（56）	
1863（文久3）年		㊂⑫セベンケ　⑨チカイクル

※1：『挨』より。

2. 知行主

西暦（元号）	知行主
1739（元文4）年	蠣崎庄右衛門（含むフルウ） 山方（材木か）は松前藩主
1786（天明6）年	松前藩主
1792（寛政4）年	蠣崎佐士　藩主（場）[※2]

※2：『場』より。

3. 運上金と場所請負人

西暦（元号）	運上金（両）	場所請負人
1739（元文4）年	100	
1786（天明6）年	150	熊野屋新右衛門
1792（寛政4）年	250	熊野屋忠右衛門
1822（文政5）年	450	加賀屋多左衛門
1841（天保12）年	515	仙北屋仁左衛門
1846（弘化3）年	465	仙北屋仁左衛門
1854（安政元）年	515	仙北屋仁左衛門
1861（文久元）年	515	仙北屋仁右衛門
1867（慶応3）年	㊀515 ㊈1299両2分 ㊃160両3分	仙北屋仁左衛門

［見学］岩内場所について岩内町郷土館（岩内町清住5-3）に説明がある。

シリフカ（泊村）

イワナイ（岩内町）

4. 産物

西暦（元号）	主な産物
1739（元文4）年	ニシン、カズノコ、串貝たくさん、サメ油、干タラ、イリコ少々、松材木（近年まで）夏生マスたくさん、秋生サケ
1792（寛政4）年	ニシン（7千束）、カスベ、アワビ、イリコ（5束）、シリム川はサケ
1863（文久3）年	ニシン、タラ、アワビ、カスベ、ヒラメ、ナマコ、コンブ、サケ、其外雑魚、材木多い

5. アイヌの生活（19世紀初頭）

	『遠』 （4月10日）	『東』 （4月10日）	『西記』 （8月25日）
ホロナイ	○	2	
シキシマナイ	○		
ノフカ	○		
イワナイ	運 ア 20余		（アイヌ400人程）
シリフカ川	漁 小 （サケ）		
モイノトマリ			

6. 歴史

（1）17世紀
①イワナイのカンネクルマ（カンニシコルと同一人物であろう）が、岩内～美国まで力を持った（『津』）。
②シリフカのアイヌが、"シャクシャインの戦い"に参加した。シリフカのカンニシコルは、米と干鮭の交換比率を問題にした（『津』）。

（2）18世紀
①17世紀末には、ムイノトマリ（現・泊市街）が登場（『郷』）。1739年には「湊」として紹介（『商』）。和船が入る関係か。
②1754年、蠣崎佐士によると、フルウとイワナイの境界について、アイヌが議論になったという（『抄』）。
③18世紀には、大集落になった。18世紀末に首長のワジマが力を持った。

（3）19世紀
①集落の規模は小さくなったが、運上金は激増した。
②土地は肥沃で、畑地が多かった（『西誌』）。

前近代アイヌ列伝　首長カンネクルマ

シャクシャインの謀殺後も、カンネクルマは松前に抵抗を示した。1670年4月には、イシカリとともに松前を攻め滅ぼそうと相談し、5月には松前からの通詞を殺害しようとしたが、止められた。

岩内アイヌ首長系図

ワジマ ── シュクセエヘンクル ── シアニ ── ヲトルメ ── セベンケ ── クエトエ
（領主から名をもらう。本名シノミ）

（『西誌』より）

古宇場所〔神恵内村〕
フルウ

範囲：ヲシベツ（ウスベツか）〜チフカイ（6里余）

ポイント　ニシン漁を営みながら、安定した集落を保った。19世紀には和人の侵入があり、天然痘の被害を避けて移住する者もいた。

1. アイヌ集落と首長

西暦（元号）	戸数（人口）	アイヌ首長
1670（寛文10）年	7	カンネクルマ
1786（天明6）年		㊃イメンゲ　㊐イワヲ
1792（寛政4）年	20（110）	㊃シヨンケシ　㊎マタコル　㊐ホノタイ
1807（文化4）年	（200）	
1822（文政5）年	29（128）	
1855（安政2）年	18（75）	㊐トウタシ※1

※1：『西誌』より。

2. 知行主

西暦（元号）	知行主
1739（元文4）年	蠣崎庄左衛門
1786（天明6）年	松前藩主
1792（寛政4）年	松前藩主

3. 運上金と場所請負人

西暦（元号）	運上金（両）	場所請負人
1739（元文4）年	40	
1786（天明6）年	40	
1792（寛政4）年	100	浜谷久七
1807（文化4）年	90くらい	
1823（文政6）年	192両　外3両3分永90文　㊙2分	福嶋屋新左衛門
1841（天保12）年	97	福嶋屋新右衛門
1846（弘化3）年	197	福嶋屋新右衛門
1854（安政元）年	197	福嶋屋新左衛門
1861（文久元）年	197	福嶋屋新右衛門
1867（慶応3）年	㊇197　㊊1720両3分　㊋113両1分	福嶋屋（田付）新右衛門

4. 産物

西暦（元号）	主な産物
1739（元文4）年	ニシン、カズノコ、串貝、干タラ、イリコ、サメ油、干サメ
1792（寛政4）年	ニシン（3千束）、アワビ、カスベ
1863（文久3）年	ニシン、タラ、ナマコ、アワビ、コンブ、カスベ、ヒラメ

5. アイヌの生活（19世紀初頭）

	『遠』(4月10〜15日)	『東』(4月10〜15日)	『西記』(8月26日)
モイワ	○		
イヌルカウシ	○	○	
ベンザイトマリ	○	○	
フルウ	運 ア 26	○	
女子ナイ（ヲンネナイ?）			番
サネナイ	○	3	
カワシラ崎	○	○	
チフカイ崎	○	○ ニシン船数百艘	○

6. 歴史

(1) 17世紀
① 1670年頃は、フルウ、ノナマイはイワナイ首長カンネクルマの領域だった（『津』）。

(2) 18世紀
① 17世紀末にはムイノトマリ（現・泊市街）が史料に登場（『郷』）。1739年には「湊」として紹介される。和船が入るためか。
② 戸数（人口）は、18〜19世紀とも20軒（100人）程度を維持していた。（1807年の人口は、間違いか？）
③ 1754年、蠣崎佐士より、イワナイとフルウの境について、アイヌが議論になったと報告された（『抄』）。

(3) 19世紀
① かつて、各地にあったアイヌ集落は、フルウの運上屋の周辺に移された（『西誌』）。
② 和人が多数入ってきた。一部のアイヌは天然痘を避けるため、また運上屋の漁に使われるので、運上屋元からここに残っていた（『西誌』）。

フルウ（神恵内村）

〔遺跡〕観音洞穴
　神恵内村の観音洞穴で、珠洲焼のすり鉢の破片が出土している。室町時代前期のものと考えられている（『遺』）。

積丹場所〔積丹町〕

範囲：チヤイ～シントクヲシヨ（3里余）

ポイント 安定したアイヌ人口、安定した首長継承、安定した運上金を保ってきた。湊は、当時の船に合う規模だった。

1. アイヌ集落と首長

西暦（元号）	戸数（人口）	アイヌ首長
1670（寛文10）年	17	カンネクルマ（ウテメシケ）
1786（天明6）年		㊅ドウトラ　㊚チカプカシ
1792（寛政4）年	20（80）	㊅チカフカシ　㊚マキリ　㊚カムラル
1807（文化4）年	11※1　18※2	㊅カグラ　㊚サキミナ　㊚ツスコ
1822（文政5）年	15（75）	
1855（安政2）年	17（77）	

※1：『西記』より。　※2：『遠』より。

2. 知行主

西暦（元号）	知行主
1739（元文4）年	藤倉近兵衛
1786（天明6）年	藤倉八十八
1792（寛政4）年	藤倉八十八

3. 運上金と場所請負人

西暦（元号）	運上金（両）	場所請負人
1739（元文4）年	不同	
1786（天明6）年	150	福島屋金兵衛
1792（寛政4）年	130	福島屋金兵衛
1807（文化4）年	80※3	
1810（文化7）年		岩田屋金蔵
1822（文政5）年	96両　㊤7　㊎16 2両3分永170文　㊥2分	岩田屋金蔵
1841（天保12）年	195	岩田屋金蔵
1846（弘化3）年	195両　海㒒1 ㊤7　㊎16	岩田屋金蔵
1854（安政元）年	219	岩田屋金蔵
1861（文久元）年	196	岩田金蔵
1867（慶応3）年	㊇197　㊑130両2分 ㊤7　㊎16 ㊥146両1分	岩田金蔵

※3：『西記』より。

シャコタン（積丹町）

46

4. 産物

西暦（元号）	主な産物
1739（元文4）年	ニシン、カズノコ、串貝、サメ油、イリコ、秋生ニシン[※4]
1792（寛政4）年	ニシン、カスベ、アワビ、イリコ3本
1807（文化4）年	ニシン、アワビ、イリコ
1863（文久3）年	ニシン、サケ、ナマコ、アワビ、カスベ、タラ、ヒラメ、雑魚、山はクマ、シカ

※4：史料は「鯡（ニシン）」となっているが、これは「鮭（サケ）」か。

5. アイヌの生活（19世紀初頭）

	『遠』（4月15～17日）	『東』（4月15～17日）	『西記』（8月26日）
ノマナイ	○		○境
マツナトマリ	小舟懸り	○	
ヨカムイ崎	○	○	
ライケシ	猟 小 (1)	10	7
ヲタスツ	○	○	
フツカ		6	
シャコタン	運 ア 18	○	運 はクッタルシにある
シマムイ	○	○	○
シントコヲショロ		○	

6. 歴史

（1）17世紀
　①『津』によると、シャコタン首長ウテメシケの上に、大首長（イワナイのカンネクルマ）がいた。

（2）18～19世紀
　① 17～19世紀半ばまで、15～18戸（70～80人）の集落を保ってきた。
　② アイヌ首長は、ドウトラ～チカフカシ～カグラと、先代の小使役が、次代の首長となっていた。
　③ 産物は、ニシン、アワビ（串貝も）、ナマコ（イリコも）が獲れた。
　④ 運上金は、130～219両の中で安定していた。
　⑤ 積丹場所の運上屋は、18世紀末の『分』以来、クッタルシにあった。
　⑥ 19世紀半ばには、オタスツ川筋に開墾地が多くなっていた（『西誌』）。

解説　松浦武四郎の視点

松浦はアイヌの人たちの困窮の原因は松前藩の無策と漁場商人の強欲にあると見て憤り、幕府の「善政」が必要と考えた。そして将来のアイヌの自活のため、開墾地・開墾可能地はどこか探していたようだ。

美国場所 〔積丹町〕
ビクニ

範囲：シマムイ～ヘロカルイシ（4里）

ポイント 17～19世紀初頭まで、安定したアイヌ社会が維持されていたが、19世紀半ばに和人の酷使により、人口減となった。

1. アイヌ集落と首長

西暦（元号）	戸数（人口）	アイヌ首長
1670（寛文10）年	20	シコツハイ　シヤチンヤケイ（シユチンウケ）カンネクルマ[※1]
1786（天明6）年		㊁ツムニ　㊛イタクラ
1792（寛政4）年	20（66）	㊁トママ　㊛イトメタラ　リヤンクル　㊛イタカナ
1807（文化4）年	（76）	㊁ヲサダオキ　㊛シカネ　㊛イトタニ
1822（文政5）年	14（54）	
1855（安政2）年	7（14）	
1856（安政3）年	（16）男13人、女3人	㊇㊁エコマ[※2]　㊁アエヘカ　㊛チヘエ

※1：岩内を拠点にホロモイまで配下に置く。　　※2：『近』より。

2. 知行主

西暦（元号）	知行主
1739（元文4）年	近藤惣左衛門
1786（天明6）年	近藤吉左衛門
1792（寛政4）年	近藤吉左衛門
1807（文化4）年	近藤吉左衛門

ビクニ（積丹町）

3. 運上金と場所請負人

西暦（元号）	運上金（両）	場所請負人
1739（元文4）年	秋生サケたくさん。これにより運上金よろしく揚がる	
1786（天明6）年	100	木屋権四郎
1792（寛政4）年	150	木屋四郎七
1807（文化4）年	200	岡田屋源兵衛
1810（文化7）年		阿部屋
1822（文政5）年	165両3分　㊝15　3両1分永25文　㊙2分	沢田屋求兵衛
1841（天保12）年	185	岩田屋金蔵
1846（弘化3）年	170	岩田屋金蔵
1854（安政元）年	185	岩田屋金蔵
1861（文久元）年	200	岩田金蔵
1867（慶応3）年	㊆200　㊝1067両2分　㊝15　㊭123両1分	岩田金蔵

4. 産物

西暦（元号）	主な産物
1739（元文4）年	ニシン、カズノコ、串貝、サメ油、イリコ、秋生サケたくさん（以上シャコタンと同じ）
1792（寛政4）年	ニシン、カスベ、アワビ、イリコ（5本）、秋味（300束）
1807（文化4）年	ニシン、サケ、アワビ、イリコ、タラ、カスベ
1863（文久3）年	ニシン、アワビ、ナマコ、タラ、ヒラメ、サケ、マス、コンブ、フノリ、其余雑魚

5. アイヌの生活（19世紀初頭）

	『遠』（4月17日）	『東』（4月17日）	『西記』（8月27日）
ホロモイ	漁　ニシン		番
トンナイ		○	
レフントマリ		小	番
チヤシナイ		小　ニシン	
ビクニ	運	10	運
アトマイ	漁　ニシン	20	番
ヘロカルイシ			○

6. 歴史

（1）17世紀
　①ホロモイまで、イワナイ首長カンネクルマの領域。ビクニ首長は、シコツハイとシヤチンヤケイの二系統あった（『津』）。
　②17〜19世紀初頭まで、ほぼ20戸（70人）前後の集落を維持していた。

（2）18世紀
　①1786・92年の首長がツムニ（トママ）、1807年はヲサダオキだが、小使は1786・92年・1807年とも同一人物（イタワラ、イタカナ、イトタニ）か。
　②産物は、ニシン、アワビ（串貝）、ナマコ（イリコ）の日本海岸型の他に、サケが多かったようだ。
　③1792年5月24日、地震の津波のせいで、多くのアイヌや和人が水死した（『夷』）。

（3）19世紀
　①和人の出稼ぎによる、アイヌへの虐待、妊娠した女性への虐待で、アイヌ人口が減少、特に女性が減った（『近』）。

前近代アイヌ列伝　首長エコマ

　漁場では妊娠した女性への酷使が続き、女性が減少。エコマは小使役に命じ、女性を連れてくるが、これも酷使され亡くなった。1856年、エコマは和文にして箱館奉行支配調査役の向山源太夫に訴えた（『近』）。

古平場所〔古平町〕
(フルビラ)

範囲：ホンイカウシ～チヤランナイ（1里半）

ポイント　豊富な海産物と、狩猟による交易で、人口が増加していった。19世紀半ばには、和人の往来が広まり、人口が減少した。

1. アイヌ集落と首長

西暦（元号）	戸数（人口）	アイヌ首長
1670（寛文10）年	20	
1786（天明6）年		乙コヤコヤ　小ドンブク
1792（寛政4）年	43（86）	乙コヤシヤ　脇イナウシ　小トンブク
1807（文化4）年	（300人余）	乙コヤコヤ　脇セツプウシ　小イヌベシカイ
1822（文政5）年	73（374）	
1855（安政2）年	55（241）	

2. 知行主

西暦（元号）	知行主
1670（寛文10）年	新井田清兵衛[※1]
1739（元文4）年	新井田与左衛門
1786（天明6）年	新井田喜内
1792（寛政4）年	新井田喜内
1807（文化4）年	新井田瀬平

※1：津軽藩地図より

3. 運上金と場所請負人

西暦（元号）	運上金（両）	場所請負人
1739（元文4）年	300（3年）[※2]　200（2年）[※3]	
1786（天明6）年	170	恵比須屋久次郎
1792（寛政4）年	300	恵比須治助
1810（文化7）年		恵比須源兵衛
1822（文政5）年	260/129	恵比須屋弥兵衛
1841（天保12）年	380	岡田半兵衛[※4]
1846（弘化3）年	260　秋120　若9両2分	岡田半兵衛
1854（安政元）年	389両2分	岡田半兵衛
1861（文久元）年	380	恵比須屋半兵衛
1867（慶応3）年	元380　若9両2分　増3256両1分　任168両2分	岡田半兵衛

※2：知行主へ。　※3：藩主へ（秋生サケ、塩引）。
※4：岡田氏の屋号が恵比須屋なので、これは同一の家系である。
※19世紀の史料には、260両と380両の二系統がある。

50

4. 産物

西暦(元号)	主な産物
1739(元文4)年	ニシン油物、カズノコ(たくさん)、串貝(古平貝)、サメ油、干タラ、ホッケ、カスベ(干魚)、秋生サケ・塩引は藩主
1792(寛政4)年	ニシン4千束、ホッケ、干サケ、サケ千束、タラ4百束、カスベ、イリコ(4本)、アワビ
1807(文化4)年	ニシン、タラ、アワビ、イリコ、サケ、カスベ
1863(文久3)年	海　ニシン、サケ、アワビ、ナマコ、タラ、カスベ、雑魚、海藻多い 陸　ワシ、オオワシ、クマ、ヒグマ、サケ、マス、アメマス、マス、ウグイ

5. アイヌの生活(19世紀初頭)

	『遠』(4月17日)	『東』(4月17日)	『西記』(8月28日)
ヘロカルウシ	○		番
フルヒラ	ア 運 漁	ア	運
トマリ			番
ヲタスツ		(数軒)	番
ラルマキ		(数軒)	番
ユウナイ		○	

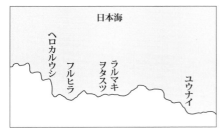

6. 歴史

(1) 17世紀

①シャクシャインの戦いに参加した(『津』)。

(2) 18世紀

①18～19世紀初頭にかけて、アイヌ人口が加速的に増加した。

(3) 19世紀

①アイヌ人口の増加の背景には、海産物のほかに狩猟によるモノも交易品にすることがあったのだろう。

②運上金も高いことから、漁獲高が高かったのだろう。豊富な水産資源と、大きな労働人口に支えられていたと思われる。

しかし、その人口でも対処できなくなると、和人が往来するようになり、アイヌ人口は減少していった。

フルビラ(古平町)

下余市場所〔余市町〕

範囲：ユウナイ〜アリコベ[※1]（4里）

ポイント　下余市場所は、ニシン漁を主体とした場所。和人の需要に合わせて人口が増加し、やがて和人の街となった。

※1：『西記』では「フクベ崎」である。

1. アイヌ集落と首長

西暦（元号）	戸数（人口）	アイヌ首長
1670（寛文10）年	14[※2] あるいは14〜15[※3]　[※4]	キイヤタ
1792（寛政4）年	50（230）（含む上余市）	㊅ニヨンシクル　㊍イトクリ　アベアベ
1807（文化4）年	（278）	㊃㊅サケシシ　㊊イトムコツ ㊍トマリ　シネシト
1822（文政5）年	99（564）（含む上余市）	
1855（安政2）年	79（493）（含む上余市）	

※2：『津』より。　※3：『寛』より。　※4：ヨイチ全体で300人ほど。

2. 知行主

西暦（元号）	知行主
1739（元文4）年	松前求馬
1786（天明6）年	松前左膳
1792（寛政4）年	松前左膳　松前八兵衛[※5]
1807（文化4）年	松前左膳

※5：『場』より。

3. 運上金と場所請負人

西暦（元号）	運上金（両）	場所請負人
1786（天明6）年	160	浜屋久七
1792（寛政4）年	300（含む上余市）	建部治助（含む上余市）
1807（文化4）年	300	
1810（文化7）年		柏屋善兵衛
1822（文政5）年	343／213	竹屋長左衛門（含む上余市）
1825（文政8）年	343　㊤5　㊋18　6両3永110文　㊙2分	竹屋長左衛門 藤野喜兵衛
1841（天保12）年	343	竹屋彦右衛門
1846（弘化3）年	320　（秋）23	竹屋長左衛門
1854（安政元）年	556（含む上余市）	竹屋長七
1861（文久元）年	533（含む上余市）	竹屋長右衛門
1867（慶応3）年	㊝533　㊤5　㊋10　㊞2126両2分 ㊉187両永249文6分（含む上余市）	竹屋長左衛門

52

4. 産物

西暦（元号）	主な産物
1739（元文4）年	ニシン、カズノコばかり
1863（文久3）年	ニシン、サケ、マス、アメマス、ナマコ、ヒラメ、タラ、カスベ、コンブ、海藻、雑魚（上下ヨイチとも）

5. アイヌの生活
データなし

6. 歴史
(1) 17世紀以前
① 15世紀半ばまでにヨイチ～ムカワに渡党（わたりとう）が住んだ。1457年のコシャマインの戦いから1525年にかけて、アイヌの攻勢により、和人地は上ノ国、松前に後退した（『新羅之記録』）。
② 17世紀の一連の史料（『津』『寛』『主』『郷』）では、「モイレ」と見える。水産資源で生計を営んでいたのだろう。

(2) 18世紀
① 『商』では、1739年では、「ニシン、カズノコばかり」で、運上金は「下直」とある。ニシンに対する和人の価値が低かったということか。

(3) 19世紀
① ニシンに対する、和人の価値が高まるにつれ、運上金が上がり、アイヌ人口も増加した。
② 19世紀半ばには、やや人口が減るが、それでも大きな集落を維持した。一方、和人の人口は増加し、「町並」の状態となった。

下ヨイチ（余市町）

※下余市運上家は、現在でも残されており、見学することができる。

事件　シリパはどこか

『類聚国史』の795年の記録に、渤海国使が夷地志理波村に漂着し、襲撃されたという記録がある。この志理波はどこか。9世紀の遺跡と19世紀のシリパ地名の一致点は寿都町朱太川右岸、余市町大川、小樽市チブタシナイがあるのだが……。

〔遺跡〕アイヌ文化前期（いわゆる「中世」）のものが出土

ヨイチから、13～14世紀の州浜梅樹双鳥鏡、鎌倉時代の太刀、甲冑金具、14～15世紀の青磁、白磁、瀬戸陶器が出土している（余市水産博物館に展示）。

アイヌ伝承
～余市町天内山チャシ～

ここは、アイヌ首長の居住するチャシコツで、日高・十勝方面からアイヌが来襲してきたとき、これを撃退した。
（河野常吉『河野常吉ノート』『伝承』所収）

西蝦夷地編

上余市場所〔余市町〕

範囲：余市川

ポイント　上余市場所はサケ漁を主体とした場所。17世紀には大集落で、そのまま大集落を維持していった。

1. アイヌ集落と首長

西暦（元号）	戸数（人口）	アイヌ首長
1670（寛文10）年	40※1	ケフラケ　㋰㋷八郎左衛門
1786（天明6）年		㋷センタイ　㋔ヤイナシケ
1792（寛政4）年	50（230）（含む下余市）	㋷デタラハコエ　㋽ベンタイ　㋔ヤヨンマンテ
1807（文化4）年	（201）	㋰㋷イコンヌル　㋽センダイ　㋔モト　シイボロ
1822（文政5）年	99（564）（含む下余市）	
1855（安政2）年	79（493）（含む下余市）	

※1：ヨイチ全体で300人ほど

2. 知行主

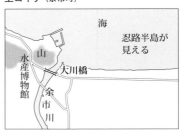

上ヨイチ（余市町）

西暦（元号）	知行主
1670（寛文10）年	蠣崎サキトモ※2
1739（元文4）年	松前伊豆守　松前平治右衛門
1786（天明6）年	松前八兵衛
1792（寛政4）年	松前八兵衛　松前左膳※3
1807（文化4）年	松前藩主

※2：津軽藩地図より。　※3：『場』より。

3. 運上金と場所請負人

西暦（元号）	運上金（両）	場所請負人
1739（元文4）年	30※4　330※5（3年）	
1786（天明6）年	140	材木屋藤右衛門　天満屋三四郎
1792（寛政4）年	300（含む下余市）	建部治助（含む下余市）
1807（文化4）年	200	
1810（文化7）年		柏屋善兵衛（含む下余市）
1822（文政5）年	343／213	竹屋長左衛門
1841（天保12）年	190	竹屋彦右衛門
1846（弘化3）年	190	竹屋長左衛門
1854（安政元）年	556（含む下余市）	竹屋長七
1861（文久元）年	533（含む下余市）	竹屋長右衛門
1867（慶応3）年	㋳533　㋕5　㋛5　㋳2126両2分 ㋲187両永249文6分（含む下余市）	竹屋長左衛門

※4：これは「夏」の分。　※5：これは「秋生サケ」の分。

4. 産物

西暦（元号）	主な産物
1739（元文4）年	ニシン、カズノコたくさん、サメ油少々、串貝相応、秋生サケ
1807（文化4）年	サケの漁場[※6]
1863（文久3）年	（上下ヨイチとも）ニシン、サケ、マス、アメマス、ナマコ、ヒラメ、タラ、カスベ、コンブ、海藻、雑魚多い

※6：『遠』より。

5. アイヌの生活（19世紀初頭）～上余市・下余市場所

	『遠』 （4月17日）	『東』 （4月17日）	『西記』 （8月29日）
ユウナイ		(7)	ア 番 (ニ漁)
シマトマリ	ニシン漁	ア	ア 番 (ニ漁)
レタルヒラ	○	小	ア 番 (ニ漁)
ヲタンケシ	○		ア 番 (ニ漁)
ヤマワシ			ア 番 (ニ漁)
ヌッチ			ア 番 (ニ漁)
下ヨイチ	運 ア 37 （漁・多）	(数十)	○ 運
上ヨイチ （モイレ）	○ サケの漁場		運 ア 漁
フクベ崎		○	○

ニ漁→ニシン漁家

解説 金成マツの「人間のユカラ」

金成マツの「人間のユカラ」にはヨイチの姫やチャシがたびたび登場する。ところが、ヨイチにはそういう伝承が残っていない。

アイヌ伝承 ～ヨイチに津波が来た～

ヨイチに津波が来た。シリパ岬がみえなくなった。引き潮でモイレの山が見えるようになった。クジラが二頭岸に上がったので、フンベの沢と呼ぶようになった。
（ヨイチアイヌから聞き取った青木延広氏の話）

6. 歴史

(1) 17世紀
① 1670年の時点で「古城」があった（『津』）。
② 日本海側では最大規模の集落であり、シャクシャインの戦いで、和人の被害が最も多かった。

(2) 18世紀
① 下余市場所が海産物の漁場であるのに対し、上余市場所は、秋の生サケ主体の漁場であった。1739年の時点では、オショロでサケを積荷した。
② 1786（天明6）年、上余市場所の運上金は140両で、下余市場所の運上金は300両ということで、和人にとっては海産資源の下余市場所が重視されていた。

(3) 19世紀
①（2）の②に影響したものか、アイヌ人口は増加しているものの、運上金は下余市場所の方が多かった。
② 上・下余市場所とも、19世紀半ばには、和人が移住し、アイヌ人口が減少していった。

忍路場所（オショロ）〔小樽市〕

範囲：ラモシマナイ〜モイ（1里半）

ポイント　天然の良湊と、ニシン漁で注目された。18世紀末〜19世紀前半に人口の極端な増減があった。

1. アイヌ集落と首長

西暦（元号）	戸数（人口）	アイヌ首長
1786（天明6）年		㋹カカエトノ　㋻ムラカミ
1792（寛政4）年	40（230）	㋹1791年病死　㋻アイン　㋥兼帯
1807（文化4）年	80（368）	㋹チエリト（幼少）　㋻ハウアニフントル　㋥アエウシ他7人
1822（文政5）年	30（125）	
1855（安政2）年	71（297）	

2. 知行主

西暦（元号）	知行主
1739（元文4）年	古田宇市　松前平次右衛門[※1]
1786（天明6）年	古田栄助
1792（寛政4）年	古田直記　古田倉太[※2]
1807（文化4）年	古田栄七郎

※1：松前平次右衛門は、上余市場所（サケ漁・秋生サケ）の知行主である。ヨイチ・オショロの商いを握っていたということだろう。
※2：『場』より。

オショロ（小樽市）

3. 運上金と場所請負人

西暦（元号）	運上金（両）	場所請負人
1739（元文4）年	70（3年）　330（3年）[※3]	
1786（天明6）年	160	住吉屋善七　大黒屋茂右衛門
1792（寛政4）年	170	住吉屋甚助
1810（文化7）年		住吉屋助治
1822（文政5）年	297/30	住吉屋助治
1841（天保12）年	297	西川准兵衛[※4]
1846（弘化3）年	297　㋳30	西川徳兵衛
1854（安政元）年	327	住吉屋徳兵衛
1861（文久元）年	297	住吉屋准兵衛
1867（慶応3）年	㋷297　㋳30　㋱1713両3分　㋪119両永103文	西川准兵衛

※3：これは「秋サケ」の分。　※4：西川氏の屋号が住吉であるので、これは同一家系である。

4. 産物

西暦（元号）	主な産物
1739（元文4）年	ニシン、カズノコ、串貝、干タラ、干カスベ、ホッケ、干魚、サメ油、イリコ少々、秋生サケ
1792（寛政4）年	ニシン、カスベ、タラ
1807（文化4）年	ニシンばかり、タラ、カスベ、イリコ、アワビ少々
1863（文久3）年	ニシン、ナマコ、アワビ、サケ、ヒラメ、カスベ、其余雑魚、細コンブ、シジミ貝

5. アイヌの生活（19世紀初頭）

	『遠』（4月18日）	『東』（4月18日）	『西記』（8月19日）
フクベ崎		○	○
ランシマナイ	番 ア 10		番
ヨシヨロ			運
ツコタン	ア 23	(70余)	番
モモナイ	ア 7（ニシン漁）	○	番
シウヤ	ア 10　漁屋(60)	○	番

6. 歴史

(1) 17世紀
① 1670年の時点で、「船澗あり」、「商所」となっていた（『津』）。
② シャクシャインの戦い終了後、オショロにヨイチ、ルイシン（利尻）、ソウヤのアイヌ首長が集まり、今後の対応について話し合った（『津』）。

(2) 18世紀
① 18世紀前半では、「(和人にとって)蝦夷一番の湊」(『商』)であり、「越年」する和人もいた。忍路の大忠寺に、18世紀後半の和人の墓がある。
② 18世紀前半（3年で70両）から、後半（1年で160両）に運上金が7倍になった。
③ 1762年、トママイアイヌ11人とツコタン（オショロ）アイヌ11人が藩主に「謁見」した（『抄』）。
④ 1792年、ヲショロに地震があり、岸壁が崩れ、津波が押し寄せた（『夷』）。

(3) 19世紀
① 19世紀前半に、急に人口が減少した。
② 19世紀半ばには、人口増加に転じた。
※ 1846年頃造成の建物として忍路ツコタン神社がある。

アイヌ伝承
～フゴッペ岬チャシ～

小樽と余市の間のフゴッペ岬チャシには、男2人、女1人の兄妹が住んでいた。このアイヌは、オショロやヨイチのアイヌが岬の下を通るたびに石を落として、通行の邪魔をした。あるとき、3兄妹がニシン漁をし、運んでいる跡を見つけ、その道をたどって、オショロアイヌとヨイチアイヌは3兄妹を攻め亡ぼした。
(『小樽市史』『伝承』所収)

高島場所〔小樽市〕
タカシマ

範囲：プクシヤタラシ〜ホンナイ（1里半）

ポイント 1780年頃にシクツシから高島に場所が移った。漁場労働によるものか、人口も大きく増加したが、和人の増加により、19世紀半ばには減少した。

1. アイヌ集落と首長

西暦（元号）	戸数（人口）	アイヌ首長
1670（寛文10）年	5〜6	トマヒル[※1]
1786（天明6）年	(131)	ノテカリ
1792（寛政4）年	46(200)	㊃モンカリ　㊇チヤイコロ
1807（文化4）年	(193)	㊊㊃チヤイコロ ㊇モシツトモ　㊉ヤクワン
1822（文政5）年	41(199)	
1855（安政2）年	19(71)	

※1：シクツシ首長。

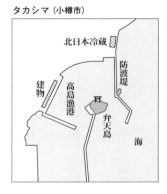

タカシマ（小樽市）

2. 知行主

西暦（元号）	知行主
1670（寛文10）年	蠣崎源左衛門（シクツシ）[※2]
1739（元文4）年	蠣崎重助（シクツシ）
1786（天明6）年	蠣崎源吾
1792（寛政4）年	蠣崎三吾（三五郎）
1807（文化4）年	蠣崎東吾

※2：津軽藩地図より。

3. 運上金と場所請負人

西暦（元号）	運上金（両）	場所請負人
1739（元文4）年	60	
1786（天明6）年	150	住吉屋善七
1792（寛政4）年		住吉屋甚助
1807（文化4）年	170	住吉屋助市
1810（文化7）年		住吉屋助治
1822（文政5）年	213/137	住吉屋助治
1841（天保12）年	330両2分	西川准兵衛[※3]
1846（弘化3）年	213　㊗90　㋮22両2分　㊤5　㋤2両2分　㊗12	西川徳兵衛
1854（安政元）年	310	住吉屋徳兵衛
1861（文久元）年	330両2分	住吉屋准兵衛
1867（慶応3）年	㊋330両2分　㊗12　㊏183両永205文5分 ㊤・㋤7両2分　㊌1015	西川准兵衛

※3：西川氏の屋号が住吉屋であるので、ここは同一の家系である。

4. 産物

西暦（元号）	主な産物
1739（元文4）年	ニシン大場所、串貝・名物（以上シクツシ場所）
1792（寛政4）年	ニシン（6000束）、カスベ、タラ、マス、ホッケ、秋味
1807（文化4）年	ニシン、イリコ、アワビ、タラ、カスベ、サケ
1863（文久3）年	ニシン、アワビ、ナマコ、サケ、タラ、ヒラメ、カスベ、マス、コンブ、フノリ、あさくさノリ[※4]

※4：江戸時代、浅草辺で養殖して有名になったが、同じものか不明。

5. アイヌの生活（19世紀初頭）

	『遠』（4月17日）	『東』（4月17日）	『西記』（8月30日）
カバシラサキ		(3)	ア 番
メナシトマリ		(7)	ア 漁
シクツシ		(50)	
タカシマ	運 ア 37（漁）	アイヌ多く他所より来る大猟場	運
ポントマリ		(4)	
ムマヤ	○	(15)	
テミヤ	ア (3) ニシン漁場（漁）	(50)	ア 番
ウコバチ		(13)	○

6. 歴史

（1）17世紀
① シクツシ（祝津）に商場があった（『津』）。
② シャクシャインの戦いで、和人（7人）を襲撃した（『津』）。
③ シャクシャインの戦いの敗戦後、「みきのすけ」が賠償（ツグナイ）を出した（『拾』）。
④ シクツシ首長が1692年、松前にウイマム（御目見得）に行った（『主』）。

（2）18世紀
① 運上金がニシン漁によってハネ上がった。
② 1780年頃、運上屋がシクツシから高島へ移ったようだ。
③ 高島・手宮は天然の良港として、和人が注目した（1739年）。

（3）19世紀
① 『西誌』によると、19世紀初め、井上貫流がオタルナイと往来できるようにした。
② 19世紀半ばには、アイヌの人口が減少した。
③ ニシン漁で、和人の出稼ぎが来た。『西誌』によると、メナシトマリ（現・小樽水族館）やテムヤ（手宮）に和人集落ができた。

解説 高島岬

シクツシの岬（現在の高島岬）は小さな岬である。ところが、雄冬岬、浜益、厚田から見える海岸線の先が高島岬であり、ここは海上交通におけるランドマークになったものと見られる。

小樽内場所〔小樽市〕
オ タ ルナイ

範囲：ヲコハシ〜ヲタルナイ（6里余）

ポイント　17世紀には、オタルナイはイシカリ勢力の一部だった。18世紀後半、ニシン漁に合わせ、クッタルシに運上屋が移った。幕末に和人の街になった。

1. アイヌ集落と首長

西暦（元号）	戸数（人口）	アイヌ首長
1670（寛文10）年	4〜5	ヨロタイン
1786（天明6）年		㊅シキシ　㊇ムサシ　㊙コレンカ
1792（寛政4）年	40（180）	㊅シツケシ　㊇コレンカ　ムサシ　㊙イトコンナ
1807（文化4）年	（180）	㊗㊅タブフ　㊙イレバ　㊂8人いる
1822（文政5）年	43（150）	
1855（安政2）年	26（102）	

2. 知行主

西暦（元号）	知行主
1739（元文4）年	氏家善次衛門
1786（天明6）年	氏家新兵衛
1792（寛政4）年	氏家新兵衛
1807（文化4）年	氏家只右衛門

3. 運上金と場所請負人

西暦（元号）	運上金（両）	場所請負人
1786（天明6）年	150	大和屋弥兵衛
1792（寛政4）年	150　オタルナイ川アキアジ30両	阿部屋専八
1807（文化4）年	300	岡田源兵衛
1810（文化7）年		恵比寿屋源兵衛
1822（文政5）年	370/177	恵比寿屋孫兵衛
1825（文政8）年	370両　㊡120　㋠17　夏㊤10　㋠5　㊞25両1分　10両永140文	恵比寿屋弥兵衛
1841（天保12）年	507	岡田半兵衛[1]
1846（弘化3）年	370　㊡120　㋠17　㊤10　㋠㊤5　㊞25両1分	岡田半兵衛
1854（安政元）年	577両2分	岡田半兵衛
1861（文久元）年	507	恵比寿屋半兵衛
1864〜67年頃（元治元〜慶応3）	547両1分　㊢1000　㊹484両2分	恵比寿屋半兵衛

※1：岡田氏の屋号が恵比須屋なので、これは同一の家系である。
※19世紀の史料には370両と507両の二系統の運上金が記されている。

4. 産物

西暦（元号）	主な産物
1739（元文4）年	ニシン、カズノコ、串貝、夏塩マス少々、秋生サケ少々
1792（寛政4）年	ニシン、カスベ、タラ、マス、アキ味
1807（文化4）年	サケ、ニシン、イリコ、タラ、カスベ
1863（文久3）年	ニシン、サケ、イリコ、マスは近年少し

5. アイヌの生活（19世紀初頭）

	『遠』（4月17日）	『東』（4月17日）	『西記』（8月30日）
ヲコハチ		(13)	
クッタルシ	運 ア 8		運
有ホロ	ア	ア	
ノブカ	ア 漁		
カチナイ	ア 漁	ア	
アツトマリ	ア 漁	ア	番
クマウシ	○	○	番
アサリ	ア 漁		
ハルイシ	ア 漁	ア	番
レブンツカ	ア 漁		番
ヲタスツ	ア 漁	ア	
フンベヲマナイ		○	○

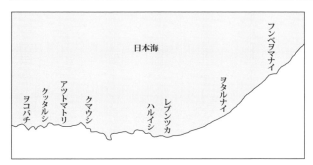

6. 歴史

（1）17世紀

①ヨロタインの時代のオタルナイは、現・新川河口の海岸地域を指していた。「よろたいん」は「石カリ港より二十軒」（『寛』）の首長、「石狩川口大将」（『津』）と書かれており、イシカリ河口部の周辺を領域にしていた。

②『郷』に「かつち内（勝納）」が見える。当時は、オタルナイの一部ではなかったかもしれない。

(2) 18世紀
① 『商』には、「石かり川まで十三里」とあり、これはカッチナイ（勝納川）地域を指すものだろう。ニシンのカッチナイ、サケのオタルナイの棲み分けができていたか。
② 18世紀末には人口増加。これはニシン漁によるものと見られ、運上屋もカッチナイ方面のクッタルシ（現・堺町郵便局）に移ったのだろう。

(3) 19世紀
① アイヌ人口は徐々に減少をたどった。『西誌』では、「レブンツカまで漁家二百軒」とあり、和人のニシン場所となった。
② 『西誌』によると、アブタアイヌが、春に出稼ぎに来た。
③ 幕末には和人の街ができ、村並とされ、小樽内役所が置かれた。

解説　ニシン漁

17世紀前半においては、松前城下交易でアイヌがニシンを持ってくることはあっても（『ア』）、その量は多くはなかっただろう。17世紀後半では、和人が江差（和人地）にニシン漁に行ったが、アイヌモシリで取ることはなかった（『津』）。ところが、18世紀になると、近畿地方を中心に綿花の肥料としてのニシンが注目されると、北海道日本海岸でのニシン漁が盛んになった。①アイヌとのニシン交易、②アイヌをニシンの漁場労働者として使役する、③他地域のアイヌをニシン漁場労働者として酷使するという段階を経て、多くのアイヌの人たちの生命を奪った。1855年には、和人はカムイ岬を越えて居住できるようになり、和人の漁場労働者が集まり、小樽内に街ができた。なお、アイヌの中には自分たちで漁労する（自分稼ぎ）者もいたが、そうした事実をもって、和人の漁場経営の過酷さを帳消しにしてはいけない。

解説　オルタナイのアイヌはどこに行かされたか

クッタルシ（現・小樽市入船町周辺）にいたオタルナイアイヌだが、幕末から「開拓」期にかけて、和人の街ができると、ウマヤ（現・小樽市手宮3丁目）に移住させられた。さらにウマヤ近辺に鉄道が走り、手宮の街ができると、石狩の浜益に移住させられた。オタルナイのアイヌは和人の「街作り」に翻弄され続けたと言うほかない。

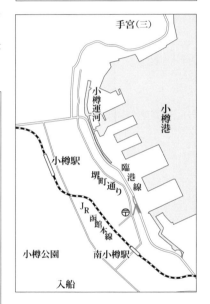

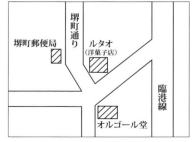

オタルナイ運上屋（小樽市）

※クッタルシ（境町郵便局）にオタルナイ運上屋があった。

石狩場所（浜場所）
イシカリ

範囲：（記録なし）

ポイント　イシカリ（浜）場所が登場するのは、1820年代以降。イシカリ川沿いのアイヌを漁場労働で使役し、多数のアイヌが死亡した。

1.アイヌ集落と首長、2.知行主、5.アイヌの生活
データなし

3.運上金と場所請負人

西暦（元号）	運上金（両）	場所請負人
1739（元文4）年	1400（3年） 後900（3年）	
1822（文政5）年	1455両2分	阿部屋伝次郎
1841（天保12）年	1000	阿部屋伝次郎
1846（弘化3）年	2250	阿部屋伝次郎
1854（安政元）年	1040	阿部屋伝八郎
1864〜67年頃 （元治元〜慶応3）	2500	

4.産物

西暦（元号）	主な産物
1739（元文4）年	秋生サケたくさん

6.歴史
（1）17世紀
　①イシカリ川流域のアイヌたちは、川口〜イエチマタ（江別か）にあるチヨマカウタに集まり、交易した（『津』）。
　②シャクシャインの戦いのおり、イシカリ総首長のハウカセは、イシカリ川口に300ほど小屋を造り、徹底抗戦を決意した（『津』）。

（2）18世紀
　①1717年、石狩場所は松前藩主のもので、サケを産物にしていた（『松』）。
　②イシカリ川流域の商場には、内陸の13場所のほかに、松前藩主がサケ交易を行っていた（『商』）。

（3）19世紀
　①19世紀初頭、「秋味」はすべて松前藩主の直場所。イシカリ浜、イシカリ川の漁労はアイヌのみが行った（『西記』）。
　②『東』によれば、19世紀初頭、イシカリ川口は「砂洲」で、湊としては利用しにくい状況だった。
　③1820年代から、イシカリ（浜）場所（請負人〜阿部屋伝次郎）が見える。
　④1857年、イシカリ川沿いのアイヌを、イシカリ（浜）で漁場労働させた。アイヌの女性が、和人の番人に強奪される事例が多く、人口が大きく減少した（『淡路守殿へ奉る書』）。

西蝦夷地編

63

石狩場所（イシカリ13場所）

範囲：石狩平野一帯

場所	1670年(寛文10)
サッポロ	首長チクニシ（14〜15）（『寛』）

	1739（元文4）年	
	知行主	南条安右衛門
	知行主	目谷万右衛門
	知行主	小林兵左衛門

場所	1784（天明4）年	
上サッポロ	産物	熊胆、鷲羽
	知行主	南条安右衛門
	運上金	16両
下サッポロ	知行主	目谷才右衛門
	運上金	古は17両
下シノロ	産物	春マス
	知行主	小林保左衛門
	運上金	7両2分

場所	1786（天明6）年	
ナイホウ	首長	㊙コタカ ㊙ウレムコ ㊙ホレウエ
	知行主	南条安右衛門
	請負人	阿部屋伝吉
	運上金	30両
サッポロ	首長	㊙クウカンテ ㊙ミヤリマコツ ㊙トンパチ
	知行主	目谷才右衛門
	請負人	天満屋三四郎
	運上金	20両
モマフシ	知行主	小林甫左衛門
	請負人	阿部屋伝吉
	運上金	20両

64

1. アイヌ集落と首長、2. 知行主、3. 運上金と場所請負人、4. 産物

西蝦夷地編

場所	1792（寛政4）年		場所	1807（文化4）年		（1818年）（文政元）	場所	1856（安政3）年	
下サッポロ（浜より5里）	集落	30軒73人	上サッポロ	集落	187人	（下サッポロ）阿部屋伝次郎	下サッポロ	集落	夷人小屋多きよし
	首長	(乙)ウシヤレンカ (脇)シリカナン (小)ウシムリ		首長	(乙)ウシヤレンカ (脇)ホロヘンケ (小)ルンメ			首長	(乙)モニオマ (小)シリコフツ子
	産物	マス、カラ鮭		知行主	南条郡平				
	知行主	南条安右衛門		請負人	浜田甚七				
	請負人	阿部屋専八		運上金	70両	35両永50文		運上金	46両（別6両2分）
	運上金	40両							
上サッポロ（浜より6里）	集落	15軒50人	下サッポロ	集落	119人	（上サッポロ）阿部屋伝次郎	上サッポロ	首長	(乙)クウチンコレ (小)モリキツ
	首長	(乙)イコマツ (小)トウバ		首長	(地)(乙)・(小)カネムシ (脇)トッテシュ				
	産物	マス、カラ鮭		産物	ニシン取				
	知行主	目谷才右衛門		知行主	目谷安次郎	46両 ㊤2両2分 ㊦4		運上金	36両50文
	請負人	阿部屋専八		請負人	京極屋嘉兵衛				
	運上金	30両		運上金	70両				
ナイホウ	集落	6軒20人	ナイホウ	集落	28人	阿部屋伝次郎	ナイホウ	集落	夷人も多きよし
	首長	(乙)ソンハ (小)サマサン		首長	(乙)シヤマウサン (脇)ソンバ (小)タイリキ			首長	(乙)ニシトンレ (小)ケセオマ
	産物	マス、カラ鮭							
	知行主	小林文三郎		知行主	（松前藩主）				
	請負人	角屋藤兵衛		請負人	梶浦屋吉平	26両2分			
	運上金	20両		運上金	25両				

第Ⅰ部　前近代

場所	1670年（寛文10）	1739（元文4）年		場所	1784（天明4）年		場所	1786（天明6）年	
ハッシヤフ	首長ヨロタイン 20軒（『寛』）			ホッサブ			ハッシヤフ	首長	㋜イヌシルク ㋫セトトイ ㋒トタクトリ
		知行主	酒井作之衛門		知行主	酒井弾次郎		知行主	酒井作之右衛門
								請負人	浜屋久七
					運上金	27両		運上金	20両
				上シノロ			チカルシ	首長	㋜サシマタアイノ ㋫エコチヤカル ㋒アリレンカ
		知行主	高橋嘉左衛門		知行主	高橋平蔵		知行主	高橋善六
								請負人	阿部屋伝吉
					運上金	22両		運上金	15両
津石狩	○			シッカリ			トママイ	首長	㋜カリホクノ ㋫ヌカルベコル ㋒ビシユンミ
		知行主	松崎太次右衛門		知行主	松崎多門		知行主	松崎太次右衛門
								請負人	薬屋太兵衛
					運上金	17両2分		運上金	20両

西蝦夷地編

場所		1792（寛政4）年	場所		1807（文化4）年	（1821年）（文政4）	場所		1856（安政3）年
ハッシヤフ	集落	13軒56人	ハッシヤフ	集落	34人	（ハッシヤフ）		集落	川筋に集落ある
	首長	乙イメカン 小イタコトリ		首長	惣乙トメカウシ 脇ケタヘカ 小エカシンヘ			首長	乙イソウクテ 小コモンタ
	産物	マス、カラ鮭							
	知行主	酒井国蔵		知行主	酒井伊兵衛	阿部屋伝次郎		1856年時点では場所はない	
	請負人	八森屋文六		請負人	米屋孫兵衛				
	運上金	35両		運上金	50両	40両　上10		運上金	1846年は46両（他14両）
ツフカルイシ（浜より32里?）	集落	15軒37人	シノロ	集落	125人	（1818年）（文政元）（シノロ）		（1846年）	
	首長	乙イトセ 小アチヤオロコル		首長	惣乙イツトセ 脇ケミアント 小シヤヒセ			首長	乙エンリシウ（『西誌』）
	産物	マス、カラ鮭							
	知行主	高橋平蔵		知行主	高橋壮八	阿部屋伝次郎			
	請負人	阿部屋専八		請負人	筑前屋清右衛門				
	運上金	？7両		運上金	50両	38両2分 差3		運上金	34両1分（他3両）
下ツイシカリ（浜より7里）	集落	8軒（25人）	下ツイシカリ	首長	惣乙アリカワ 脇ヒシウンテ 小テタリカウリ		トイシカリフト	集落	7〜8軒
	首長	乙セリホクノ 小ヌカルベコル						首長	乙ルヒヤンケ 小イカレトメト
				知行主	松崎多門	阿部屋伝次郎		産物	サケ漁
	知行主	松前三太夫		請負人	直次郎				
	請負人	斎藤民右衛門				37両（他3両2分）			
	運上金	35両		運上金	50両			運上金	37両

場所	1670年(寛文10)	1739（元文4）年		場所	1784（天明4）年		場所	1786（天明6）年	
				ツビシカリ			トイシカリ	首長	⊘シリマウタ ㊉サケヤシ
		知行主	松前内記		知行主	松前貢		知行主	松前貢
								請負人	天満屋三四郎
					運上金	7両		運上金	テシオと合わせ220両
ユウバリ	首長シモサ			下ユウバリ			ユウバリ	首長	⊘イシカイ ㊉サイシラマ ㊍ヒセコル
					産物	材木を伐流			
		知行主	蠣崎時右衛門		知行主	蠣崎三弥		知行主	蠣崎三弥
								請負人	熊野屋新右衛門
								運上金	30両
				上ユウバリ			ユウバリ	首長	⊘イシカイ ㊉サイシラマ ㊍ヒヤコル
		知行主	松前平次右衛門		知行主	松前監物		知行主	松前監物
								請負人	熊野屋新右衛門
					運上金	10両		運上金	20両

西
蝦
夷
地
編

場所		1792（寛政4）年	場所		1807（文化4）年	（1818年）（文政元）	場所		1846（弘化3）年
上ツイシカリ（浜より8里）	集落	10軒35人	上ツイシカリ	集落	106人	（1821年）（文政4）	チイシカリ		
	首長	乙シレマフカ 小サケアン		首長	乙シレマウカ 脇レハカシ 小ウエトカン	（上ツイシカリ）			
	産物	マス、カラ鮭							
	知行主	松前貢		知行主	松前彦三郎	阿部屋伝次郎（1821年）			
	請負人	近江屋三郎次		請負人	米屋孫兵衛				
	運上金	20両		運上金	60両	55両（差2両1分）		運上金	55両（別2両）
下ユウバリ（浜より15里）	集落	8軒25人	下ユウバリ	集落	154人	（1818年）（文政元）	下ユウバリ	1809年には492人いたのが、漁場労働のせいで49人になる ユウバリ場所では、人口が減少しても生き残った人を海岸へ連行し、働かせた（『近』）	
	首長	乙イイキ 小トフカウ		首長	惣乙ハウイリキ 脇アエノコロベ 小コボシビク	（下ユウバリ）			
	産物	マス、カラ鮭							
	知行主	蠣崎三弥		知行主	蠣崎佐兵衛	阿部屋伝次郎（1821年）			
	請負人	大黒屋茂右衛門		請負人	近江屋利八				
	運上金	35両		運上金	50両	40両（差5両）		運上金	40両（他5両）
上ユウバリ（浜より16里）	集落	8軒34人	上ユウバリ	集落	123人	（1821年）（文政4）	上ユウバリ	1809年には376人いたのが、漁場労働のせいで23人になる	
	首長	乙サイシラマ 小アンラマシテ		首長	惣乙サンシラマ 脇ウシヤテク 小アンラマシテ	（上ユウバリ）			
	産物	マス、カラ鮭							
	知行主	松前鉄五郎		知行主	松前鉄五郎	阿部屋伝次郎			
	請負人	近江屋忠兵衛		請負人	宮本屋弥八				
	運上金	35両		運上金	47両	42両2分		運上金	1846年 42両2分

場所	1670年（寛文10）		1739（元文4）年	場所	1784（天明4）年		場所	1786（天明6）年	
	（首長ハウカセ？）	知行主	佐藤権左衛門	上カバタ	知行主	佐藤権左衛門	トイヒラ	首長	乙コミトリ 脇フミハシ 小イカリアイノ
								知行主	佐藤彦太夫
					運上金	17両		請負人	大和屋弥兵衛
								運上金	30両
		知行主	土谷弥七郎	下カバタ	知行主	土谷丹下	カバタ	首長	乙ヤエチキリコ 脇ミンナシ 小アエカラシ
								知行主	土谷丹下
					運上金	28両2分		請負人	阿部屋茂兵衛
								運上金	20両
		知行主	下国金左衛門	シマツプ	知行主	下国岡左衛門	シママツプ	首長	乙モムアイノ 脇アヤリヤク 小コヨカニ
								知行主	下国岡右衛門
								請負人	大和屋弥兵衛
								運上金	20両

西蝦夷地編

場所		1792（寛政4）年	場所		1807（文化4）年	（1818年）（文政元）	場所		1856（安政3）年
上カバタ（浜より23里）	集落	23軒106人	上カバタ	集落	348人	（上カバタ）		（ウラシナイ）此処其傍に夷人小屋一軒有。……	
	首長	㋳コミトク ㋙ウコン		首長	㋳カンヘイ ㋹ユカリアイノ ㋙マウカクシ			首長	㋳セツカウシ
	産物	マス、カラ鮭		知行主	佐藤彦八	阿部屋伝次郎			
	知行主	佐藤彦太郎		請負人	相野屋伊兵衛				
	請負人	大黒屋伝吉		運上金	120両	115両2分永125文			
	運上金	75両							
下カバタ（浜より21里）	集落	13軒50人	下カバタ	集落	95人	（下カバタ）			
	首長	㋳シンナン ㋙フシモモリ		首長	㋳エシヨンコハン ㋹エネレコル ㋙チキモロシカ				
	産物	マス、カラ鮭		知行主	土谷高八	阿部屋伝次郎			
	知行主	土谷左仲		請負人	京屋勘次郎				
	請負人	恵比須屋治助		運上金	40両	15両1 ㊤7 ㋳4両2分			
	運上金	45両							
シママフ（浜より16里）	集落	7軒30人	シマウフ	集落	55人	（1821年）（文政4）			
	首長	㋳コエカン ㋙イシヤヤヌ		首長	㋳コユカニ ㋹イチサエモン ㋙チクヨクシテ	（シママツフ）			
	産物	カラ鮭		知行主	下国脇	阿部屋伝次郎			
	知行主	下国岡左衛門		請負人	米屋孫兵衛				
	請負人	大和屋彦兵エ		運上金	45両	42両2分（㋷5両）	運上金	1846年 40両（別5両）	
	運上金	25両							

場所	1670年（寛文10）	1739（元文4）年		場所	1784（天明4）年		場所	1786（天明6）年	
				ト ク ヒ ラ			首長	㋑レラシロマ ヌカルアシカイ ㋧イキプバケ	
		知行主	松前藩主		知行主	松前藩主	知行主	松前藩主	
							請負人	大口屋宗九郎	
					運上金	古え20両	運上金	60両	

川上がカムイコタン、川下がトクヒラ

前近代アイヌ列伝　ハウカセ

1669年2月、シャクシャインの決起の直前、松前藩は「これから交易を停止するぞ」とイシカリアイヌを脅した。それに対するイシカリ首長ハウカセは「松前藩は松前の首長。私はイシカリの首長なのだから、お構いなく」と言い、さらに「アイヌに米や酒などいらない。魚と鹿があれば生きていける」と啖呵を切った。そして、イシカリ川口に小屋を300ほど造り、鉄砲を40～50挺用意し、徹底抗戦の意思を示した。

イシカリアイヌの人口

① 1724年秋、サケの漁獲がなく、困窮により200人ほどが餓死した（『年』）。

② 1780年の夏から秋にかけて、疱瘡の流行により647人が死亡した。

③ 1809年のイシカリ各場所の人口は3063人。内訳は別表の通り。

④ 1817～18年にかけて、イシカリ地方で833人が病死した。

⑤ 1822年には、1158人になった。

⑥ 場所請負の悲惨な労働によりイシカリ浜へ連行され、1855年には670人になった。

1809年の場所ごとの人口

場所名	人口（人）
上カバタ	372
下カバタ	102
ハツシヤブ ツイシカリ シママウプ	1170
下ユウバリ	492
上ユウバリ	372
下サッポロ	194
上サッポロ	194
ナイボ	29
シノロ	138
総計	3063

白山友正『松前蝦夷地場所請負制度の研究』（巌南堂書店、1971年）より

前近代アイヌ列伝　ヤエレシカレ

和人の番人が夫（イリモ）をオタルナイの漁場に行かせ、妻（ヤエレシカレ）を奪った。ヤエレシカレが性病をうつされると、番人は見捨てた。ヤエレシカレは自殺も考えたが、周囲に説得されウリウフト（雨竜太分）に行き、老女2人とひっそりと暮らした（『近』）。

場所	1792（寛政4）年		場所	1807（文化4）年	（1818年）（文政元）	場所	1856（安政3）年
ト ク ヒ ラ	集落	40軒（120人）	ト ク ヒ ラ	集落	815人	（1821年）（文政4）（ ト ク ヒ ラ ）	イシカリ上流のベベツ川出身のシユツテロシは和人の番人に暴行され自殺。夫のヤエキシエクは抗議してトカチの佐幌（新得）に移った（『近』）
	首長	②シラシヤマ ⑩ヌカルアシカイ		首長	⑯カネフサ ⑩シリウルシ ⑪トリキラク		
	産物	マス、カラ鮭					
				知行主	松前藩主		
	請負人	小林屋宗九郎		請負人	米屋孫兵衛	阿部屋伝次郎	
	運上金	80両		運上金	100両（他にマス70両）	135両（そのうちマス35両）	

他の地名
ウシュンベツ　浜から70里
シイヘツ　浜から80里

6．歴史

（1）17世紀

①1669年のイシカリ首長ハウカセによれば、かつてイシカリアイヌは、弘前まで交易に行っていたと言う（『津』）。

②松前藩の脅しに対し、ハウカセは鉄砲を用意し、イシカリ川口を固め抵抗した。

③1688年には、カルベカインがイシカリ13地域に睨みをきかせる総首長になっていた（『快』）。

④1692年、イシカリのシユクバカイン（カルベカインか？）が松前にウイマム（御目見得）に行った。

（2）18世紀

①1739年には、川筋を16場所に分け、川口まで運ぶ干鮭、獣皮などを積み出す船が16艘、秋には生鮭の船が2艘、運上金は3ヶ年で1400両、その他余ったものを買う船が2艘、運上金は3年で900両、松前藩主のモノとなった（『商』）。

（3）19世紀

①漁場労働と疫病で人口が減少したのは、「イシカリアイヌの人口」で示した通りである。

②19世紀初頭には、オタルナイなどにニシン漁に出向いた（『西記』）。

アイヌ伝承
〜サッポロコタンの創設〜

200年前、イシカリ川岸ピトイにコタンがあった。春の雪解けと夏の雨季に入ると、出水のためにコタンが濁流におびやかされていた。イショウシグルエカシ（首長）はさらによい土地を求めて茨戸に行くと、大グマに襲われた。首長は茨戸沼から発寒川に入り、発寒と札幌に分かれて、ピトイの人々を移した。

※1931年から見て約200年前の話である。

（河野広道「東京日々」所載『伝説』所収）

厚田場所〔石狩市〕
（アツタ）

範囲：シヨフ〜ビシヤンヘツ（6里余）

ポイント 海岸〜ニシン漁、川（モーライ川か）〜生サケ漁の場所。19世紀半ばに人口が半減した。

1. アイヌ集落と首長

西暦（元号）	戸数（人口）	アイヌ首長
1692（元禄5）年		シモタカイン犬
1786（天明6）年		㊃ゲンソウ ㊇チヤマ
1792（寛政4）年	18（90）	㊃ゲンゾウ ㊇チヤマ ㊉アオシマ
1807（文化4）年	（50〜60）	㊃イバシウ ㊇チヤマ ㊉アイノカタ
1822（文政5）年	19（72）	
1855（安政2）年	9（41）	

厚田古潭漁港（石狩市）

厚田の運上屋は押琴（ヨショロコツ）にあり、幕末に隣接する古潭が栄えた。

2. 知行主

西暦（元号）	知行主
1739（元文4）年	高橋文治※1
1786（天明6）年	高橋又右衛門
1792（寛政4）年	高橋又右衛門
1807（文化4）年	高橋又太郎

※1：秋生サケは松前藩主。

3. 運上金と場所請負人

西暦（元号）	運上金（両）	場所請負人
1739（元文4）年	不同　秋生サケ（松前藩主）は120両	
1786（天明6）年	150	阿部屋伝吉
1792（寛政4）年	110	阿部屋専八
1807（文化4）年		浜屋平次
1810（文化7）年		浜屋与三右衛門
1820（文政3）年	夏180　㊥10　㊧22	浜屋与三右衛門
1822（文政5）年	180/160	浜屋与三右衛門
1841（天保12）年	320	宮川増蔵
1846（弘化3）年	190　㊥130　㊥添船15　㊧22	万屋増蔵
1861（文久元）年	320	浜屋与三右衛門
1867（慶応3）年	㊃320　㊧22　㊥1912両2分　㊥229両1分	浜屋与三右衛門

4. 産物

西暦（元号）	主な産物
1739（元文4）年	秋生サケは松前藩主 ニシン、カズノコ、サメ油少々、串貝、干サケ、イリコ少々
1792（寛政4）年	ニシン、イリコ、昆布、マス60束、秋味700束 モーライ川の秋味は松前藩主へ
1807（文化4）年	サケ、ニシン、イリコ、タラ、カスベ、マスは年による
1863（文久3）年	ニシン、サケ、イリナマコ、シイタケ、ヒラメ、カスベ、雑魚

5. アイヌの生活（19世紀初頭）

	『遠』 （4月21日）	『東』 （4月21日）	『西記』 （9月3日）
シュツプ	ア（漁小）サケ	○	ア 番 秋味
ナカハマ		○	ア 番 秋味
シリアツカリ	ア（漁小）サケ		ア 番 秋味
モウライ	○	(17)	ア 番 秋味
ヲネトマリ		(14)	
ウエンシリ		(2)	
ヨショロコツ	ア 25 運	○	ア 50～60人 運
ラウネトマリ	ア（漁小） ニシン		
ニヲトマリ	ア（漁小）		
アツタ	○	ア	ア
ゴケビル	○		ア 番

漁小：漁小屋。

6. 歴史

（1）17世紀
　①1692年、アツタ首長シモタカ犬が跡目相続し、初めて松前氏に「謁見」した。

（2）18世紀
　①18世紀前半には、海岸の商場は高橋氏、川（18世紀後半にはモーライ川）の商場は松前藩主の知行となっていた。
　②1769年、アツタとマシケが境界で議論になった（『抄』）。

（3）18世紀末～19世紀初頭
　①集落規模は20戸弱で安定していた。
　②首長（乙名）に代替わりがあっても、副首長（脇乙名）はチャマであった。

（4）19世紀
　①19世紀半ばには、アイヌ人口が半減した。
　②運上金は、18世紀以来、大きな変動はなかった。

浜益場所（ハママシケ）〔石狩市〕

範囲：ゴキベツ～ビシヤンベツ

ポイント　浜益地域が元々の増毛場所だった。現・増毛地域が力を持つ中で、浜益場所となる。19世紀前半は人口増加。

1. アイヌ集落と首長

西暦（元号）	戸数（人口）	アイヌ首長
1792（寛政4）年	38（200）	㋕クロタエン　㋺ロウタレヘ
1807（文化4）年	（200）	㋡㋕イクシヤンペ ㋺ゲンボウ　㋙ウイマ
1822（文政5）年	84（297）	
1855（安政2）年	54（204）	㋕シカノスケ[※1]

※1：『西誌』より。

ハママス（石狩市）

2. 知行主

西暦（元号）	知行主
1784（天明4）年	下国勘解由[※2]
1786（天明6）年	高橋喜兵衛　塩引は藩主
1792（寛政4）年	下国兵太夫（含む増毛）

※2：『随』より。

3. 運上金と場所請負人

西暦（元号）	運上金（両）	場所請負人
1739（元文4）年	40	
1786（天明6）年	40[※3]	阿部屋伝吉
1792（寛政4）年	400（含む増毛）	阿部屋専八（含む増毛）
1807（文化4）年	600（含む増毛）[※4]	
1810（文化7）年		伊達屋覚兵衛
1816（文化13）年	260　㋐7 5両永100文 ㋕2分	伊達善五郎 伊達屋庄五郎
1822（文政5）年	260/7	伊達善五郎
1841（天保12）年	260	伊達林右衛門
1846（弘化3）年	150　後110　㋐7	伊達林右衛門
1854（安政元）年	227	伊達林右衛門
1864～67年（元治元～慶応3）	先買150 後買110	伊達林右衛門

※3：外切囲、塩引運上は松前藩主。
※4：秋味運上金は先船150両、後船110両。
※　1822年、1846年の運上金は、増毛場所も含むということだが、疑問である。浜益場所だけではあるまいか。

4. 産物

西暦（元号）	主な産物
1792（寛政4）年	ニシン、タラ、カスベ、アワビ、イリコ、マス
1807（文化4）年	（マシケ、ハママシケで）ニシン1万束、イリコ80本、白干アワビ15～16本、カスベ300本、タラ、サケ1万5千束、カズノコ、白子、笹目
1863（文久3）年	ニシン、サケ、アワビ、イリコ、ヒラメ、カスベ

5. アイヌの生活（19世紀初頭）

	『遠』 （4月25日）	『東』 （4月25日）	『西記』 （9月3日）
ゴケビル	○	○	ア 番 秋味
ヲクリケ	（茅屋）	○	ア 番 ニシン
ビシヤンベツ		（20）	ア 番 秋味
ハママシケ	運 ア	（30）	運 ア 秋味

6. 歴史

（1）17世紀
　① 17世紀においてはマシケとは現在の浜益を指していたようだ。したがって、シャクシャインの戦いで和人商船を襲ったマシケは、浜益（ハママシケ）のことだろう。

（2）18世紀
　① 18世紀前半の運上金は40両、18世紀後半には現・増毛地域も含み、400両となっている。
　② 18世紀後半には、浜益（ハママシケ）と増毛（マシケ）を合わせ、一場所二分割方式となったようだ。17世紀に、松前藩士に浜益～増毛に至る地を知行として与えたために、既得権となったものだろうか。
　③ 1760年、下国斉宮が浜マシケのマス船、本マシケのマス船を願うが、かなわなかった（『抄』）。
　④ 1770年、高橋喜兵衛に浜マシケの秋味「支配」を認めた（『抄』）。

（3）19世紀
　① 19世紀前半には、漁場生産と労働力確保のためか人口が増加。19世紀半ばにかけて人口が減少していった。
　② 19世紀半ばには、漁事の暇には畑作を行っていた（『西誌』）。

解説　浜益と増毛

・18世紀前半
　浜益が増毛場所
・18世紀後半
　増毛町に漁場の中心が移り、こちらが増毛場所、浜益を浜益場所とする。

増毛場所〔増毛町〕

範囲：(ハママシケよりマシケまで8里は道がなく、険阻)～ルルモツヘツ (16里余)

ポイント 浜益にあったマシケの運上屋が移動してきた。19世紀初頭に人口が急増、19世紀半ばには一気に減少。

1. アイヌ集落と首長

西暦(元号)	戸数(人口)	アイヌ首長
1670(寛文10)年		マケシヤイン※1
1786(天明6)年		㊙バヲク　㊨ロヲタンベ
1792(寛政4)年	130(260)	(マシケ)㊙ホロカタ　㊨キケヲタ　(ヘツカリ)㊙イタリ　㊨病死
1807(文化4)年	(580～590)	㊍㊙アサクマ　㊨アヲシマ　㊧イカイカアイノ
1822(文政5)年	85(437)	
1855(安政2)年	37(136)	
1863(文久3)年		㊍㊙ハルマ　㊍㊧トンケ　㊨チンベ

※1：浜益の首長か。

2. 知行主

西暦(元号)	知行主
1670(寛文10)年	蠣崎鶴若※2
1739(元文4)年	下国斉宮　松前藩主
1786(天明6)年	下国兵太夫
1792(寛政4)年	下国兵太夫(含む浜益)

※2：津軽藩地図より。

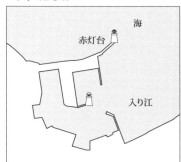

マシケ (増毛町)

3. 運上金と場所請負人

西暦(元号)	運上金(両)	場所請負人
1739(元文4)年	1070(3年) 1000(3年)(松前藩主へ) 240(3年)(下国へ)	
1786(天明6)年	200　360※3(藩主)	阿部屋伝吉
1792(寛政4)年	400(含む浜益)	阿部屋専八
1807(文化4)年	600　㊗700(含む浜益)	伊達屋林右衛門
1822(文政5)年	1100/1080	伊達善五郎
1841(天保12)年	1270	伊達林右衛門
1846(弘化3)年	1100　海鼠50　㊦120　㊧35　㊗18	伊達林右衛門
1854(安政元)年	1450	伊達林右衛門

※3：「塩引」の運上金。

4. 産物

西暦（元号）	主な産物
1739（元文4）年	秋生サケ出所（藩主） サメ油、串貝、干タラ、夏塩マス（下国）
1786（天明6）年	塩引（藩主）
1792（寛政4）年	ニシン、イリコ、マス、サケ切囲、タラ、カスベ
1807（文化4）年	（マシケ、ハママシケで）ニシン1万束、イリコ80本、白干アワビ15〜16本、カスベ300本、タラ、サケ1万5千束、カズノコ、白子340〜350本、笹目300本
1863（文久3）年	ニシン、サケ、マス、アワビ、イリコ、雑魚、コンブ、フノリ、近ごろヒラメ・カスベの網を立てる

5. アイヌの生活（19世紀初頭）

	『遠』（4月27日）	『東』（4月27・28日）	『西記』（9月3・4日）
ハママシケ			
ヘロカロウシ	⑦（漁小）	(18)	⑦
シッテキシヤム	⑦（漁小）	(12)	
ニヨイモイ		(7)	
ベッカリ	⑦ 番 ニシン	(5)	番 ニシン　秋味
ヲタルマイ		(50余)	
ホロチヨナイ		(12)	
マシケ	運 ⑦ 10	○	
ポンナイ		(3)	
シヤクマ	⑦ 10 番 マス	⑦	⑦ 番 秋味
アフントマリ	○		⑦ 番 秋味
シユシユンナイ	○	(7)	番 ニシン
タントシナイ	○	(8)	番 ニシン
レウケ		⑦	⑦ 54人　番 秋味
セタベツ		(10)	
セムシ		⑦	
ルルモツペ川			

6. 歴史

（1）17世紀

① 17世紀においては、マシケとは現・浜益（石狩市）を指していた。1670年のアイヌ首長も知行主も、現・浜益に関わるものと思われる。

（2）18世紀

① 1717年の増毛場所の産物はサケであった（『松』）。

② 18世紀においては、秋生サケが藩主の権利になった。

③ 1760年、下国斉宮が浜マシケのマス船、本マシケのマス船の願いを出したが、かなわなかった（『抄』）。

④ 1769年、アツタとマシケの境界をめぐって議論になった（『抄』）。
⑤ 『夷』によれば、1778年に疱瘡が流行した。
⑥ 18世紀後半においては、ハママシケ（現・浜益）とマシケ（現・増毛）を合わせて一場所としたようだ。一場所・二分割方式になったようだ。17世紀に松前藩士に知行として与えたので、既得権になったのではないか。

(3) 19世紀
① 19世紀前半には、漁場生産と労働力確保のためか、人口が急増。
② 19世紀半ばには、人口が3分の1となった。
③ 松浦武四郎が（最初に来た）15年前（1846年？）には、和人の出稼ぎは30軒に満たなかったが、この時点では、大別苅より泊まで町家続きだった（『西誌』）。

> **アイヌ伝承**
> 〜マシケアイヌとレブンアイヌの戦い〜
>
> マシケアイヌの娘・ハルパがレブンで無実の罪を着せられ、殺害された。マシケアイヌにトママイ、テシオのアイヌも味方し、遠征した。レブンアイヌにはリシリが味方したが、マシケ連合軍の勝利となった。（『増毛町史』『集成』所収）

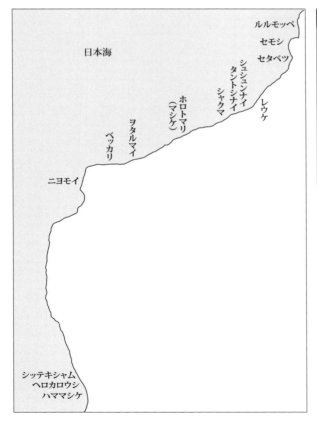

> **解説　留萌まで出稼ぎが可能**
>
> 19世紀半ばにアイヌの人口が急激に減少したのは、ニシン漁をめぐって、1840年に留萌まで和人の出稼ぎが認められたことと関係する。和人の経済活動の自由化がアイヌの生業を追い込み、生命まで奪っていった。

留萌場所 ルルモッペ(ルモイ) 〔留萌町・小平町〕

範囲：レウケ〜ヲニシカ（8里余）

ポイント　1780年代頃まで苫前場所の一部か。留萌川の存在から、注目された。19世紀には、アイヌ人口も増加、アイヌ首長層も大きく栄えた。

1. アイヌ集落と首長

西暦（元号）	戸数（人口）	アイヌ首長
1786（天明6）年		㊇コタンビル　㊁セクマアイノ
1792（寛政4）年	60（160）	㊇コタンビル　㊁イマシランケ　㊉セクマ
1807（文化4）年	（330）	㊀㊇コタンヒル　㊁シヨジ　トヒランケ　㊇シシリマ ㊉ヒシヲラン
1822（文政5）年	99（472）	
1855（安政2）年	62（211）	

2. 知行主

西暦（元号）	知行主
1739（元文4）年	松前藩主※1
1784（天明4）年	工藤平右衛門
1786（天明6）年	松前藩主※2
1792（寛政4）年	松前藩主

※1：秋生サケ（苫前の一部か）。　※2：『草』による（トママイ場所になっている）。

ルルモッペ（留萌市）

3. 運上金と場所請負人

西暦（元号）	運上金（両）	場所請負人
1739（元文4）年	600※3（3年）	
1786（天明6）年	200	栖原屋三郎兵衛
1792（寛政4）年	300	栖原屋角兵衛
1807（文化4）年	1000（サケも含む）	栖原屋半助
1841（天保12）年	957（含むトママイ）	栖原仲蔵
1854（安政元）年	1175	栖原六右衛門

※3：松前藩主へ。

4. 産物

西暦（元号）	主な産物
1739（元文4）年	サメ油2斗入りたくさん、秋生サケ(松前藩主へ)、串貝はない
1792（寛政4）年	ニシン1万束、イリコ50本、マス7千束、秋味（2千～5千束）、カスベ、タラ
1807（文化4）年	ニシン1万束、タラ、ヒラメ200束、イリコ60本、サケ塩引1万束、コンブ400石
1863（文久3）年	サケ、マス、アワビ、ナマコ、コンブ、布ノリ、ヒラメ、雑魚多い

5. アイヌの生活（19世紀初頭）

	『遠』 （4月28・29日）	『東』 （4月28・29日）	『西記』 （9月4日）
レウケ		ア	ア 54人 番 秋味
ルルモツペ	ア 120 運	○	ア 111人
エントモカ	ア 少々 コンブ	○	
ウタヤ		(10)	
サントマリ	ア 少々 コンブ		
ウシヤ	番 ニシン、サケ		ア 121人
ヲネトマリ		(10)	
ポントコ	ア	○	
ヲニシカ	ア 9 番 ニシン		ア 44人 番

6. 歴史

（1） 17世紀
　①17世紀のことはよくわからない。

（2） 18世紀
　①ルルモッペ（留萌）川に大船が入ることから、和人が注目した（『商』）。
　②18世紀前半は、秋生サケが中心。19世紀初頭には、ニシン場所としても栄えた。1780年代頃まで、苫前場所の一部か（『商』・『草』）。
　③②に関わってアイヌ首長層の力も増大した。中でも、コタンビルが有名。

（3） 19世紀
　①『遠』によると、ルルモッペ（留萌）川にアイヌ家が、120軒あったと言う。19世紀前半にアイヌ人口が急増した。
　②弘化年代（1846年か）には出稼家が1軒もなかったのに、10年後には「出稼一面に出たり」と言う。アイヌ人口は激減した（『西誌』）。

前近代アイヌ列伝　首長トビラス

　18世紀後半の史料『東遊記』に富める首長の代表として載っている。家が広く席百枚を敷き、「妾」の人数は13人だったという。

ルルモッペアイヌ首長系図

イマウカシテ ──── コタンヒル ┬── ヒシヨラシ
（天明年間・惣乙名）　（惣乙名）　│　（惣乙名）
　　　　　　　　　　　　　　　└── トヒラクアイノ ──── オタトンクル ──── ムラシ
　　　　　　　　　　　　　　　　　（小使）　　　　　　妻カンチ
　　　　　　　　　　　　　　　　　　　　　　　　　　　　　　　　　（『西誌』）

苫前場所〔苫前町・羽幌町・初山別村〕

範囲：メモトマリ～オフイニシャ[※1]（40里）

ポイント	場所として確立したのは19世紀に入ってからか。大きい領域を示し、境界が大雑把。19世紀初頭に人口がピーク。

※1：1792年においては、天塩場所を含めた範囲になっている。

1. アイヌ集落と首長

西暦（元号）	戸数（人口）	アイヌ首長
1786（天明6）年		㋖カリホクノ　㋬ヌカルベコル　㋕ビシヨンミ
1792（寛政4）年	67（265）	㋖クマカイ　㋬ロロキ　㋕シトブタ
1807（文化4）年	（412）（含む天売、焼尻）	㋖ルルケアイノ　㋬ソマカイ　㋬ヨクテキ　㋕シトクタ
1822（文政5）年	48（211）	
1855（安政2）年	20（109）	㋕エタキウエン[※2]

※2：『近』より。

2. 知行主

西暦（元号）	知行主
1739（元文4）年	松前藩主　工藤八郎右衛門
1786（天明6）年	松前藩主　松崎太治右衛門
1792（寛政4）年	松前貢（含む天売、焼尻、天塩）

3. 運上金と場所請負人

西暦（元号）	運上金（両）	場所請負人
1739（元文4）年	930[※3]（3年） 1000[※4]（3年） 180[※5]（3年）	
1786（天明6）年	20[※6]	薬屋太兵衛
1792（寛政4）年	250	板垣甚五右衛門
1807（文化4）年	700（含む天塩）	栖原半助
1841（天保12）年	957（含む留萌）	栖原仲蔵
1854（安政元）年	525（含む天塩）	栖原六右衛門

※3：秋生サケ。　※4：松前藩主。　※5：工藤八郎右衛門。
※6：この運上金は少なすぎる。誤記か。
※　留萌場所を含めた時代や、宗谷場所と境界がなかった時代もあり、領域がグレーゾーンの時代が長かった。

西蝦夷地編

4. 産物

西暦（元号）	主な産物
1739（元文4）年	秋生サケ
1792（寛政4）年	ニシン、タラ、カスベ、アワビ、イリコ、ヘムイ※7、マス
1863（文久3）年	春ニシン、コンブ、ナマコ、サケ、マス、カスベ、ヒラメ、フノリ

※7：ヘモイでマス（アイヌ語）の意味。

5. アイヌの生活（19世紀初頭）

	『遠』 （4月30〜5月5日）	『東』 （4月30〜5月5日）	『西記』 （9月6日）
メモトマリ	ア 番 ニシン	○	番
ウエンベツ	（番小）サケ		ヲタスツより番人、アイヌが来る
シヤウメンチマリ	ア 番 小 ニシン		
トママイ	ア 25 運	○	ア 88人 運
ウシシルシ	ア 3		
ハボロ	ア 3	○	（漁小）川上は砂金
ツクベツ	和人家なし	○	（仮家）
セキタナイ			（和人家）※8
チヨウチヨウナイ	○	○	（漁家）秋味
フレベツ	ア 5 番	○	ア 17 番
ヲコタシベ	○		○

※8：和人家─史料では「人家」。

6. 歴史

(1) 17世紀
① トコマイ（苦前か）にアイヌが居住していたと言う（『津』）。
② ハボロに金山があり（『津』）、少なくとも1692年までは採掘していた（『主』）。
③ ハボロのアイヌが蜂起するという虚報が流れた（『主』）。

(2) 18世紀
① 18世紀前半には、ルルモッペ川も領域に入れ、サケ漁が中心になった（『商』）。
② 1762年、トママイアイヌ11人とツコタン（忍路）アイヌ11人が藩主に「謁見」した（『抄』）。

遺物 須恵器

須恵器とは、ろくろを使って成型し、大規模な登り釜で焼かれる。苦前町の古丹別河口から出土した須恵器は器高54.3cmもの大きなもので、完全な形で残ったものとしては日本列島最北のものである。10世紀頃に青森県五所川原のかまで作られたようだ。当時の日本海交易の一端を知ることができる。（苦前町考古資料館展示より）

(3) 19世紀
　①ニシン漁に関わって、アイヌ人口も増加。19世紀初頭をピークにして、その後、減少。
　②トママイは天塩場所の一部だった（『西記』）が、1800年前後、惣乙名シトクタの代に境界を決めた（『西誌』）。
　③19世紀半ばには、テシオからの移住のアイヌが多かった。

> **解説　苫前場所はいつできたか**
> ・1780年代頃まで留萌場所を含む
> ・1790年頃は天塩場所の一部か
> ・1800年前後、天塩場所との境界を決める。

西蝦夷地編

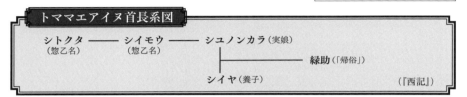

トママエアイヌ首長系図

シトクタ ──── シイモウ ──── シユノンカラ（実娘）
（惣乙名）　　（惣乙名）　　　　│
　　　　　　　　　　　　　　　　├──── 緑助（「帰俗」）
　　　　　　　　　　　　　　シイヤ（養子）
　　　　　　　　　　　　　　　　　　　　　　　　　（『西記』）

羽幌港（羽幌町）

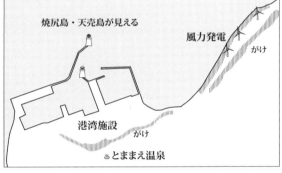

苫前漁港（羽幌町）

天塩場所 (テシオ) 〔遠別町・天塩町・豊富町〕

範囲：宗谷場所の一部（『分』）※1

ポイント　17～18世紀は、テシオ川中・上流のアイヌが、交易物を持って商場に行った。19世紀半ばには、強制的に連行されて漁場労働へ。

※1：『西記』では、ヲタニコロ～イキコマナイとする。

1. アイヌ集落と首長

西暦（元号）	戸数（人口）	アイヌ首長
1670（寛文10）年	20	トミウヘワイン
1792（寛政4）年	27（80）	
1807（文化4）年	（229）※2	㊂㊡アイカニ　㊑カウランケ　㊙イタクブニ

※2：テシオ川筋（百里余の間に「点在」）。

2. 知行主

西暦（元号）	知行主
1670（寛文10）年	松前藩主
1739（元文4）年	松前内記
1786（天明6）年	松前貢
1792（寛政4）年	松前貢（含む苫前）

3. 運上金と場所請負人

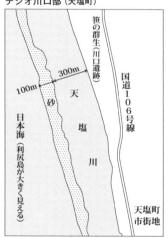

テシオ川口部（天塩町）

西暦（元号）	運上金（両）	場所請負人
1739（元文4）年	300（3年）	
1786（天明6）年		天満屋三四郎
1807（文化4）年	700（含む苫前）	栖原屋半助
1821（文政4）年	553　海貢150　コタンベツ㊡25　(隔)7　㊨釜（隔）30　㊤10　㊥22　10両1分永150文	栖原三右衛門　栖原六郎兵衛
1841（天保12）年	353	栖原仲蔵
1854（安政元）年	552（含む苫前）	栖原六右衛門
1864（元治元）年～1868（慶応年間）年	353　㊥ニシン網18、37	栖原六右衛門

4. 産物

西暦（元号）	主な産物
1739（元文4）年	干サケ、クマ皮、シカ皮、脇指のサメ（ユーベツサメ）
1784（天明4）年	ニシン、マス、サケ、干サケ、干タラ、串アワビ、油、白干アワビ、イリコ、鯨、アツシ、昆布、シナノカワ、マス名物、唐物、軽物類※3 たくさん※4
1807（文化4）年	（テシオ・トママイで）ニシン8千束、アワビ15本、イリコ50～60本、タラ・ヒラメ300束、雑魚の粕150本、サケ塩引2500束、コンブ3500駄、フノリ150貫目

※3：ワシ羽、クマ胆、毛皮など。　※4：『随』より。

5. アイヌの生活（19世紀初頭）

	『遠』 （5月7日）	『東』 （5月7～10日）	『西記』 （9月6日）
ヲタコシベ	○		
ウエンベツ	ア 2		ア 19人（仮屋）
キビトクナイ		○	（漁小）
サルベツ	ア 4		
テシヲ	ア 7 運	○	ア 229人（テシオ川筋） 運
コイトイ	ア 3		（漁家）
サルルン	（人家）		（仮家）
ヲフイニシヤ	番	○	番
イキコマナイ	○	○	○

西蝦夷地編

6. 歴史

(1) 17世紀
① 17世紀初頭（『アンジェリスの記録』）に、テシオのアイヌが松前に来ていたことが書かれている（松前城下交易）。中国のサンタン服（蝦夷錦）を持ってきたようだ。
② 1670年の20戸とは、テシオ川下流のみの戸数だろう。テシオ川中・上流のアイヌは、下流に来て交易していたのだろう。
③ テシオ、ソウヤ、ユウヘツに来た藩主の商船は、シャクシャインの戦いのときも、襲撃されることなく松前に戻った（『津』）。

(2) 18世紀
① 18世紀前半における、クマ皮、シカ皮、サメといった産物（『商』）は、中・上流のアイヌが持ってきたモノだろう。
② ユーベツアイヌが、サメ油、クジラ油の石焼などを持ってきた（『商』）。
③ 1786年の産物は、和人の需要に合わせたものになっていた。

(3) 19世紀
① 1805年、ソウヤ、テシオなどで熱病が流行し、590人が死亡した（『家』）。
② 『遠』『西記』によると、19世紀初頭には、番屋、漁小屋が多く作られるようになった。
③ トママイはテシオ場所の一部だった（『西記』）。
④ 『近』によると、中・上流のアイヌも漁場に連行、労働させられた。

アイヌ伝承
～トイカンベツとキムンアイヌコタン～

トイカンベツ川の奥に、エゾ松林があって、キムンアイヌコタン（山の人の村）があった。これまで、人がさらわれて、キムンアイヌコタンに連行されることがあった。（更級源蔵『北海道伝説集 アイヌ編』『集成』収）

天売(テウレ)・焼尻(ヤンケシリ)場所〔羽幌町〕

範囲：（天塩場所に所属）

ポイント　天塩場所に所属。テシオアイヌとヤンケシリ（焼尻）アイヌは、テウレ（天売）島に漁労に行った。

1. アイヌ集落と首長

西暦（元号）	戸数（人口）	アイヌ首長
1807（文化4）年	焼尻のみ（61）	㊁サケレンナ ㊅カヤベ
1863（文久3）年	焼尻のみ10（43）	㊁エタマケ ㊅チヨケ

※松田伝十郎『北夷談』（1799〜1822年に北海道・サハリンで経験したことをまとめる）では、1821（文政4）年、ヤンケシリ、テヲレシリは無人島とするが、1807年と1863年にアイヌが住んでいたことから、1821年においてもヤンケシリにはアイヌが居住していたと見たい。

2. 知行主
　天塩場所に所属。

3. 運上金と場所請負人

西暦（元号）	運上金（両）	場所請負人
1841（天保12）年	135（焼尻）	栖原仲蔵
1846（弘化3）年	海鼠引 ㊄25	栖原六右衛門（天塩に含まれる）

4. 産物

西暦（元号）	主な産物
1739（元文4）年	（天売から持ってくる）貝はたくさんだが、質は悪い
1807（文化4）年	ニシン、アワビ、海鼠（ナマコ）（『遠』）
1863（文久3）年	ニシン、サケ、アワビ、ナマコ、コンブ、フノリ、スルメ、カスベ、ヒラメ、チカ

5. アイヌの生活（19世紀初頭）
ヤンケシリ島（1807年）

	『西記』
ニシヤマナイ	（漁小）
トカラツケ	㊫
ヤウトル	㊫
レフトル	（漁小）

88

天売・焼尻（天売島・焼尻島）

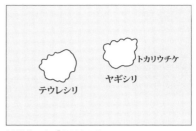

伊能忠敬『伊能』（1821年）より。　　　　　　松浦竹四郎『山川』より。

※『伊能』と『山川』を比較すると、『西記』のヤンケシリ島の地名は『伊能』に一致する地名が多いが、『山川』とはあまり一致しない。それは二つの地図の三十年間の時間で、地名が変わったということか。また、『伊能』（1821年）まではヤンケシリだったが、『山川』ではヤギシリになっている。なお、『伊能』の北海道地図は伊能忠敬によるものではなく、間宮林蔵によると言われている。

6．歴史

（1）17世紀
  ① 『津』に、テウレイ（天売か）、ライケ（焼尻）島が見える。

（2）18世紀
  ① 18世紀前半には、テウレ島のアイヌが、トママイに貝（串貝か）をたくさん持ってきた（『商』）。
  ② 1782年、松前広岳がテウレ、ヤンケシリを藩主に返上した（『福』）。
  ③ 1792年にテウレ島でニシン漁をした人々（アイヌ23人、和人1人）が難風に遭い、水死した（『夷』）。

（3）19世紀
  ① ヤンケシリの人口は、19世紀初頭は61人。19世紀半ばには減少した。
  ② 『北夷談』によると、テシオ川上のアイヌがヤンゲシリ、テヲレシリに来て漁労し、産物はニシン、アワビ、イリコだと言う。
  ③ テウレ（天売）島で、テシオアイヌとヤンケシリアイヌが漁労した（『西誌』）。
  ④ ヤンケシリには、テシオより来る人が漁業をしていた（『西誌』）。
  ⑤ ヤンケシリでは、1年でアザラシ3000頭獲れた（『西誌』）。
  ⑥ 天塩川流域のニフフ（海岸から60里余り遡る所）にエカシテカニがいた。その五男イカシホレは、12歳で焼尻島の番屋で働かされた。1年の給金は8合升で8杯入りの米を8俵与えられるだけだった（『近』）。

利尻場所〔利尻富士町・利尻町〕

ポイント シャクシャインの戦いの時点では、大きな勢力を持っていたようだ。18、19世紀を通して、運上金は高いが、アイヌ人口は激減した。

1. アイヌ集落と首長

西暦（元号）	戸数（人口）	アイヌ首長
1670（寛文10）年	（300）	ムネワカイフ モシヤカイン
1807（文化4）年	6（37）	㊂㊁テシウ？ル ㊙ヒエタンケ

2. 知行主

西暦（元号）	知行主
1670（寛文10）年	松前藩主
1739（元文4）年	松前内記　藩主に100両
1786（天明6）年	松前藩主

3. 運上金と場所請負人

西暦（元号）	運上金（両）	場所請負人
1786（天明6）年	200（含む礼文・焼尻）	恵比寿屋勘七
1807（文化4）年		恵比寿屋岡田源兵衛
1823（文政6）年	290両　㊤13両 ㊥2両3分（含む礼文）	
1841（天保12）年	334両2分（含む礼文）	藤野喜兵衛（含む礼文）
1854（安政元）年	350（含む礼文）	柏屋喜兵衛（含む礼文）
1857（安政4）年	334（含む礼文）	
1867（慶応3）年	334両1分 ㊤13　㊥2両3分 ㊥121（含む礼文）	

4. 産物

西暦（元号）	主な産物
1739（元文4）年	串貝たくさん、イリコ、棒タラ
1807（文化4）年[※1]	ニシン5千〜6千束、タラコ500束、イリコ10本、干アワビ15本、コンブ150〜160石目、フノリ10本

※1：1807年の産物は、利尻、礼文を合わせたもの。

5. アイヌの生活（19世紀初頭）

	『西記』
ヲトントマリ	番
ビヤクロ	番
ヲツチトマリ	番
トノトマリ	ア6運

※ヲトンドマリと類似する地名はヲタドマリなのだが、同一地名かどうか不明。

利尻（利尻島）

松浦竹四郎『山川』より。

6. 歴史

（1）17世紀
①商場があり、300人も住んでいた（『津』）。
②シャクシャインの戦いでは、イソヤアイヌの攻撃に抵抗した（『津』）。
③シャクシャインの戦い後、ルイシン（利尻）を含む日本海岸のアイヌ首長が、松前藩への対応を、オショロ（小樽）で話し合った（『津』）。

（2）18世紀
①1717年のリシリの産物は、タラであった（『松』）。
②18世紀前半には、レブンシリのアイヌは、リシリ、ソウヤに出向き交易した（『商』）。
③1755年、利尻・礼文場所について、板垣吉兵衛より願いが出された（願いの内容不明）（『抄』）。

（3）19世紀
①リシリ・レブンシリで1803〜1805年に天然痘が流行。1805年には20人が病死した（『西記』）。

> **事件　イソヤアイヌとの戦い**
> シャクシャインの決起要請を拒否したリシリアイヌを、イソヤアイヌが襲撃した。リシリアイヌはお金30両をイソヤアイヌに渡し、戦いは終わった（『津』）。17世紀のアイヌ間でお金が使われていたことを示す、貴重な事実である。

> **アイヌ伝承**
> ～妖女イムパッコ～
> リシリの鴛泊（おしのとまり）のポントマリに、松前藩からの青年（和人）がやって来た。青年とアイヌ首長の娘に、恋が実った。二人は逃亡を企てたため、アイヌ勢が運上屋を襲い、戦いになった。妖女イムパッコが戦いの中止を訴え、止めた。（時雨音羽『島ものがたり』『集成』所収）

礼文場所〔礼文町〕

ポイント 17世紀には商場があったが、18世紀になると、レブンシリのアイヌが、ソウヤやリシリに行って交易した。19世紀初頭の天然痘流行で人口が激減した。

1. アイヌ集落と首長

西暦(元号)	戸数(人口)	アイヌ首長
1807(文化4)年	6(71)	㊀サチウラマ ㊅ヲフエト ㊃トカンナキ

2. 知行主

西暦(元号)	知行主
1739(元文4)年	松前内記

3. 運上金と場所請負人

西暦(元号)	運上金(両)	場所請負人
1786(天明6)年	200(含む利尻)	
1807(文化4)年		岡田源兵衛
1823(文政6)年	290両 ㊤13 ㊦2両3分(含む利尻)	藤野喜兵衛
1841(天保12)年	334両2分(含む利尻)	藤野喜兵衛(含む利尻)
1846(弘化3)年	334両1分 ㊤13 ㊦2両3分(含む利尻)	柏屋喜兵衛(含む利尻)
1854(安政元)年	350(含む利尻)	柏屋喜兵衛(含む利尻)
1867(慶応3)年	334両1分 ㊤13 ㊦2両3分 ㊥121(含む利尻)	

4. 産物

西暦(元号)	主な産物
1807(文化4)年※1	ニシン5千〜6千束、タラコ500束、イリコ10本、干アワビ15本、コンブ150〜160石目、フノリ10本

※1：利尻、礼文を合わせた産物。

5. アイヌの生活（19世紀初頭）

	『西記』
ヲシヨンナイ	ア 3
ウエントマリ	ア 3
ベウシナイ	番
シリシヤンナイ	ア 3
テシカンノシマ	（大番）

※『山川』にはウエントマリが2ヶ所あり、どちらを指したか不明。

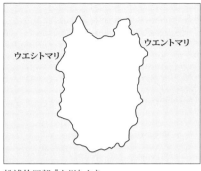

松浦竹四郎『山川』より。

6．歴史

(1) 17世紀
　①商場があった（『津』）。

(2) 18世紀
　①『商』によると、18世紀前半には、レブンシリには船が行かない。レブンシリのアイヌが、ソウヤやリシリに行って交易した。
　②1755年、利尻・礼文場所について、板垣吉兵衛から願いが出された（願いの内容不明）（『抄』）。
　③『拾』によると、18世紀後半にも、レブンシリのアイヌは、リシリに行って交易した。

(3) 19世紀
　①リシリ・レブンシリで天然痘が流行し、1803年に80～90人、1805年に130人（そのうちレブンシリは100人余り）が病死した（『西記』）。

アイヌ伝承
～マシケアイヌとレブンシリアイヌの戦い～

　レブンシリのカフカイアイヌ（礼文島香深）は、マシケアイヌに隷属して年貢を納めていた。しかし、不満が高まったため、マシケから漂流してきたアイヌを牢に封じ込んだ。マシケアイヌはレブンシリに遠征し、カフカイアイヌが敗北した。（中村名月『礼文山水と趣味の伝説』『集成』所収）

宗谷場所 〔稚内市から網走市までのオホーツク海岸〕

範囲：オコトマリ〜ノトロ（78里）

ポイント　宗谷場所の範囲は時代によって大きく変わる。松前和人地から遠いため、場所内にいくつもの有力なアイヌ勢力があった。

1. アイヌ集落と首長

西暦（元号）	戸数（人口）	アイヌ首長※1
1670（寛文10）年	20（100）	シヤクラケ
1792（寛政4）年	478（1662）	㋺レイテイレ　㋭シヨウレシカレ
1807（文化4）年		㋳㋺ヲタトモンクル　㋭カスモエレ　㋬ヲマエカ

※1：ソウヤの首長であって、宗谷場所全域の首長ではなかった。

1790年（寛政2）頃

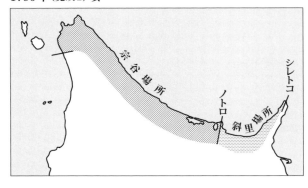

1860年（万延元）頃

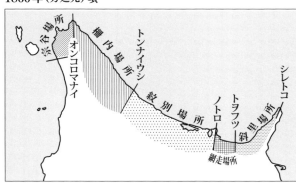

〔宗谷場所の変遷〕

① もともとは北海道オホーツク海岸すべてが宗谷場所だった。
② 1790年に斜里場所が独立した。
③ 19世紀半ばまでに、宗谷場所から紋別場所が独立した。
④ 1860年に宗谷場所から柵内場所が、斜里場所から網走場所が独立した。

アイヌ伝承
〜テシオアイヌと北見アイヌの戦い（枝幸町川尻チャシコツ）〜

　かつて、ここに「オロッコ」人が住んでいたが、テシオアイヌが進撃し、滅ぼした。北見アイヌは、その復讐戦を行い、オタ・ヌプリ（歌登）で破った。
（佐賀省三『幌別川アイヌ城址の伝説』『集成』所収）

宗谷場所内の集落と戸数と人口

年（史料）／地名	1670年（『津』）	1807年（『遠』）	1807年（『西記』）	
			人口	首長
ノツシヤブ	狄あり	番屋		カネカエグル　カエシユマデ
シユルクラマナイ		5		
クシヤブ		4～5	9（29）	
オイクシマナイ		4		
リヤコタン		1	10（48）	エチチ　シウビタ
ソウヤ	30（100）	9	11（73）	(惣)ヲダトモンクル　(脇)カスモエレ　(小)ヲマエカ
オンコロマナエ			6（33）	
シルシ			8（39）	(乙)リチヤンカ
チエトマエ			4（15）	
サルフツ			11（54）	(乙)チウトラアイノ　(乙)カテレバアイノ
トンベツ	（6）		12（67）	(乙)シリメキシユエ
トエマキ他3村			8（36）	(乙)ヘラエウシ
ホロベツ	（50）			
エサシ			16（69）	(乙)シテキブニ
トホシベツ	（100）			
ヘラエウシナイ			（104）	(乙)ムンシロ　(乙)コハウカニ
ホロナイ	（150）			
ヲトエネ			4（14）	(乙)チピカンテシユ　(乙)チムチム
ヲム	（100）		14（59）	
シケトクナエ			3（14）	
オコツヘ他3村	（100）		28（107）	
サルルン			7（31）	(乙)アクルカアイノ
リコツ			54（227）	(乙)シキクンテ　(脇)エケンクワ　(小)フシコヤンケ
シヨコツ	（100）			
マフヘツ	（100）		28（136）	(乙)カンベカラ　(脇)アメシケレ　(小)リキナクテ
ユウヘツ	（300）		56（228）	(乙)サケテカニ　(乙)カマシユエ
トヲヘツ			35（136）	(乙)ハナクシアイノ　(脇)ヤウタラカ　(小)シトバケ
トコロ			163（667）	(乙)カトムシユラ　(脇)タケヤンクル　(小)エメヲレカ

2. 知行主

西暦（元号）	知行主
1670（寛文10）年	松前藩主（ソウヤ・ユウヘツ）
1717（享保2）年	松前藩主
1739（元文4）年	松前藩主
1786（天明6）年	松前藩主
1792（寛政4）年	松前藩主

3. 運上金と場所請負人

西暦(元号)	運上金(両)	場所請負人
1786(天明6)年	250	飛騨屋久兵衛
1792(寛政4)年	78	村山伝兵衛
1841(天保12)年	600(含む斜里)	藤野喜兵衛
1854(安政元)年	600(含む斜里、紋別)	柏屋喜兵衛
1867(慶応3)年	ハツカイ・ノツシヤフ…110 ㊉63 ソウヤ〜モンベツ…140 ㊉81 サンナイ…50 ㊉28両3分	

4. 産物

西暦(元号)	主な産物
1739(元文4)年	干タラ、干サケ、皮、石焼クジラ、魚油
1792(寛政4)年	ニシン5千束、イリコ200本、秋味2千束、隔年マス、タラ、厚司、シイタケ、魚油、カスベ、(軽物)※2、十徳、段切※3、虫巣※4、クマ胆、クマ皮

※2：鷲羽、クマ胆、毛皮など(『庶』)。　※3：エゾ錦(『庶』)。　※4：サハリン経由で渡来した青玉。

5. アイヌの生活(19世紀初頭)

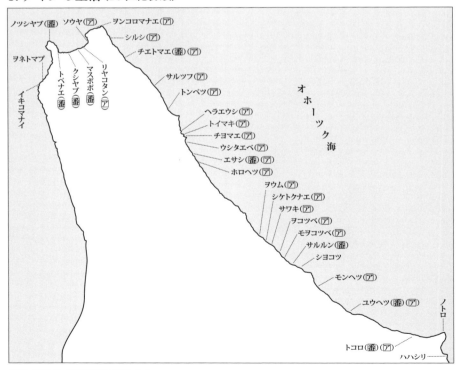

(番)(ア)は『西蝦夷地日記』より。

6．歴史

（1）17世紀

①17世紀の宗谷場所は、宗谷周辺のみだったのだろう。

②ソウヤ、ユーヘツ、テシオに来た藩士の商船は、シャクシャインの戦いのときも襲撃されることなく、松前に戻った（『津』）。（※1669年という時点において、北見ユーベツにまで商場があったことは驚きだが、この戦いでオホーツク海沿岸はアイヌの大地に戻ったということか。）

③シャクシャインの戦いの後、ルイシン（利尻）とソウヤの首長がオシヨロ（小樽）に今後の対応の話し合いに行った（『津』）。

④ソウヤ地域（ソウヤ場所ではない）は、18世紀までサンタン交易の拠点だった。

⑤17世紀後半にオホーツク海岸のおおまかな集落規模を知ることができる（『津』）。この地域は、19世紀初頭においても、和人にとって未知の地であった。

（2）18世紀

①『松』によると、1717年のソウヤの産物はワシ尾、ユーベツの産物はシカ、タラであった。

②1773年、ソウヤと東蝦夷地4ヶ所を飛騨屋久兵衛に引き渡した（『抄』）。

③1783年、ソウヤ・メナシのアイヌが800～900人、カラフトのアイヌが180人餓死した（『福』）。

④ソウヤ場所が、ノトロまでの広大な地を示すのは、和人の都合（遠くて行き来できない）によるものだろう。従って、ソウヤ場所内で、集落の上下関係はなかっただろう。

（3）19世紀

①1801年の記録（『休明光記』）によれば、アムール川下流域キンチマのカリヤシンは、13、4歳の時にソウヤから連行され、1776、7年からサハリンに交易に行って、通辞を行った。

②1805年、ソウヤ、テシオなどで熱病が流行し、590人が死亡した（『家』）。

③19世紀半ばでは、ソウヤ首長センケは800人の長（『近』）。サントアイノはホロナイ～トウフツ8ヶ村の首長。それぞれの地に有力な首長が割拠していたようだ。

④19世紀半ばに、紋別場所、珊内場所が独立した。

⑤19世紀半ば、斜里・網走場所では、男女ともクナシリ島で酷使され、5年、10年と働かされた（『知』）。

解説 サンタン交易

中国江南地方で作られたサンタン服は、アムール川下流を通ってサハリンにもたらされた。テシオやソウヤのアイヌはサンタン服や青玉などの中国製品を手に入れ、松前に持って行って売った。

前近代アイヌ列伝 首長センケ

19世紀半ばの宗谷場所首長はセンケといい、800人余りの長であった。1855年の幕府直轄で、アイヌの風俗を和風に改めよとのお触れがあり、センケに説得するよう圧力をかけた。しかし、希望者は少なく、センケは家に伝わる宝物を運上屋に持ってきて「勘弁してほしい」と訴えた。ところが役人はアイヌ100人余りの鬚を強制的に剃り落した。すると病気が広がり、「風俗を変えると病気になる」といううわさが広がった。センケは「風俗を変えたものの病気を治してほしい」と祈った（『近』）。アイヌの人たちの意見を役人に言いつつ、幕府の面目も立つようにと取り計らった一生であった。

斜里場所〔網走市、斜里町〕

範囲：ノトロ～シレトコ（35里）

ポイント 18世紀後半まで、和人との直接のつながりはなかった。19世紀に和人の商業資本が入り、集落は大打撃を受け、人口は激減した。

1. アイヌ集落と首長

地名 \ 年（史料）	1670年（『津』）人口（人）	1670年（『津』）首長名	1670年（『郷』）（記載地名に〇）	1786年（『拾』）（説明を記す）
ホコツ	520～530	ヌハイキンナ		
ハバシリ	200	イヌケヤイン	〇	川、及び湖水がある。
ノトロ			〇	アイヌの舟が通る。
ウラヤシベツ				川がある。ようやくアイヌの舟が通る。
ウカラヤ	250	イタノカリ セハシユンケ		
チヤル	250	シヤナハ シリコンタ	〇	川がある。ようやくアイヌの船が通る。
ウナツ	50	レカツ		
ヘルケ	80	イクルヘカ	〇	船をつなぐのに風波の憂いはない。
ナシヤ	100	イカンテキ	〇	入り江がある。
シレトコ	100		〇	トウベツからシレトコまでは150里。昔から松前人（和人）は来ない。
リンニクリ			〇	運上屋はない。諸産物はソウヤへ持っていく。

斜里場所の人口

西暦（元号）	戸数（人口）
1792（寛政4）年	383（1443）

斜里領網走地域の人口

西暦（元号）	戸数（人口）
1822（文政5）年	366（1326）
1854（安政元）年	173（717）

2. 知行主

データなし。

3. 運上金と場所請負人

西暦（元号）	知行主	運上金（両）	場所請負人
1792（寛政4）年	松前藩主	78	村山伝兵衛（含む宗谷）
1821（文政4）年		600（含む宗谷）	藤野喜兵衛（含む宗谷）
1841（天保12）年		600（含む宗谷）	藤野喜兵衛（含む宗谷）
1854（安政元）年		600（含む宗谷、紋別）	柏屋喜兵衛（含む宗谷）
1867（慶応3）年		（網走場所）150　㊉36	藤野喜兵衛

4. 産物

西暦（元号）	主な産物
1792（寛政4）年	マス7000束、魚油200樽、厚司1500反、柏100本、椎茸9本、（軽物）鷲羽、熊胆、熊皮

5. アイヌの生活（19世紀初頭）

データなし。

6. 歴史

（1） 17世紀
　①和人の往来はなかったが、大きなアイヌ集落がいくつかあった（『津』）。

（2） 18世紀
　①オホーツク海岸一帯は、松前藩主が知行主。しかし、運上金は少なく、和人の往来もなかった。
　②1792年には、ソウヤ場所から独立していた。「乙名」は、マウタランケ、チョウサマであった（『分』）。

（3） 19世紀
　①『近』によれば、1822～1854年の30年余りで人口が半減した。その上、水揚げが少なく（和人の需要の高いモノが少ない）、クナシリ島、リシリ島へ強制労働させられた。
　②19世紀半ばには、クスリアイヌがアバシリに毛皮、アットゥシを持ってきて、手ぬぐい・米・酒と交換した。
　③19世紀半ば、斜里・網走場所では、男女ともクナシリ島で酷使され、5年、10年と働かされた（『知』）。
　④1859年に、北海道は東北6藩に分割され、その地域割に合わせて斜里場所から網走場所が独立した。

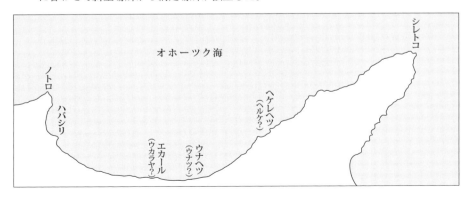

アイヌ伝承
〜オロッコ岩（斜里ウトロ）〜

　オロッコ島の上に、「オロッコ」人が住んでいて、その下をアイヌが舟で通ると、石や木を投げて追い払おうとした。あるとき、アイヌ方が一策を案じ、「オロッコ」人を包囲し、全滅させた。
（坂井惣太郎伝　『集成』所収）

前近代アイヌ列伝　ウナケシ

　網走では男は16、7歳になるとクナシリ島やリシリ島に連行され、娘は番人の「妾」にされた。ウナケシは22歳の春にクナシリに連行され、43歳まで帰郷できなかった（『近』）。

東蝦夷地編　凡例

1. アイヌ集落と首長
2. 知行主
3. 運上金と場所請負人
4. 産物
5. アイヌの生活
6. 歴史

という形は西蝦夷地編と同じである。

「3. 運上金」については「西蝦夷地編」と同様に、疑問が残る数値もあるが、それを吟味することはしていない。「5. アイヌの生活」に関しては、『東蝦夷地各場所様子大概書』に、19世紀初頭の各場所の特徴をまとめているので、それを現代文で紹介した。ここは「西蝦夷地編」の記載と異なる点である。

また、場所の範囲も『東蝦夷地各場所様子大概書』（1808～1811年）から引用したもので、「西蝦夷地編」の場所の範囲を示した『西蝦夷地分間』（1792年）より20年弱、後の史料である。

「西蝦夷地編」では、石狩場所〔イシカリ13場所〕が1～6の基本型での記載ができなかった。「東蝦夷地編」でも、箱館六箇場所、勇払場所はこうした記載ができなかった。

第Ⅰ部 前近代

※各人名は誤写と思われる史料もそのまま載せている。
※1801年に引用の事実は『東夷周覧』による。

原則として場所名は漢字で、アイヌ語地名はカタカナで示す。

現在の位置

『東蝦夷地各場所様子大概書』（『各』）により1808～11年の範囲を示す。

その場所の特徴をまとめる。

㊝乙：総乙名（総首長）
乙：乙名（首長）
㊙：脇乙名（副首長）
㊝小：惣小使
小：小使
並乙：並乙名
並小：並小使
土：土産取

河野常吉『場所請負人及運上金（抄）』による。（『松前町史』より）

※同じ1854年であっても嘉永7年は『蠧余一得四集巻四』、安政元年は『堀・村垣巡回の記録』による。

元：元運上金
差：差荷金
増：増運上金
仕：仕向金
上：上乗金
秋：秋味
マ：マス
タ：タラ
雑：雑魚
別：別段上納

第Ⅰ部 前近代

蛇田場所〔長万部町・豊浦町・虻田町〕
（アブタ）

範囲：シヅカリ～ウゴシヨンゴウシ

ポイント 17世紀後半には、ウスアイヌの影響下。19世紀には、漁場生産が高く、畑作も行い、人口の多い地域だった。

1. アイヌ集落と首長
※1：『西記』より。

西暦（元号）	戸数（人口）	アイヌ首長
1670（寛文10）年	15 オコタラベ	ツヤシヤイン（ウス）マシマ（シツカリ）
1786（天明6)年		㊙クイムシシ ㊙ウエンシヤハ
1807（文化4）年	『各小』1806年 65（334）	㊝小クイムシン ㊙ウエンシヤバ イコノンゲ ㊙ハウリキン イカシニウエン※1
1822（文政5）年	170（800余）	
1856（安政3）年	164（600余）	小カムイコンヤ（レブンゲ）

1806年の集落

集落	戸数（人口）
アブタ	65（334）
チヤシナイ	23（118）
弁部	20（110）
ワツフケシ	28（113）
礼分下	27（119）

（『各』より）

2. 知行主

西暦（元号）	知行主
1670（寛文10）年	酒井戸左衛門
1739（元文4）年	酒井逸平
1786（天明6）年	酒井伊之衛門　シツカリは藩主
1801（享和元）年	酒井栄治

3. 運上金と場所請負人

西暦（元号）	運上金（両）	場所請負人
1739（元文4）年	不同	
1786（天明6）年	120（シツカリは5）	笹屋治兵衛
1791（寛政3）年		橋本屋庄兵衛
1799（寛政11）年	120	
1801（享和元）年	120	
1812（文化9）年	309両875文	和田屋茂兵衛
1820（文政3）年	100	和賀屋七左衛門
1828（文政11）年	75	和田屋茂吉
1841（天保12）年	70	宮川増蔵
1854（安政元）年	75	和田屋茂兵衛
1861（文久元）年	75	和田茂兵衛
1867（慶応3）年	虻田55 ㊙11 レブンゲ19両2分 ㊙1両2分	佐野孫右衛門

アブタ（豊浦町・虻田町）

解説 駒ケ岳
駒ケ岳は内浦湾のランドマークとも言える山である。この山を目印に航海することで、方向を確認できたにちがいない。

〔地図〕実際に行って、見てきた現在の風景
※島の地形は、松浦竹四郎『東西蝦夷山川地理取調図』（『山川』）を写した。

1739年は『蝦夷商賣聞書』(『商』)、1807年は『西蝦夷地日記』(『西記』)、1863年は『東蝦夷日誌』(『東誌』)による。他に1784年は『松前随商録』(『随』)、1808〜1811年は『東蝦夷地各場所様子大概書』(『各』)による。

4. 産物

西暦(元号)	主な産物
1739(元文4)年	干サケ、コンブ、カズノコ、干カスベ、イタラ貝、カバノ木の皮
1807(文化4)年	ニシン1万束、コンブ3万駄、干タラ2400〜2500束、干カス500束、秋味サケ1000束、イリコ20本、干鮭2000束
1863(文久3)年	(冬)ニシン (春)ニシン、ナマコ、コンブ、フノリ、タラ、雑魚、シイタケ、アツシ

5. アイヌの生活(19世紀初頭)

　会所・番所・働く人、出稼ぎ者、すべてのアイヌとも、男は春正月よりニシン、タラ、鮑を漁し、5月下旬より6月中に箱館へ出す。アイヌは春漁が終わると、6月土用前までイリコ漁をし、土用になると、会所でオムシャを行う。場所中のアイヌの男女が集められ、酒や飯をふるまわれ、三日間休む。その後、男女ともコンブを取り、7月下旬には荷作りをし、箱館へ出す。8月か9月下旬までアイヌの男は海中でイリコを突き、海がしけると、山で薪を刈り出した。(中略)9月に入ると、アイヌの男のうちで壮健な者は、オットセイ漁、通行人足、秋味の引網の手伝いで越年する。その他の人は、男女ともマッカリベツ、シリベツ川へ登り、サケを冬から春の賄にし、豊漁ならば干サケにして産物として差し出す。

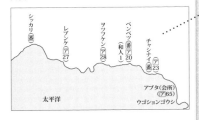

6. 歴史
(1) 17世紀
① 1670年では、レフンケ、ヘヘ、オコタラベ、ウスは、ウス首長ツヤシヤインの「持分」(『寛』)で、オコタラベは15軒の集落だった(『津』)。一方、レフンケ、ヘヘ、オコタラベは酒井戸左衛門の商場だった(『津』)。

アイヌ伝承
〜イシカリ川の女石〜

アブタ首長のサカナあるいはサカナイは、十勝出身と伝えられ、戦乱を避け蛇田の弁辺(豊浦町)に移った。あるとき、恵庭近くで猟に出かけ、大吹雪で倒れていた二人の娘を救った。二人はイシカリ首長エクレシュイの娘だった。エクレシュイはお礼に娘を嫁そうとするが、サカナは辞退した。エクレシュイは娘がサカナを恋こがれて死んだと嘘を言ったため、サカナがイシカリに行くと、娘は生きていた。サカナは憤然として帰るが、娘は泣きながら見送り、イシカリ岸の石になった。
※エクレシュイは北見湧別の首長とも言われる。
(吉田巌『人類学雑誌』28巻9号「伝承」所収)

『東蝦夷地各場所様子大概書』(『各』)から、19世紀初頭の生活を示す。

松浦竹四郎『東西蝦夷山川地理取調図』(『山川』)を地図とし、『東蝦夷地各場所様子大概書』(『各』)掲載の集落名を記載した。『各』(19世紀初頭)にはあって、『山川』(19世紀半ば)にはなくなった地名も多くあった。ただし、『山川』にない場合でも位置が想定できるときは記載している。

ア	：アイヌ戸数
番	：番屋
漁	：漁小屋
運	：運上屋
小	：小屋
○	：地名のみ掲載

東蝦夷地編

◇引用史料

- 『ア』　『アンジェリスの第一蝦夷報告』1618年
- 『フ』　『フリース船隊航海記録』1643年
- 『新』　松前景広『新羅之記録』1646年
- 『津』　喜田村校尉編『津軽一統志』1670年
- 『寛』　則田安右衛門『寛文拾年狄蜂起集書』1670年
- 『蝦』　野澤謙庵『蝦夷記』1692年
- 『郷』　『松前島郷帳』1700年
- 『松』　『松前蝦夷記』1717年
- 『商』　『蝦夷商賈聞書』1739年
- 『北』　板倉源次郎『北海随筆』1739年
- 『年』　『松前年々記』1742年
- 『福』　松前広長編『福山秘府』1780年
- 『抄』　松前広長『旧紀抄録』1781年以降
- 『随』　『松前随商録』1784年
- 『草』　最上徳内『蝦夷草紙』別録　1786年
- 『拾』　佐藤玄六郎『蝦夷拾遺』1786年
- 『後』　最上徳内『蝦夷草紙後篇』　1800年
- 『各』　『東蝦夷地各場所様子大概書』1808〜11年
- 『東』　東寗元積『東海参譚』1806年
- 『西記』田草川伝次郎『西蝦夷地日記』1807年
- 『記』　兒嶋紀成『蝦夷日記』1808年
- 『東行』荒井保恵『東行漫筆』1809年
- 『近』　松浦武四郎『近世蝦夷人物誌』1858年
- 『東誌』松浦武四郎『東蝦夷日誌』1863年（含む1822年、1854〜56年）
- 『門』　松前藩編『北門史綱』1868年以降
- 『家』　新田千里編『松前家記』1878年
- 『聞取』河野常吉編『アイヌ聞取書』1930年代か
- 『方言』石垣福雄『北海道方言辞典』北海道新聞社、1983年
- 『庶』　高倉新一郎編『日本庶民生活史料集成』第4巻の註より、三一書房、1969年
- ※『近』『東誌』は、松浦武四郎が1845〜56年に調査したもの。

◇アイヌ文化期の遺跡の参考文献

- 『遺』　野村崇『日本の古代遺跡』41（北海道Ⅱ）、保育社、1997年
- 『噴』　噴火湾考古学研究会『噴火湾遺跡 HAND BOOK』1997年

◇アイヌ伝承（西蝦夷地）

　和人の記録のみでアイヌ史を描く限界は、西蝦夷地の凡例で伝えた通りである。

　東蝦夷地でも、和人の影響を受けた渡島地方の伝承は少なく、歴史を読み取れるものは見えない。その分、和人が記録に残した歴史は 14・5 世紀までさかのぼれるが……。

　伝承が圧倒的に多く残っている地域は日高地方、その中でも平取町である。また、十勝場所・釧路場所は広大な面積を持ち、アイヌ伝承も多い。しかし、基本的に一つの「場所」に一つの「伝承」という線で、紹介している。

　東蝦夷地では、チャシ（砦）の伝承が多く、その中でも東から西へ野盗（トパットゥミ）が襲う話が多い。また、アブタ首長サカナ、陸別首長カネラン、アツケシのカスンデなどの、記録にはないが、おそらくは生存していただろうアイヌの有名人が登場する。それらも、ここには掲載した。

　ここに紹介したアイヌ伝承は、各文献を要約したもので、全文を引用したものではないことは、西蝦夷地と同様である。

『伝説』　更科源蔵『アイヌ伝説集』北書房、1971 年

『伝承』　宇田川洋『アイヌ伝承と砦』北海道出版企画センター、1981 年

『通観』　稲田浩二・小澤俊夫編『日本昔話通観』（第 1 巻）、同朋舎出版、1989 年

東蝦夷地 各場所地図

17世紀前半までに厚岸以西の各場所は大部分成立していた。キイタップ場所は18世紀初等に成立、18世紀後半に飛騨屋久兵衛がキイタップ場所と国後場所を請負うが、クナシリ・メナシの戦いが起きた。択捉場所の成立（1800年）はロシア南下に対する政策的な意味が強かった。

東蝦夷地編

箱館六箇場所 〔函館市〕

ポイント 箱館六箇場所の原型は、①トイ、②イキシナイ・ニコブイ、③トトホッケ～オサッペ、④ウスシリ～マツヤ、⑤カヤベ、⑥オトシベ・モナシベ・ノダオイであった。和人の居住圏の侵入によって、この原型が変化していった。

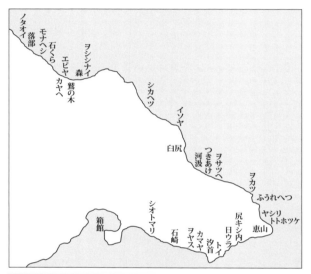

箱館六箇場所の諸地名を、『山川』の地図から割り出したものである。109～111ページの表のどこにあるかを示してみた。

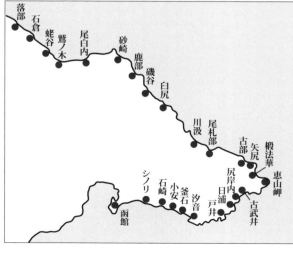

箱館六箇場所の諸地名を、現在の地図から割り出したものである。『山川』の諸地名が、現在どのような地名になっているかを示してみた。

1.アイヌ集落と首長　2.知行主　3.運上金と場所請負人　4.産物

1670年(『津』)			1739年(『商』)		1786年(『草』)		1808年(『記』)
地名	アイヌ首長	戸数	知行主	産物(運上金)	知行主	請負人(運上金)	場所
シオトマリ	コトニ(居)	10(チャシ※1)					
石崎		10					
やちまき		13(空※2)					
高屋敷		6(空)					
オヤス		15					コヤス
カマヤ							カマヤ
汐首	オヤワイン	6					シオクビ
トイ			佐藤加茂左衛門	赤コンブウンカコンブ(秋)サメ、ブリ(不同)	松前藩主	作右衛門代嘉七(40両)	トイ
ニトモナイ	ヤクモタイン	5					
ハラキ							
日うら							
尻キシ内		6(40)※3	木村与右衛門	赤コンブウンカコンブ(不同)	木村内文	白鳥屋新十郎(30両)	シリキシナイ
エキシナイ		3	野崎内蔵丞				
コフイ	(居)	2~3(空)					
ネタナイ							ネタナイ
ゐさんの崎							
トトホッケ				コンブの大産地(40両)			トドホッケ
ヤシリハマ	アイツライ		新井田兵内				
ふうれへつ							
うたいわれ石							
大かち							
つきあけ					新井田金右衛門	白鳥屋新十郎(100両)	オサツペ
オサツヘ		2~3					
河汲			松前藩主	コンブばかり			
臼尻							
イソヤ							
シカヘツ							シカベ
スナサキ							

※1：チャシは砦　※2：空は空家集落　※3：(『寛』)より

	1670年(『津』)			1739年(『商』)		1786年(『草』)		
地名	アイヌ首長	戸数	場所	知行主	産物(運上金)	アイヌ首長	知行主	請負人(運上金)
オシラナイ								
森								
とち崎		4～5						
鷲の木								
カヤへ	アイツライ	4～5(空)		北見与五左衛門	ニシン カズノコ コンブ(夏) オットセイ (10月初め) (20両)		北見常五郎	角屋太郎右衛門(40両)
エビヤ								
石くら								
モナシへ				新井田権之助	ニシン カズノコ コンブ(夏) オットセイ(冬) 寄コンブ (運上金不同)	㋑コテコロ ㋾コバルコ	新井田伊織	江口屋兵右衛門(40両)
落部								
ノタオイ	サルコ		※4					

※4：新井田権之助

6．歴史

（1）14～16世紀

① 14世紀頃、ウソリケシ（函館）・マトマイヌ（松前アイヌ）の人々が、津軽外ヶ浜に交易に行った。これを渡党と行った（『諏訪大明神絵詞』）。

② 14世紀半ば、函館方面のコンブが宇賀昆布として知られた（『庭訓往来』）。

③ シノリ（函館）～上ノ国にかけて、和人の12館が造られた。1457年、シノリ、箱館方面から、コシャマインの戦いが起こった（『新』）。

④ 1512年、ウスケシ・シノリ・与倉前の館が、アイヌ勢に落とされた。1515年、松前の蠣崎光広がショヤコウジ兄弟をだまし討ちにした（『新』）。

（2）17世紀

① 1643年、内浦岳（駒ケ岳）が噴火し、溺死する者が700余人に及んだ（『家』）。

② 1644年、内浦アイヌが田名部（青森県）にニシン、干サケを持ってきた（『盛岡藩雑書』）。

③ 亀田半島一帯は、アイヌ居住圏だったが、商場は存在しなかった（『津』）。

④ エキシナイ～落部の広大な地域の首長は、アイツライだった。戸数は少なく、集落は疲弊していたと見られる。

〔史蹟〕シノリ館

1456年、シノリの鍛冶村で、アイヌの男の子が和人にマキリ（小刀）で刺され殺害された。これが直接的原因となり、翌年、アイヌ勢はシノリ館を襲撃し、コシャマインの戦いとなった。

前近代 アイヌ 列伝　**コシャマイン**

北海道における、アイヌと和人との戦いの、最初のアイヌ民族指導者として有名だが、その人生は全く謎である。この戦いはシノリ館～上ノ国までの範囲で行われたが、コシャマインの名前が記録に登場するのは、最後に武田信広に殺害されるときだけである。

地名	1808年（『記』）	1808年（『西記』）				1808年（『東』）
	場所	アイヌ首長	戸数	和人の長	戸数	
左京	左京					和人地
オシラナイ	オシラナイ	(乙)チヤイ (小)カンマリ	12(44)		4	
森	森				7	
鷲の木	鷲之木			小頭・市五郎 年寄・重右衛門	10	
カヤヘ	本カヤベ				5	
エビヤ					3	アイヌ居住地
石くら	石倉				4	
モナシベ		(小)シケヲク	7～8		5～6	
落部	オトシベ	(乙)イブカシ (小)ヲシマコ	10	名主・次郎兵衛 小頭・太郎右衛門	20	
野田老	ノタオイ	(惣)コバルコロ (小)シバルキ	8～9	小頭・武次郎	13～14	

⑤シャクシャインの戦いでは、アイヌ勢が日高方面から遠征したおりに、アイコウイン（アイツライか）はそれに加わり、松前藩と戦おうとした（『寛』）。

⑥ノタオイの新井田権之助から東が、松前藩の商場となっていた（『津』）。

（3）18世紀

①1717年のオトシヘ・ノタへの産物はオットセイであった（『松』）。

②1722年、ヤキマキとシオトマリのアイヌが争論した（『福』）。

③18世紀前半では、トイから商場に入った。6人の商場知行主に分割され、コンブが主な産物であった（『商』）。

④18世紀後半も、トイから商場に入った。4人の知行主が確認できる（『草』）。

⑤1763年、カヤベとオサッペの境界で議論になった（『抄』）。

⑥1782年、佐藤権左衛門がトイ・ハラキを藩主に返上した。

⑦1800年に、子安・戸井・尻岸内・尾札部・野田老の函館六箇場所が「村並」になった。

（4）19世紀

①19世紀前半では、鷲の木までが和人地。森～野田老は、アイヌ首長と和人の代表が共存していた（『西記』）。

②1854年、アメリカ艦（ペリー）が箱館に来航した（『門』）。

前近代アイヌ列伝

内浦のアイコウイン

アイコウイン（アイツライ）はネタナイ（現在の恵山市街辺り）を拠点に、エキシナイ～オトシツへ（現在の恵山・椴法華・南茅部・砂原）を領域にする大首長だった。アイコウインの領域は「コンブの地」であった。1669年、シャクシャインの戦いでアイヌ勢がクンヌイをめざし侵攻すると、「松前に味方する」ということを口実に、実際にはアイヌ勢に呼応して松前を襲撃しようとしてチャシを造成した。

山越内場所〔八雲町、長万部町〕

範囲：ユオイ～シツカリ

ポイント 17世紀にはそれぞれ独立していたアイヌ集落が、18世紀にはユウラップが中心になり、和人の拠点としては、オシャマンベが選ばれていった。

1. アイヌ集落と首長

西暦（元号）	戸数（人口）	アイヌ首長
1670（寛文10）年	7（ユウラツフ） 5（モンヘツ） 5～6（オシャマンヘ）	ハハ（ユウラツフ）　バルフレ（クンヌイ） マシマ（モンヘツ）　アマリ（オシャマンヘ）
1786（天明6）年		㊁コクセキ　㊁イソヤカリ　㊦ミハシ　㊦ツルタケ
1809（文化6）年	105（520）	㊁リツパ（オシャマンベ、クンヌイ） ㊙㊁クマジ（ユオイ）
1822（文政5）年	107（500余）	
1863（文久3）年	84（370余）	

2. 知行主

西暦（元号）	知行主
1670（寛文10）年	青山弥左衛門 （ユウラツフ～クンヌイ）
1739（元文4）年	青山新五左衛門
1786（天明6）年	青山園右衛門
1801（享和元）年	青山園右衛門

3. 運上金と場所請負人

西暦（元号）	運上金（両）	場所請負人
1739（元文4）年	150（3年）	
1786（天明6）年	30	材木屋藤右衛門
1791（寛政3）年	40	河崎屋新太 他に野田老60両
1801（享和元）年	70	
1812（文化9）年	265両2分 (1813年)	新屋新右衛門 由利屋与兵衛
1818（文政元）年	130	藤代屋東吉
1820（文政3）年	130	藤代屋藤吉
1841（天保12）年	260	伊勢屋卯兵衛
1854（安政元）年	130	伊達林右衛門 栖原六右衛門
1861（文久元）年	260（ツヤナを含む）	伊達林右衛門 栖原六右衛門

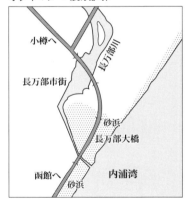

オシャマンベ（長万部町）

事件　クンヌイの戦い

シャクシャインの戦い（1669年）が起こると、アイヌ勢は松前攻略をめざし、遠征した。松前勢はクンヌイに拠点を構え、オシャマンベ・シズカリ方面で戦闘になった。約1ヶ月間の戦いで、アイヌ勢は撤退した。

4. 産物

西暦（元号）	主な産物
1739（元文4）年	（夏）ニシン、カズノコ、コンブ　（冬）オットセイ
1807（文化4）年	（オシヤマンベ）秋味、オットセイ、ニシン、コンブ （ユウラップ）ニシン、コンブ、アキアジ、（ユウラップで猟）
1863（文久3）年	ニシン、サケ、コンブ、タラ、イワシ

5. アイヌの生活（19世紀初頭）

・自分稼ぎの和人、春はニシン、タラ、鮋の漁をし、夏はコンブを取る。アイヌもそれぞれその時々の漁を行う。オットセイはアイヌの巧者の者が12月より春3月まで沖合いに出る。アイヌの女性は春は山に登り、木の皮を取ってアツシを織って、着用する。

・山越内の立木は、ハンノキ、カツラ、そのほか雑木がたくさんある。春夏秋、アイヌが手すきのときに薪を伐出させ、山越内川へ流す。

アイヌの人たちは、平地の所へは、アワ・ヒエ等を作り、相応に実る。

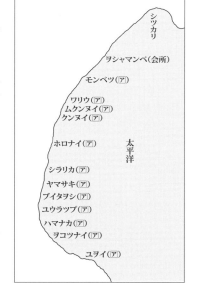

6. 歴史

（1）17世紀

① 「タらつふ、黒岩、くんぬい」は青山弥左衛門の商場で、「もんへつ、おしやまんへ、へべ、れふんけ、しつかり」は、知行主が記されていない。

② シャクシャインの戦いでは、オシャマンベ、シズカリで松前勢と決戦となった。

（2）18世紀

① 1717年のユウラツフ、クンヌイ、ヘンヘ、シツカリの産物はオットセイである（『松』）。

② 『商』がユラブ場所（1739年）、『草』がユウラフ場所（1786年）、『随』がヲシヤマンベ場所（1784年）なので、18世紀後半頃、場所の拠点をユウラップからオシャマンベに移したか。

（3）19世紀

① 『東』では、山越内場所となった。『西記』では、オシャマンベ・クンヌイ地域と、ユウラツフ地域に分かれ、惣乙名はユウラツフのクマジ（1807年）であった。和人の漁場と、アイヌの中心集落が違っていたということか。

② 19世紀初頭より、山越内を和人地とアイヌモシリの境とした。

③ オシャマンベ首長のトンクルは、和人（男性）がアイヌ女性に手を出さないように、場所支配人に申し出、守らせた。和人の番人がトンクルの風俗を和風にさせると、抗議の死を選んだ（『近』）。

虻田場所（アブタ）〔長万部町・豊浦町・虻田町〕

範囲：シツカリ～ウゴシヨンゴウシ

ポイント　17世紀後半には、ウスアイヌの影響下。19世紀には、漁場生産が高く、畑作も行い、人口の多い地域だった。

1. アイヌ集落と首長

※1:『西記』より。

西暦（元号）	戸数（人口）	アイヌ首長
1670（寛文10）年	15 オコタラベ	ツヤシヤイン（ウス） マシマ（シツカリ）
1786（天明6）年		㋵クイムシシ　㋬ウエンシヤハ
1807（文化4）年	『各』1806年 65（334）	㋯㋵クイムシン　㋯㋵ウエンシヤバ　イコノンゲ ㋬ハウリキン　イカシニウエン※1
1822（文政5）年	170（800余）	
1856（安政3）年	164（600余）	㋬カムイコンヤ（レブンゲ）

1806年の集落

集落	戸数（人口）
アブタ	65（334）
チヤシナイ	23（118）
弁部	20（110）
ヲツフケシ	28（113）
礼分下	27（119）

（『各』より）

アブタ（豊浦町・虻田町）

2. 知行主

西暦（元号）	知行主
1670（寛文10）年	酒井戸左衛門
1739（元文4）年	酒井逸学
1786（天明6）年	酒井伊左衛門　シツカリは藩主
1801（享和元）年	酒井栄治

3. 運上金と場所請負人

西暦（元号）	運上金（両）	場所請負人
1739（元文4）年	不同	
1786（天明6）年	120（シツカリは5）	笹屋治兵衛
1791（寛政3）年		橋本屋庄兵衛
1799（寛政11）年	120	
1801（享和元）年	120	
1812（文化9）年	309両875文	和田屋茂兵衛
1820（文政3）年	100	和賀屋七左衛門
1828（文政11）年	75	和田屋茂吉
1841（天保12）年	70	宮川増蔵
1854（安政元）年	75	和田屋茂兵衛
1861（文久元）年	75	和田茂兵衛
1867（慶応3）年	虻田55　㊀11 レブンゲ19両2分 ㊦1両2分	佐野孫右衛門

解説　駒ケ岳

駒ケ岳は内浦湾のランドマークとも言える山である。この山を目印に航海することで、方向を確認できたにちがいない。

4. 産物

西暦（元号）	主な産物
1739（元文4）年	干サケ、コンブ、カズノコ、干カスベ、イタラ貝、カバノ木の皮
1807（文化4）年	ニシン1万束、コンブ3万駄、干タラ2400～2500束、干カス500束、秋味サケ1000束、イリコ20本、干鮭2000束
1863（文久3）年	（冬）ニシン　（春）ニシン、ナマコ、コンブ、フノリ、タラ、雑魚、シイタケ、アツシ

5. アイヌの生活（19世紀初頭）

　会所・番所・働く人、出稼ぎ者、すべてのアイヌとも、男は春正月よりニシン、タラ、鮨を漁し、5月下旬より6月中に箱館へ出す。アイヌは春漁が終わると、6月土用前までイリコ漁をし、土用になると、会所でオムシャを行う。場所中のアイヌの男女が集められ、酒や飯をふるまわれ、三日間休む。その後、男女ともコンブを取り、7月下旬には荷作りをし、箱館へ出す。8月より9月下旬までアイヌの男は海中でイリコを突き、海がしけると、山で薪を刈り出した。（中略）9月に入ると、アイヌの男のうちで壮健な者は、オットセイ漁、通行人足、秋味の引網の手伝いで越年する。その他の人は、男女ともマッカリベツ、シリベツ川へ登り、サケを冬から春の賄にし、豊漁ならば干サケにして産物として差し出す。

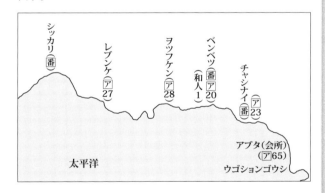

> **アイヌ伝承**
> ～イシカリ川の女石～
>
> 　アブタ首長のサカナ（あるいはサカナの父）は、十勝出身と伝えられ、戦乱を避けて、虻田の弁辺（豊浦町）に移った。あるとき、恵庭近くで猟に出かけ、大吹雪で倒れていた二人の娘を救った。二人はイシカリ首長エクレシュイの娘だった。エクレシュイはお礼に娘を嫁そうとするが、サカナは辞退した。エクレシュイは娘がサカナを恋こがれて死んだと嘘を言ったため、サカナがイシカリに行くと、娘は生きていた。サカナは憤然として帰るが、娘は泣きながら見送り、イシカリ岸の石になった。
> ※エクレシュイは北見湧別の首長とも言われる。
> （吉田巌『人類学雑誌』28巻9号『伝承』所収）

6. 歴史

（1）17世紀

① 1670年では、レフンケ、へへ、オコタラヘ、ウスは、ウス首長ツヤシヤインの「持分」（『寛』）で、オコタラベは15軒の集落だった（『津』）。一方、レフンケ、へへ、オコタラベは酒井戸左衛門の商場だった（『津』）。

②『郷』に、シツカリ、オコタラベが見える。
（2）18世紀
　①18世紀後半、静狩（礼文華）場所は虻田場所から独立していた（『草』）。
（3）19世紀
　①『西記』によると、アブタからシリヘツへ、レフンケからクロマツナイへ出稼ぎに行った。
　②1786年と1807年のアイヌ首長層（クイムシン、ウエンシャハ）が一致している。
　③礼文下（レフンケ）は、アブタ場所に入っていた（『西記』）。
　④歴史的にはオシャマンベのアイヌがオットセイ漁をしてきた。これをデバアイヌと言った（『東誌』）。
　⑤アワ・ヒエなどの畑作を行った（『東行』）。
　⑥19世紀には人口が多かった。その一方で、19世紀半ばには厚田へ漁場労働に行かされたり、和人に「帰化」する人が現れた（『近』）。

> **解説　帰化**
>
> 　「帰化」とは、本人の意志でその国の国籍をえて、その国民となること」（『角川必携国語辞典』）である。しかし、19世紀半ばのアイヌモシリでは、「帰化」は、本人の意思を無視して江戸幕府の国策に基づき、（当時、日本人ではなかったアイヌの人たちに）「帰化」を強制することが多く、さまざまな摩擦が起きた。

有珠場所〔伊達市〕

ウス

範囲：ウコシヨンゴウシ～チマイベツ

ポイント 天然の良港で、16世紀には和人が入っていたらしい。アイヌの一大勢力があり、19世紀まで人口も多かった。

東蝦夷地編

1. アイヌ集落と首長

西暦（元号）	戸数（人口）	アイヌ首長
1670（寛文10）年	30	ツヤシヤイン （ナツヤシヤイン※1）
1807（文化4）年	『東行』1809年 78（328）	惣乙シラツ 脇マサカド 小イラベシユイ 小アヅロ
1822（文政5）年	103（417）	
1856（安政3）年	93（460）	

※1：『津』より。

2. 知行主

西暦（元号）	知行主
1670（寛文10）年	浅利猪之丞
1739（元文4）年	新井田五郎左衛門
1784（天明4）年	新井田内蔵之丞
1786（天明6）年	新井田浅次郎
1801（享和元）年	新井田蔵之丞

3. 運上金と場所請負人

西暦（元号）	運上金（両）	場所請負人
1739（元文4）年	40	
1786（天明6）年	70	浜屋兵右衛門
1791（寛政3）年		覚左衛門
1799（寛政11）年	85	
1801（享和元）年	85	
1812（文化9）年	216両3分2朱	和賀屋卯兵衛
1820（文政3）年	100	和賀屋卯兵衛
1828（文政11）年	100	和賀屋宇兵衛
1841（天保12）年	105	和賀屋孫十郎
1854（安政元）年	105	和賀屋宇兵衛
1867（慶応3）年	105　⊕14両3分永 50文	和賀屋権一郎

アイヌ伝承
～伊達市ポロチャシ～

昔、ここにアイヌの家がたくさんあったが、イルテメアイヌという人が有珠より来襲して、ポンチャシよりオタモイまでのコタンは滅んだ。このとき、ポロチャシにいた首長は和議を申し入れ、女性をイルテメアイヌに嫁せた。マクンコタンのアイヌは殺害されなかった。(有珠アイヌ伝　『伝承』所収)

117

4. 産物

西暦（元号）	主な産物
1739（元文4）年	ニシン、カズノコ、コンブ、干タラ、オットセイ、イリコ、イタラ貝の殻、秋生サケ、フノリ
1784（天明4）年	ニシン、イリコ、干タラ、コンブ、諸魚油、干サケ
1807（文化4）年	ニシン、子[*]1万束、丑5千束、寅4千束、当年3千束、コンブ、丑1千100石、去年2千石、干タラ、干カス、イリコ、秋味　オサルベツ500束（『西記』より）
1863（文久3）年	サケ、イワシ、(冬)ニシン、ナマコ、雑魚粕、鹿皮、ホタテ貝、フノリ

※：「子」は1804年、「丑」は1805年、「寅」「去年」は1806年。

5. アイヌの生活（19世紀初頭）

会所の番人とアイヌの男女ともに、春正月よりニシン・タラ・鮪を取る。5月より6月頃、荷作りして箱館へ運ぶ。アイヌの男はイリコを取り、女はアワ・ヒエを育て、アツシの皮を取る。6月の土用にすべてのアイヌ男女を集め、酒や飯を与え、3日ほど休んだ後、コンブを取り、7月下旬まで行う。それより、男は海が静かなときはイリコを突き、ホタテ貝を取り、しけのときは山々に薪を取りに行き、玄米と取り替える。女はアワ・ヒエを取り、アツシを織る（中略）。9月に入ると、男の壮健の者を選び、オットセイ漁、通行人足、秋味引の手伝い、その他の人は有珠場所より10里余り西境のシリベツ、マッカリベツの川上に上り、川サケを取り、翌春までの食料を取り、干サケにして、翌2月までに背負って、会所へ差し出す。

6. 歴史

(1) 17世紀

① 1613年に、善光寺を再興した（『新』）。
② 1663年、ウス岳が噴火。アイヌの家が焼かれ、死者も多かった（『福』）。
③ 1670年では、ツヤシヤイン（あるいはナツヤシヤイン）の拠点。虻田のオコタラベ、ウス、オサルヘツ、チハイヘツ、鷹小屋を領域にした（『津』）。

(2) 18世紀

① 1717年のウスの産物はオットセイであった（『松』）。
② 18世紀前半の和船にとっては、北海道一番の湊だと言う（『商』）。

(3) 19世紀
　①19世紀初頭には、牧場（オサルヘツ、ウス～アブタ、アブタ～フレナイ）があった（『西記』）。
　②人口は400人前後で一定。
　③善光寺が「蝦夷三官寺」の一つになった。
　④『東誌』によれば、ウスとアブタ首長のサカナがチャランケし、ソーヘツはアブタのものになったという。
　⑤1853年、ウス岳が噴火し、ウス・アブタのアイヌが罹災した（『門』）。

ウス（伊達市）

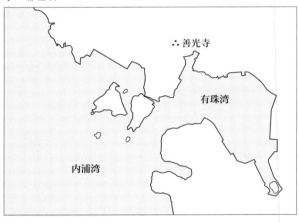

内浦湾の対岸に駒ケ岳が見える。

〔史蹟〕有珠の善光寺

　いわゆる「蝦夷三官」寺の一つ。1613年に再興したというので、それ以前にあったか。アイヌを浄土宗で「教化」しようと、19世紀前半に教えをアイヌ語にした版木を作った。

　同寺には、美濃国出身の修験僧・円空が1666年胆振・豊浦町小幌の洞窟で作った仏像が置かれている。

〔見学〕有珠善光寺宝物館（申し込みが必要）

東蝦夷地編

絵鞆場所〔室蘭市〕

範囲：チマイヘツ〜ワシヘツ

ポイント 大きな入り江の中の集落。17世紀には小集落しかなかったのに、19世紀には増加した。

※エトモ場所とホロヘツ場所の境は入会地で、明確な境はない。

1. アイヌ集落と首長

西暦（元号）	戸数（人口）	アイヌ首長
1670（寛文10）年	5〜6^{※1}	ヤシヤイン（『寛』ではシイチヤイン）
1786（天明6）年		㋑シラツパ　㋙センパ
1807（文化4）年	『各』1806年　25（116）	（エトモ）㊙㋑チエンバ　㋙ハイバヒ　㋙マンバ （モロラン）㋑ツタラハエ　㋙ハチソウ^{※2}
1822（文政5）年	36（143）	
1855（安政2）年	43（256）	

※1：『津』では「おいなおし」、『寛』では「わしへつ」が「から家」。
※2：『西記』より。

2. 知行主

西暦（元号）	知行主
1670（寛文10）年	金子市左衛門（エトモ〜ノホリヘツ）
1739（元文4）年	松前内記
1784（天明4）年	松前内記〜土橋嘉六
1786（天明6）年	松前藩主
1801（享和元）年	松前藩主

〔遺跡〕絵鞆遺跡

縄文早期〜アイヌ文化までのすべての時代の遺物が出土。貝塚はイルカやオットセイなどの海獣類の骨、魚骨、アサリ・ウニなどで構成されている。エンルムチャシは擦文期以降のもの（『噴』）。

3. 運上金と場所請負人

西暦（元号）	運上金（両）	場所請負人
1739（元文4）年	300石で年2度　3年で150両	
1786（天明6）年	65	笹屋治兵衛
1791（寛政3）年	75	倉部屋多兵衛
1799（寛政11）年	70	
1801（享和元）年	80	
1812（文化9）年	152	鍋屋左兵衛
1820（文政3）年	201両2朱（含む幌別）	阿部屋三次郎
1824年（文政7）	125（含む幌別）	井口兵右衛門
1841（天保12）年	135〔含む幌別〕	万屋専右衛門
1854（嘉永7）年	67両2分（含む幌別）	岡田半兵衛
1861（文久元）年	4両2分（室蘭か？）	恵比寿屋半兵衛
1867（慶応3）年	絵鞆　63　㊙13両3分永50文（含む幌別） 室蘭　4両2分　別段上納1両	恵比寿屋半兵衛

4. 産物

西暦（元号）	主な産物
1739（元文4）年	イリコ出所、ニシン、カズノコ、コンブ、塩マス、イタラ貝の殻がたくさん、サメ油、フノリ、塩物たくさん
1784（天明4）年	ニシン、コンブ、干タラ、布ノリ、イリコ、シカ皮、魚油、ホタテ貝
1807（文化4）年	ニシン類5千束、干タラ、干カス、イリコ、コンブ、ホタテ貝、秋味7千～8千束
1863（文久3）年	ニシン、イワシ、サケ、マス、ホタテ、ナマコ、コンブ、海蘿、シカ皮、シイタケ

5. アイヌの生活（19世紀初頭）

※データなし。

6. 歴史

（1）17世紀
　①アイヌ首長ヤシヤインは、ワシヘツまでを領域にした（『津』）。

（2）18世紀
　①1717年の産物は、白鳥とオットセイであった（『松』）。
　②イリコ、ニシン、コンブの産地であった。
　③知行主が次々に変わった。

（3）19世紀
　①19世紀初頭においては「惣乙名」はエトモ、「乙名」はモロラン。首長に差があった（『西記』）。
　②白老領シクイに、サケ漁の出稼ぎに行っていた（『東行』）。
　③モロランとエトモの両方に会所があった（『西記』）。
　④エトモに会所があったが、その後、モロランに移った（『東誌』）。
　⑤『近』によれば、漁獲高は低かった（25話・孤老モンクシデ）。人口は19世紀半ばに大きく増加した。

アイヌ伝承
～室蘭市ハシナウスチャシ～

　ここのアイヌは日高アイヌに攻められ、多くのアイヌが殺され、死体は後方の山に埋めたと言う。(河野常吉ノート　『伝承』所収)

エトモ（室蘭市）

内浦湾をはさみ、遠くに駒ケ岳が見える。

東蝦夷地編

幌別場所〔登別市〕

範囲：ワシヘツ〜フシコヘツ

 17世紀後半には空家集落が多かった。18世紀以降の運上金は安く、漁場の生産力が低かったか。アイヌの人口は多くなっていった。

※絵鞆場所と幌別場所は入会地で、明確な境界はない。

1. アイヌ集落と首長

西暦（元号）	戸数（人口）	アイヌ首長
1670（寛文10）年	空5〜6	シヤイン　チメンバ　ツフル
1786（天明6）年		㋹トノレンタ　㋹アトサ　㋙トシカリ
1807（文化4）年	『各』1806年　25(116)	㋧㋹トノレンタ　㋛イツレイ　㋙トツカリ
1822（文政5）年	58(231)	
1855（安政2）年	52(260)	

2. 知行主

西暦（元号）	知行主
1670（寛文10）年	金子市左衛門（エトモ〜ホロヘツ）
1739（元文4）年	細界左源次
1784（天明4）年	細界宗左衛門
1786（天明6）年	細界宗左衛門
1801（享和元）年	細界儀左衛門

ホロベツ（登別市）

3. 運上金と場所請負人

西暦（元号）	運上金（両）	場所請負人
1739（元文4）年	30	
1786（天明6）年	30	与左衛門
1799（寛政11）年	40	
1812（文化9）年		坂本屋堪右衛門
1820（文政3）年	201両2朱（含む絵鞆）	阿部屋三次郎
1822（文政5）年	100（含む絵鞆）	阿部屋甚左衛門
1824年（文政7）	125（含む絵鞆）	井口兵右衛門
1841（天保12）年	135（含む絵鞆）	万屋専右衛門
1854（嘉永7）年	67両2分（含む絵鞆）	岡田半兵衛
1857（安政4）年	67（含む絵鞆）	岡田半兵衛
1867（慶応3）年	63　㋾13両3分（含む絵鞆）	恵比寿屋半兵衛

122

4. 産物

西暦（元号）	主な産物
1739（元文4）年	春夏塩マス、秋生サケ
1784（天明4）年	干タラ、干サケ、シカ皮、シナ縄、サケ秋味
1807（文化4）年	胴ニシン[※1]、白子、カズノコ、身欠、フノリ、シイタケ、干タラ、干鮑、駄コンブ、イリコ、秋味サケ1千束
1863（文久3）年	サケ、ナマコ、イワシ、フノリ、コンブ、鹿皮、シイタケ、畑作

※1：身欠きニシンを抜いたあとの腹側部と背骨部分（『方言』）。

5. アイヌの生活（19世紀初頭）

　秋味・サケは前浜ならびに川より取る。その年により、増減がある。アイヌの人たちの食料として不足なので、春に絵鞆場所に出稼ぎに行かせる。産物はイリコ、タラ、鮑、フノリで、絵鞆場所は入り会いの地で、境界はない。仮に、ワシヘツを境界としている。当会所ならびにアイヌの人たちは、山が近いので、家の木、薪の雑木はたくさんある。

6. 歴史

（1）17世紀

①集落が小規模な上に、空家集落も多い。首長チメンバは、シャクシャインの戦いで、日本海岸の集落に決起を呼びかけた。

②ワシヘツはエトモのシヤイン（シイチヤイン）の領域に、ホロヘツはチメンバ、ノホリヘツはツフリが首長だった（『津』）。

（2）18世紀

①18世紀いっぱい、30～40両の運上金で、額が安かった。

（3）19世紀

①ホロヘツ地域のみに30軒（148人）の大集落ができていた（『各』）。

②19世紀初頭からは、絵鞆場所を含めた場所請負人が漁場を持った。運上金は、125～135両で推移しており、絵鞆場所分を差し引くと40～50両で、18世紀と大差はなかった。

③19世紀半ばには運上金が下落した。和人が引っ越して来るようになった。

④『東行』によれば、アワ・ヒエなどの農作業を行っていた。

⑤人口は、19世紀には比較的多く、安定していた。

前近代アイヌ列伝　チメンバ

　シャクシャインの戦いのとき、チメンバはホロヘツ首長だったが、ホロヘツにはいないで、シブチャリ（静内）のシャクシャインのもとにいたようだ。決起が決まると、チメンバはクンヌイの山を越えてイソヤあたりのアイヌに呼びかけたという（『津』）。ただ、ウタスツ（寿都町歌棄）にはチメンバ兄のイロチマインがおり、イソヤではなく、ウタスツに行ったのかもしれない。チメンバの伝令は、日本海岸の決起につながった。

白老場所 〔白老町〕
シラオイ

範囲：フシコヘツ～ヘツヘツ

ポイント 17世紀のオカツフの領域が白老場所になった。18世紀後半の一時期、アヒロ場所が独立した。

1. アイヌ集落と首長

西暦（元号）	戸数（人口）	アイヌ首長
1670（寛文10）年	20	オカツフ
1786（天明6）年		㊃クルマンテ　㊪イシリカノ
1807（文化4）年	『各』1808年　82（349）	㊇㊃ヲビシテヲク　シネネヲク ㊪イシユリカン　㊃5人　㊪3人
1822（文政5）年	72（330余）	
1855（安政2）年	82（399）	

2. 知行主

西暦（元号）	知行主
1670（寛文10）年	松井茂左衛門（シラオイ） 宮崎市左衛門※1（シヤタイ）
1739（元文4）年	松井茂左衛門
1784（天明4）年	松井茂兵衛　松前藩主（アヒロ）
1786（天明6）年	松井茂兵衛　松前藩主（アヒロ）
1801（享和元）年	松井矢柄

※1：シヤタイ、マコマイ、コエツイ、マコナイ、イフツを支配。『寛』には宮勘右衛門とある。

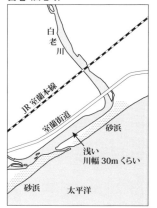

白老（白老町）

3. 運上金と場所請負人

西暦（元号）	運上金（両）	場所請負人
1739（元文4）年	50（2年）	
1786（天明6）年	30　アヒロ3	天満屋専右衛門 （含むアヒロ）
1791（寛政3）年	29　アヒロ7	吉岡村久右衛門 （含むアヒロ）
1799（寛政11）年	25　アヒロ16	
1812（文化9）年		新保屋与八
1822（文政5）年	110	新保屋与八
1841（天保12）年	120	野口屋又蔵
1854（安政元）年	125	野口屋又蔵
1867（慶応3）年	125　㊩46両1分 1864年㊞75	野口屋又蔵

4. 産物

西暦（元号）	主な産物
1739（元文4）年	春塩マス、秋生サケ
1784（天明4）年	干タラ、干サケ、シカ皮、シナ縄、マス油、シイタケ、サケ、秋味
1807（文化4）年	秋味、春タラ、シイタケ、絵鞆へ出稼ぎ ニシン、イリコ、コンブ、布ノリ、いずれも少ない
1863（文久3）年	イワシ、サケ、コンブ、タラ、ニシン、雑魚粕、シカ皮、シイタケ、ナマコ多い

5. アイヌの生活（19世紀初頭）

寒いときになれば、ここの番人とアイヌ5〜6人がニシンを取り、食料くらいにはなる。持っている船で、絵鞆場所ウエンツヤシへ、ニシン漁の出稼ぎに行かせる。(中略)この番人が直接、絵鞆場所へ行くのだが、白老場所より老年のアイヌ14〜15人余りも行かせ、イリコを出産する。5月中旬に帰り、それよりシラオイの前浜の5〜6里の沖にサメ類の漁をし、当座の食料とする。4月下旬より、アワ・ヒエを蒔き、8月中に取る。(中略) 8月下旬、会所で秋味網に取りかかり、9月上旬より海岸通りで引網で漁をする。川サケは同月下旬に漁をする。

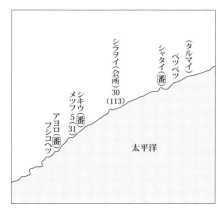

6. 歴史

(1) 17世紀
① 17世紀後半のシラオイ首長オカッフの領域（シキウ、シラオイ、シャタイ）が、そのまま白老場所になった。
② オカッフの拠点シラオイは、シャクシャインの戦いにおいて、太平洋岸・最西端の決起地となった。
③ 1671年、蠣崎蔵人・広林が、シラオイに派兵した（『年』）。

(2) 18世紀
① 18世紀の運上金は、25〜30両の中で、安定していた。
② 1780〜90年代には、アヒロ場所が独立していたようだ。

(3) 19世紀
① 1807年には、エトモへ出稼ぎに出たようだ。『東行』によると、エトモのイタキへコンブ獲りに、『各』によると、エトモのウエンツヤシへ、ニシン漁の出稼ぎに出た。
② シキウ、シラオイでは、アワ、ヒエ、大角豆を取っていた（『各』）。
③ 19世紀には、運上金が百両を越すようになった。
④ 19世紀の人口は、安定して多かった。

解説　シイタケ

アイヌモシリでシイタケが取れたということは現在ほとんど知られていないが、18世紀末以降、幕末までの東蝦夷地の産物にしばしば見える。『北夷談』によれば、道南の和人地においては春3月頃に山中に生じ、生シイタケ一つにつき、100銅、150銅、200銅で納められたという。

<table>
<tr><td colspan="2" rowspan="2"></td></tr></table>

勇拂場所〔石狩低地帯〕
ユウフツ

範囲：ヘツヘツ～カムイトイアン、フイハツフ

ポイント　17世紀にも多数の集落があったが、商場は沿岸部中心。18世紀には内陸にも場所が作られ、19世紀には山田屋が請負人になった。

1. アイヌ集落と首長、知行主、運上金と場所請負人

　勇拂各場所がどういう変遷をたどったか、それらの各場所が現在のどこにあったか、今一つよくわからない。17世紀～19世紀の諸史料をつなぎ、わかっている部分のみを見えるようにしたい。

(1) 17世紀には商場があった場所

年／場所		1670年（寛文10）	1700年（元禄13）		1739年（元文4）		1786年（天明6）	
タルマイ	アイヌ首長	シチ	○			アイヌ首長	⑦? ⑩?	（苫小牧）
	知行主	宮崎市左衛門		知行主	松前藩主	知行主	因藤與惣治	
	首長領域（戸数）	タロマイ　8 コエツイ　2		産物	秋生サケ、塩引	場所請負人	天満屋専右衛門	
						運上金	3両	
マコマイ	アイヌ首長	シチ持分	○					（苫小牧）
	知行主	宮崎市左衛門		知行主	工藤八郎右衛門			
	産物	鷹場		産物	秋サケ、塩引			
				運上金	70（3年）			
ムカワ	アイヌ首長	ニシ介	○			アイヌ首長	⑦イカリ ⑩?	（鵡川）
	戸数（人口）	30（400～500）				知行主	籠喜内	
	知行主	籠浅右衛門[※1]		知行主	籠小兵衛か	場所請負人	万屋新兵衛	
						運上金	30両	
	アイヌ首長	（ニシ介）浦キリ				アイヌ首長	⑦キタヤス ⑩?	
	知行主	加藤九郎右衛門		知行主	佐藤藤馬か加藤四五衛門	知行主	佐藤東馬	
						場所請負人	山城屋忠兵衛	
						運上金	35両	

126

場所	1670年 (寛文10)	1700年 (元禄13)	1739年 (元文4)	項目	1786年 (天明6)	
アツマ (ヘツ)			城跡 ウキクルミの地※2	アイヌ首長	㋾クサモツ ㋑?	
知行主	戸田義兵衛	○		知行主	厚谷判蔵	（厚真）
				場所請負人	中嶋屋兵右衛門	
戸数	2～3			運上金	12両	

※1：ムカワの1739年の知行主は伝わっていないが、1786年の知行主から推定した。なお、佐藤藤馬か東馬か確認できない。
※2：ウキクルミとは、アイヌの人格神・オキクルミのこと。

（2）17世紀に首長の存在が明らかだった場所

17世紀に首長は存在したが、商場があった記録がない。しかし、18世紀には場所があった地を示す。

場所	1670年 (寛文10)	1700年 (元禄13)	1739年 (元文4)	項目	1786年 (天明6)	
アツイシ	アイヌ首長		（アチウシ首長） ニニテマリ 『津』	アイヌ首長	㋾フムランラ	
		○	知行主　工藤八郎右衛門	知行主	工藤清右衛門	
				場所請負人	山城屋太兵衛	
				運上金	10両	
イシヤリ	アイヌ首長		（イサリ首長） ニシテマル	アイヌ首長	㋾? ㋑?	
		○	知行主　今井新右衛門	知行主	今井善兵衛	（恵庭）
				場所請負人	近江屋利兵衛	
				運上金	15両	
ヲサツ	アイヌ首長		（オサツ首長） カイキイン	アイヌ首長	㋾シモセ	
		○		知行主	小林甚右衛門	（千歳）
				場所請負人	（松前）天満屋 三四郎	
				運上金	10両	

※アツイシとイシヤリの1670年のアイヌ首長は、同一人物の可能性がある。
※アツイシとイシヤリの1739年の知行主は、1786年の知行主から推定した。

(3) 18世紀の (1)(2) 以外の勇払各場所

年／場所	1739年（元文4）		1786年（天明6）	
ホタナイ			アイヌ首長	バラトウ
	知行主	蠣崎時右衛門	知行主	蠣崎四郎右衛門
			場所請負人	「当時無之」※3
			運上金	3両
ママチ			アイヌ首長	㋜シキシマリ
	知行主	松前平次右衛門	知行主	松前監物
			場所請負人	山田屋善兵衛
			運上金	4両
ママチ			知行主	木村又八郎
			場所請負人	山田屋善兵衛
			運上金	3両
ヲセツコ			アイヌ首長	㋜イカツハ
			知行主	厚谷新下
			場所請負人	中嶋屋兵右衛門
			運上金	8両

年／場所	1786年（天明6）	
マス	アイヌ首長	㋜ヲツカシユリ
	知行主	牧田源八郎
	場所請負人	村田屋七五郎
	運上金	8両
ムイシヤリ	アイヌ首長	㋜イナ
	知行主	佐藤文右衛門
	場所請負人	万屋新兵衛
	運上金	4両
チカイ	アイヌ首長	㋜クワパラ
	知行主	岡口頭兵衛
	場所請負人	万屋新兵衛
	運上金	3両

（恵庭）

※3：『草』より。
※ 1739年の知行主は、シコツ大場所の中の一人となっていて、具体的な場所がわからない。それを1786年の知行主の苗字から推測したもの。
※ヲセツコの場所請負人はアツマと同じ、知行主の苗字も同じである。ヲセツコはアツマの近くか。

〔遺跡〕厚真町の遺跡

　道央と道東・道北を結ぶ要所・厚真町からは、奥州藤原氏も使用した経塚が見つかっている。また、ヲチヤラセナイチャシは14世紀のもので、近くから首長層と思われる人の墓が出土している（オニキンベ2遺跡）。

2. 19世紀初頭の勇拂各場所（『各』より）

勇拂場所
物乙　フンヒラ、ヲツネシリ
脇　リネシリ、シランカト、サエタリ
物小　リッケシノ、チヤシカ

勇拂各場所

場所名	アイヌ首長	旧・知行主	運上金
タルマイ	並小 アメランケ	遠藤豊太郎	5
上武川	並乙 シモレカ	麓小兵衛	60
下武川	並乙 チエケシ 並乙 イヨノ 並乙 ヲリコシマ 並乙 アイカシ	佐藤東馬	60
アツマ	並乙 イタリラウシ 並小 （下アツマ）アンカシユ 並乙 （中アツマ）トンナイコロ	厚屋平次郎	22
アツイシ	乙小 ヲツカシユ	工藤清左衛門	27
イサリ	ヌカンランケ トエカリシテ 並小 ハンクワ	今井新右衛門	30
ヲサツ	トテワカイ	小平甚左衛門	30
上ママス		小林嘉門	（含むサル場所）
下ママツ		松前鉄五郎	15
マス	並小 コアフカシコロ	前田藤九郎	18
ムイサヲ	コマワカ	佐藤周左衛門	4
チイカイ	並乙 ヲカレフ	岡口彦兵衛	5
ヲセツコ	並小 クワノ	厚屋新下	30
ロウサン	並乙 リタンネ 並乙 チノラム	直領	49両2分
ホタンナイ	並乙 ヒウキ	蠣崎四郎左衛門	2

※並乙→並乙名　並小→並小使

3. 19世紀の勇払場所

西暦（元号）	運上金（両）	場所請負人
1821年（文政4）	250	山田屋文右衛門
1841（天保12）年	250	山田屋文右衛門
1854（嘉永7）年	250	山田文右衛門
1867（慶応3）年	250　⊞323両2分　増1000	山田屋文右衛門

4. アイヌの人口

西暦（元号）	戸数（人口）
1808（文化5）年	299（1238）
1822（文政5）年	312（1312）
1855（安政2）年	228（1179）

5. 産物

西暦（元号）	主な産物
1739（元文4）年	シナと申木皮ニテ縄ヲナエ出ル、シカ皮たくさん、熊皮相応、（秋）サケ塩引
1808（文化5）年	シイタケ（男の稼ぎ）、干サケ、アワ、ヒエ、大豆、小豆少し作る、ユハユリ、フクシャ[4]を取る（糧にする）

※4：ギョウジャニンニクのこと。

6. アイヌの生活（19世紀初頭）

　アイヌの食物は、四季とともに魚釣りでつないでいるが、海漁は少なく、川漁を中心とする。初秋よりは千歳川でサケ漁があり、これを主とした食とする。地域により、アワ・ヒエ・大豆・小豆を少し作るが、千歳川の各場所は、先年のタルマエ山噴火により、作物ができにくく、ウバユリやギョウジャニンニク等を取る。

7. 歴史

（1）17世紀

①イフツの3里奥のシコツは、戸数100戸の人口密集地であった（『津』）。

②「巣鷹」は、シコツ・イシカリが産地であった（『津』）。

③シャクシャインの戦いに参加し、シコツのイマシメ、カルベ、ヤヨリバ、オサツのカイキインなどが捕えられた（『津』）。また、ムカワのイキリアシ、イサリのニシテマル、アツマのオオワクインが松前藩によって「処刑」されたともいう（『蝦』）。

（2）18世紀

①『商』によると、1739年には、シナの木の縄が東北地

アイヌ伝承
～山庫に秘められた宝物～

　穂別町の泉下に、昔、大きなコタンがあり、若い夫婦が松前に交易に行っては儲けて、建ててはならないと禁じられていた大きな家を建てた。若者はたくさんの毛皮などを持って松前に行き、米や酒などを持って来たところ、鳥が飛んできて、「私の尊敬していたコタンも、あんな大きな家を建てたばかりに疱瘡がはやった」と言った。コタンに行くと、皆、死に絶えていて、宝物を秘蔵しておいた山庫のありかもわからなくなった。（森本エタマイル伝　『伝説』所収）

方の日本海岸や北陸に運ばれていた。シカ皮、クマ皮、干サケの産地。

(3) 19世紀
① 『各』によれば、19世紀初頭には、勇払は15場所になり、全体を統括するアイヌ首長を任命した。
② 19世紀半ばには、各地で畑作を行っていた(『東誌』)。

勇払各場所

松浦竹四郎『東西蝦夷山川地理取調図』には、「アツイシ」「ホタナイ」「ヲセツコ」「チイカイ」が見当たらない。19世紀初頭まであった地名が、19世紀半ばには消滅したわけである。
「イシヤリ」もないが、「イザリブト」はあった。
[見学] 勇武津資料館(苫小牧市勇払132-32)

『伊能図』(1821年)によれば、ヲサツ沼(シコツ湖と記すが、現在の支笏湖とは異なる)の南に千年(千歳)川とママツ川があったとする。
『伊能図』よりさらに時代をさかのぼる『文化改正拾遺日本北地全図』(1808年頃か)には、湖(ヲサツ沼か)の南にママチ、南西にユウサン(ロウサンか)、西にキセツコ(ヲセツコか)、北にチイシカリ(チイカイか)が記されている。

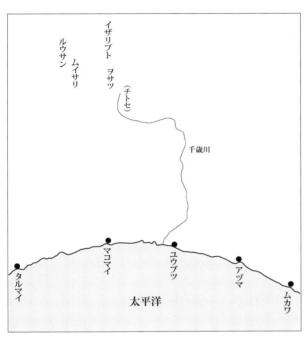

ユーフツ(苫小牧市)

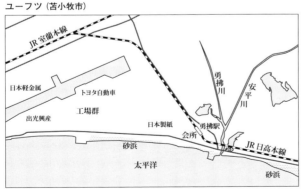

沙流場所 〔沙流川流域〕

範囲：フイハフ〜アツベツ

ポイント サケ漁、シカ猟、畑作などにより、一定の人口を保っていた。19世紀には、漁場労働に半強制的に行かされた。

1. アイヌ集落と首長

西暦（元号）	戸数（人口）	アイヌ首長
1670（寛文10）年※1	サル20（400〜500）　モンヘツ2〜3	ラシヤウカイン　大蔵　ニシ介
1786（天明6）年		Ⓣイタックヨボ　Ⓢポロプニ
1808〜1809（文化5〜6）年	236（1013）	
1822（文政5）年	（1215）	
1856（安政3）年	（1309）	

※1：1670年のサル首長は、サルとモンヘツを領域にしていた。

2. 知行主

西暦（元号）	知行主
1670（寛文10）年	小林甚五兵衛※2
1739（元文4）年	小林治部右衛門
1786（天明6）年	小林早太
1801（享和元）年	小林嘉門

※2：1670年の小林甚五兵衛の商場範囲は、サル〜モンヘツ〜ケノマイである。

3. 運上金と場所請負人

西暦（元号）	運上金（両）	場所請負人
1739（元文4）年	700石の夏船3艘	
1786（天明6）年	45	阿部屋伝吉
1791（寛政3）年		阿部屋伝吉
1799（寛政11）年	100	
1801（享和元）年	110	
1812年（文化9）	330	東屋甚右衛門
1820（文政3）年	110	阿部屋三次郎
1822（文政5）年	200	山田屋文右衛門
1841（天保12）年	200	山田屋文右衛門
1854（安政元）年	200	山田屋文右衛門
1861（文久元）年	450（含む勇拂）	山田文右衛門
1867（慶応3）年	200　Ⓤ42両1分1864年Ⓩ125	山田屋文右衛門

[見学] 沙流場所について、日高町立門別図書館郷土資料館（日高町富川東1-3-1）に説明がある。

アイヌ伝承
~平取町ニオイチャシ~

ここにトパットゥミ（十勝地方のアイヌて武力的略奪的行為をしたもの）が侵入してきて、火矢を射込んだので、チャシが燃え始めた。チャシコッのアイヌがチャシの神に助けを求めたところ、豪雨となってチャシコッの火を消し止めた。（北海道沙流川流域史調査概要（第一次）『通観』『伝承』所収）

4. 産物

西暦（元号）	主な産物
1739（元文4）年	干サケ、シナ縄、サケ、ナマコ、クマ皮、サメ油
1784（天明4）年	サケ秋味、干サケ、シカ皮、シナ縄、コンブ、イリコ
1863（文久3）年	イワシ、コンブ、サケ、ナマコ、サメ、タラ、畑が多い

東蝦夷地編

5. アイヌの生活（19世紀初頭）

　アイヌの人たちは、春は海辺へ出て釣りをし、夏はイリコを引き、コンブを刈り、秋に千歳川へサケ漁に出稼ぎし、食料を蓄え、余ったものは干して（和人に）出荷する。冬は山家へ帰り、漁船、または網をそろえ、シナ縄をなう。女はアツシを織り、キナ筵を編む。男女とも春より秋まで漁業が手すきのときは、アワ、ヒエを作り、あるいは茎立の草、根を取って、魚と混ぜて食料とする。

〔遺跡〕ユオイチャシ

　樽前B火山灰層（1667年）より下から、内耳鉄鍋、古銭、刀子、キセル、漆器、ガラス玉などが出土している（『遺』）。

前近代アイヌ列伝　サル首長ニシシスケ

　シャクシャインの戦いのおり、サル首長ニシシスケは松前藩に「処刑」された。

　一方、名取武光は1939年にサル川の各コタンの祖系伝承を調べた。その中の「ピラトリのコタンピラ、タケオ等の祖系」では、1939年現在まで18代続いていて、9代目がニシシケであった。しかもこの家系では、和人との戦いで、戦いに加わったと受け取れる伝承を残している。記録と伝承が一致したと言えるだろう。

133

6. 歴史

(1) 17世紀
① 1632年、サル金山を開いた（『福』）。
② サル首長のウトウは、静内のハエクル首長のオニビシの姉婿であった（『津』）。その関係でシャクシャインと敵対した。
③ 『蝦』によると、サル首長ニシシスケは、シャクシャインに味方したらしく、処刑された。
④ サルアイヌの各チャシの伝承では、17・8世紀頃十勝方面から移住し住み着いた者が多いらしい。

(2) 18世紀
① 1717年のサルの産物はシカであった（『松』）。
② 和人の需要の多いニシンは獲れないが、アイヌの伝統的技術による、サケ・シカ・シナ縄などを産物にし、大きな人口を維持したようだ。源義経の渡来地の伝承を持っている（『商』）。

(3) 19世紀
① アワ・ヒエ・大豆・瓜・ささげなどの畑作を行った（『東行』）。
② アイヌの漁船が150艘あり、自力で漁労生活をしていたことがわかる（『各』）。
③ 19世紀初頭には、ミツイシ、ウラカワ、千歳川に（『東行』）、19世紀半ばには、アッケシ、イシカリ、アツタ、オタルナイなどに出稼ぎに出された（『近』）。
④ 木彫りが上手。幕府による和風化に反論し、取りやめさせた。

アイヌ伝承
～源義経が来た？～

源義経はサルという地に渡り、ここの首長の婿になった。サルの近くのハエ（静内場所か）に館を構えたが、サル首長の宝物を盗み、日本に帰った。

この伝承は『快風丸記事』（1688年）によるものだが、室町時代の『御伽草子』の中の『御曹子島渡』のストーリーがアイヌ伝承に入ったものらしい。この伝承がアイヌ社会に入る背景には、松前藩のアイヌ民族を「懐柔」しようとする政策があったように思われる。

[見学] 平取町義経神社

解説 コンブ漁

アイヌモシリのコンブは14世紀の『庭訓往来』に宇賀（函館）昆布の名がみえる。17世紀半ばには内浦地方がコンブの産地だったが、18世紀には絵鞆場所以西、19世紀には東蝦夷地一帯に広がった。1863年、山田文右衛門はモンベツ浜に岩石を投入し、コンブの増産に努めた。

沙流川河口部（日高町）

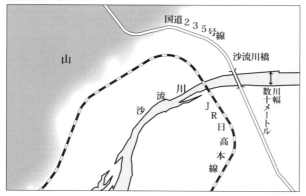

新冠場所〔新冠町〕
ニイカップ

範囲：アツヘツ～シンヌツ

ポイント　アイヌの伝統的生産法による産物で交易を行った。19世紀になっても、総首長が力を持ち、人口増加した。

東蝦夷地編

1. アイヌ集落と首長

西暦(元号)	戸数(人口)	アイヌ首長
1670(寛文10)年		八郎右衛門　ウエンツルシ アツヘツ首長はラムイ
1786(天明6)年		㊤ノンコタマ ㊦ノシヤパウシ
1808(文化5)年	71(339)	
1822(文政5)年	71(309)	
1855(安政2)年	91(381)	サケノンクル

2. 知行主

西暦(元号)	知行主
1670(寛文10)年	工藤金弥
1739(元文4)年	工藤八良右衛門
1784(天明4)年	工藤平左衛門
1786(天明6)年	工藤平右衛門
1801(享和元)年	工藤平右衛門

3. 運上金と場所請負人

西暦(元号)	運上金(両)	場所請負人
1739(元文4)年	200石　運上金不同	
1786(天明6)年	30	阿部屋伝吉
1791(寛政3)年	50	阿部屋伝吉
1799(寛政11)年	30	
1801(享和元)年	40	
1812(文化9)年	85	浜田屋亀吉
1820(文政3)年	110	浜田屋佐治兵衛
1825年(文政8)	120	浜田屋作次兵衛
1841(天保12)年	150	浜田屋作次兵衛
1854(安政元)年	175	浜田屋作次兵衛
1858(安政5)年	150	浜田屋兵右衛門
1861(文久元)年	150	浜田屋作次兵衛
1867(慶応3)年	150　㊝37 1864年㊩13	浜田屋(井口)佐次兵衛

アイヌ伝承
～新冠川のアイヌ沼～

　新冠川の上流に小さな沼があって、アイヌ沼と呼んでいた。十勝や釧路から山越えをした夜盗が、よくこの川筋を下って夜討をかけた。ある年、夜盗との間に戦いがあり、どっちかがこの沼に埋められた。(梨本政治郎伝 『伝説』所収)

4. 産物

西暦（元号）	主な産物
1739（元文4）年	綱～カバの木の皮　ウサギ皮、シカ皮、キツネ皮
1784（天明4）年	サケ、秋味、サケ皮、干タラ、干サケ、楢皮
1808（文化5）年	コンブ、イリコ、干タラ、干サメ、干鮑、シイタケ、アツシ、楢縄、椛、クマ胆、クマ皮
1863（文久3）年	サケ、コンブ、イリナマコ、イワシ、シイタケ、干タラ、サメ殻

5. アイヌの生活（19世紀初頭）

アイヌの人たちは、春、海辺へ出て釣りをし、夏はイリナマコを引き、コンブを刈る。秋にはニイカップ川でサケ漁をし、食料を蓄える。余分があれば、干して、（和人に）出荷する。

また、ユウフツのムイシャリへサケ漁の出稼ぎをし、冬から春までの食糧とする。

冬は山家へ帰り、漁船の網をそろえ、シナ縄をない、女はアツシ、キナ筵を編み、男女ともに春より秋まで漁業をする。手が空いたら、アワ・ヒエを作り、あるいは茎の草、根を刈って干し、魚を混ぜて食料とする。

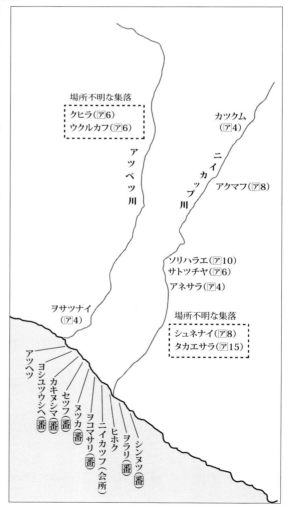

6．歴史
（1）17世紀
①ニイカップはヒボクと言い、砂金が取れた。同地の首長ウエンツルシは、シャクシャインに味方した（『津』）。松前藩はシャクシャインなど20人前後と和睦の話し合いをし、うち16人をだまし討ちにした。
②工藤金弥の商場はアツヘツ、ヒボクであった（『津』）。
③1683年、工藤清兵衛がニイカップの知行主になった（『福』）。ヒボクからニイカップへの名称の変更が、何によるものかわからない。

（2）18世紀
①18世紀前半の交易は、狩猟による毛皮、カバの木の皮、シナ皮などで、アイヌの生活によるモノを移出した（『商』）。
②18世紀後半には、干サケ、干タラなど、漁労生産物を移出した。干サケは、アイヌの生活の中にあるモノである。

（3）19世紀
①人口が安定していた。
②『東行』によると、ユウフツ奥のムイシヤリ川からサケ漁の出稼ぎに来たり、ニイカップのアイヌがシャマニにコンブ漁に出た。
③19世紀半ばの総首長サケノンクルは、7ケ村110軒（410人）のリーダーだった（『近』）。

ニイカップ（新冠町）

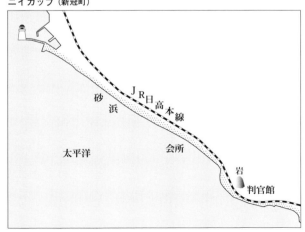

アイヌ伝承
〜白鳥の子孫〜

昔、タカイサラに大きなコタンがあったが、他地方の野盗のために、皆殺しにされた。たまたま一人の男の子が叢に隠れていて助かったが、ただ泣いているだけで死を待つだけだった。そこに一人の女の人が現れ、男の子を育て、二人は夫婦になり、たくさんの子どもができ、タカイサラのコタンは復活した。この女の人は天に住むメスの白鳥で、天の神から遣わされたが、目的を達すると、元の姿になって白鳥の大群の中に帰っていった。
（バチェラー『伝説』所収）

事件 シャクシャインがだまし討ちにされる

1669年10月23日、松前軍はクンヌイでアイヌ勢を打ち破り、ヒボクに陣を置いた。そして、シベチャリのチャシにいるシャクシャインに和睦を呼びかけ、ヒボクに呼び出し、シャクシャインなど16名をだまし討ちにした。翌日、松前勢はシベチャリのチャシを陥落させた。

東蝦夷地編

静内場所〔新ひだか町〕

範囲：シンヌズ～ブツシ

ポイント 静内川という大川のもと、アイヌの一大勢力地となった。上・中・下流の三つの商場が置かれたが、18世紀末の阿部屋伝吉以来、場所請負人は一人。

1. アイヌ集落と首長

西暦（元号）	戸数（人口）	アイヌ首長
1670（寛文10）年		オニビシ※1　シャクシャイン※2
1786（天明6）年		㊤オトレンチ　㊦カイラル
1809（文化6）年	123（554）	
1822（文政5）年	104（523）	
1855（安政2）年	127（642）	

※1：ハイクル首長（1668年戦死）。
※2：メナシクル首長（1669年だまし討ちにされる）。

2. 知行主

西暦（元号）	知行主		
	上ハイクル	下ハイクル（シフチャリ）	メナシクル
1670（寛文10）年	蠣崎七衛門	太田猪兵衛	新井田権之助
1739（元文4）年	辻庄右衛門	太田六郎兵衛	新井田主計
1784（天明4）年	辻武治郎	太田六郎兵衛	新井田伊織
1786（天明6）年	蠣崎久吾	太田伊兵衛	
1801（享和元）年	蠣崎久吾（シブチャリ）	太田金治（シブチャリ）	新井田伊織（シツナイ）

3. 運上金と場所請負人

西暦（元号）	運上金（両）			場所請負人		
	上ハイクル	下ハイクル	メナシクル	上ハイクル	下ハイクル	メナシクル
1786（天明6）年	20	30		倉部屋太兵衛	山田屋太兵衛	
1801（享和元）年	30	10	（スツナイ）100			
1812（文化9）年	536両1分			阿部屋伝六		
1820（文政3）年	536両1分			阿部屋伝六		
1854（嘉永7）年	1048両永100石（シツナイ、ウラカワ、サマニ）			万屋専右衛門		
1867（慶応3）年	1048両2分永100文　㊵2510両　1868年㊂323両2分永472文（シツナイ、ウラカワ、サマニ）			佐野専右衛門		

138

4. 産物

西暦(元号)	主な産物	
1739(元文4)年	シカ皮たくさん、品皮、干サケ、サメ油	
1784(天明4)年	上ハイクル	干タラ、魚油、シカ皮、サメ殻、シナ皮、干サケ
	下ハイクル(シブチャリ)	干タラ、魚油、シカ皮、サメ殻、シナ皮
	メナシクル	干タラ、魚油、シカ皮、サメ殻、シナ皮
1809(文化6)年	ニシン、干サケ、干タラ、干鮑、魚油、コンブ、フノリ、クマ胆、クマ皮(稀)、このほかの雑魚はしめ粕に出すほどはない(『各』)	
1863(文久3)年	ニシン、サケ、マス、コンブ、サメ、タラ、海草、シイタケ、シカ皮	

5. アイヌの生活（19世紀初頭）

　アイヌの人たちは、春は海辺へ出て釣りをし、夏はコンブを刈る。秋はシブチャリ川で、鮭漁をして食糧を貯え、余りは干して（和人に）出荷する。冬は山家へ帰り、漁船や網をそろえ、シナ縄をない、女はアツシ、キナ筵を編む。男女とも春から秋まで漁業をし、手が空いたら、アワ・ヒエを作り、あるいは茎の草、根を刈り、魚を混ぜて食料とする。

東蝦夷地編

シズナイ（新ひだか町）

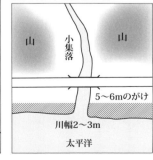

元シズナイ（新ひだか町）

６．歴史

（１）17世紀

①日高山脈以西の太平洋岸で最大級の川幅の静内川で、人口が集中したと推定される上に、1633年にシブチャリ金山が開かれ、和人の往来がさかんになった（『年』）。

②シャクシャインは、シブチャリの他に、モンヘツも支配した（『津』）。

③静内川中流のハエクル（首長はオニビシ）、下流のメナシクル（首長はセンタイン～カモクタイン～シャクシャインと代わる）が争い、シャクシャインが勝利した（『津』）。その後、シャクシャインの戦いになった。

④1669年10月、松前軍が侵攻してきて、シベチャリのチャシが陥落した。

（２）18世紀

①人口が多い地のためか、アイヌ集団が別だったためか、17世紀以来、上ハイクル、下ハイクル、メナシクルの3商場が置かれた。

（３）19世紀

①19世紀初頭に、三つの商場が静内場所になったか。

②夏はコンブ漁、冬はサケ漁、椴縄をない、アワ、ヒエを作った（『各』）。

③1810年代になって、突然、運上金が上がった。

アイヌ伝承
～静内ホヨチャシの伝承～

静内の野屋在住の多くの人々の語りによると、シャクシャインの戦いの少し前、老アイヌ夫婦が、メナシベツ川を下ってきた十勝の軍盗団の首領を、このチャシから射た一本の矢によって岩にはりつけ、驚いた軍盗団は逃げ帰ったと言う。（『静内町埋蔵文化材緊急分布調査報告書』『伝説』所収）

前近代アイヌ列伝　オニビシ

静内川中流域の農屋辺り（ハエクル）を拠点にした首長。1648年に静内川口（メナシクル）との間に戦いが起き、1653年にハエクルが勝利した（前期シブチャリ紛争）。松前藩の仲介で、両者の間に和睦が成立したが、和人の砂金掘り勢力も加わり、1660年代後半に再度、対立が激化した。1668年、金掘り文四郎の拠所で打ち合わせをしているところをメナシクル勢に襲撃された。

前近代アイヌ列伝　シャクシャイン

1640年前後にシブチャリに住み始め、メナシクル（静内川口部）首長のカモクタインが戦死した後、メナシクル首長になった。オニビシ殺害後、ハエクル勢力に勝利し（後期シブチャリ紛争）、拡大した勢力を基盤に、松前藩に対し、自由交易を求める全道一斉の戦闘を指導した。1669年10月、ヒボク（新冠）で、松前勢にだまし討ちにされた。

三石（ミツイシ）場所〔新ひだか町〕

範囲：ラツシ〜ヲニウシ

ポイント 17〜18世紀は、アイヌの伝統的生計によるモノを産物とし、19世紀には和人の需要に合わせたモノを産物にした。

1. アイヌ集落と首長

西暦（元号）	戸数（人口）	アイヌ首長
1670（寛文10）年	ミツイシは不明 ケリマ4・5軒	マカ之助
1786（天明6）年		㊚ラプカシ ㊛ウシヤマカ
1809（文化6）年	60（271）	
1822（文政5）年	56（222）	
1855（安政2）年	49（216）	㊛モンカタ

2. 知行主

西暦（元号）	知行主
1670（寛文10）年	杉村武兵衛
1739（元文4）年	杉浦武右衛門
1784（天明4）年	杉村多内
1786（天明6）年	杉村太内
1801（享和元）年	杉村多内

3. 運上金と場所請負人

西暦（元号）	運上金（両）	場所請負人
1739（元文4）年	40（2年）	
1786（天明6）年		倉部屋太兵衛
1791（寛政3）年	85	阿部屋伝吉
1799（寛政11）年	120	
1801（享和元）年	104	
1813（文化10）年	486両3分3朱	若狭屋庄兵衛
1819年（文政2）	300　他6	熊野屋忠右衛門
1822（文政5）年	300	栖原屋寅之助
1841（天保12）年	305	小林屋重吉
1854（安政5）年	340	小林屋重吉
1861（文久元）年	310	小林屋重吉
1867（慶応3）年	300　(仕)88両3分永50文 1864年(増)535	小林重吉
1868（慶応4）年	300　(増)535　(仕)88両3分永50文	小林重吉

4. 産物

西暦（元号）	主な産物
1739（元文4）年	シカ皮、魚油、シナ縄
1784（天明4）年	干サケ、鮫殻、油、シカ皮、近年コンブたくさん
1809（文化6）年	干タラ、干サケ、干カスベ、干サメ、イリコ、魚油、ニシン、シイタケ、コンブ、クマ胆、クマ皮
1863（文久3）年	コンブ、サケ、イワシ、ニシン、タラ、シカ皮、ナマコ

5. アイヌの生活（19世紀初頭）

　春は浜辺へ出て釣りをし、夏はイリナマコを引き、コンブを刈る。秋はミツイシ川、ケリマップ川でサケを取り、食料を貯え、余った分は干して（和人に）出荷する。冬は山家へ帰り、漁船や網をそろえ、女はアットゥシ、キナ筵を編む。男女とも春から秋まで漁業、手が空いたら、アワ・ヒエを作り、あるいは茎の草、根を刈って干し、魚を混ぜて食料とする。

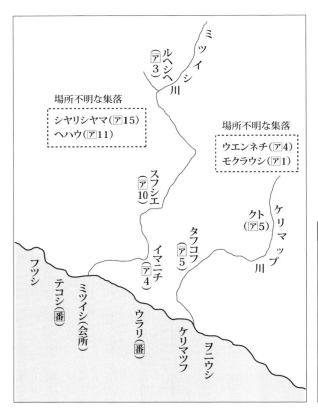

解説　安定した生活

　『東行』によると、ヒエを作って「食料」にしていたという。『各』によると、蝦夷船が43艘あったという。19世紀初頭には、狩猟採集ばかりでなく、自ら農耕を行い、船に乗って漁労も行うという、積極的な経済活動を知ることができる。

6．歴史
（1）17世紀
　①『蝦』によると、アイヌ首長マカノスケが討ち取られたと言う。おそらくはシャクシャインの戦いに参加し、責任を取らされたものだろう。
　②杉村武四郎の商場は、「三石」と「けりま」であった（『津』）。
（2）18世紀
　①18世紀前半の産物は、シカ皮、シナ縄など、アイヌの伝統的生計によるモノであった（『商』）。
　②18世紀後半になると、コンブが取れるようになった。
（3）19世紀
　①1810年代に突然、運上金が跳ね上がり、1818年以降は300両前後で安定していた。
　②1670年の戸数が海岸部のみを示したものであったのに対し、19世紀の集落・人口数は、内陸部も含めたものであるだろう。人口も多く、安定していた。
　③19世紀半ばには、コンブの他に、ニシン・イワシ、ナマコなど、和人の需要に合わせたモノが産物になっていた。

アイヌ伝承
～ミツイシの津波～

　昔、津波があったとき、ミツイシアイヌはサマンベ山に幌毛コタンのアイヌはサマッケ山に逃げた。幌毛のアイヌは、水がミツイシアイヌを呑むのを見て笑ったが、天上を支配する神はミツイシの人々を助け、波をサマッケ山の方に押しやった。（幌村トンパク伝『伝説』所収）
※静内の染退川、浦河の荻伏にも、津波の伝承が残っている。ちなみに、1831年に地震があったと言うが、各伝承はこの地震を指していたのだろうか。

東蝦夷地編

ミツイシ（新ひだか町）

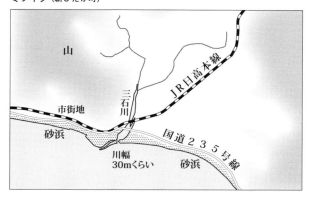

浦川場所 〔浦河町〕

範囲：ヲニウシ〜ウトマムヘツ

ポイント　17世紀は和人の砂金掘りの「入植」。その後、狩猟生産物を売るが、18世紀後半からコンブ漁を始めた。

1. アイヌ集落と首長

西暦(元号)	戸数(人口)	アイヌ首長
1670(寛文10)年[※1]	ウラカワ　25[※2] ムクチ6〜7 ホロヘツ　8	ハラヤケ[※3] シヤハイン ヤヤタリコロ セウタイン[※4]
1786(天明6)年		㊅?　㊅イサナアイノ
1810(文化7)年	65(374)	
1822(文政5)年	75(327)	
1854(安政元)年	88(441)	
1858(安政5)年	107(560)	㊅エホンドモ[※5]

※1：1670年は海岸集落の戸数。1822年以降は場所全体の戸数・人口である。
※2：『寛』より。
※3：ホロヘツ首長。
※4：ムクチ首長。
※5：『東誌』より。

2. 知行主

西暦(元号)	知行主
1670(寛文10)年	松前藩主
1739(元文4)年	北川岡左衛門
1784(天明4)年	北川弥蔵
1786(天明6)年	北川源五兵衛
1801(享和元)年	北川重次郎

3. 運上金と場所請負人

西暦(元号)	運上金(両)	場所請負人
1739(元文4)年	40	
1786(天明6)年	35	中嶋屋七郎兵衛
1791(寛政3)年		阿部屋金兵衛
1799(寛政11)年	150	
1801(享和元)年	150	
1813(文化10)年	830両2分	万屋羽右衛門[※6]
1820(文政3)年	664両1分永50文	万屋羽右衛門
1841(天保12)年	1048[※7]	万屋専右衛門
1861(文久元)年	1048[※8]	万屋専右衛門
1867(慶応3)年	1048両2分永100文 ㊅2510両 1868年㊅323両2分 472文　　　　[※9]	佐野専右衛門

ウラカワ（浦河町）

※6：1812年。
※7〜9：静内・浦川・様似。

4. 産物

西暦（元号）	主な産物
1739（元文4）年	クマ皮、シカ皮、キツネ皮、網にする品縄、サメ油、クジラ油
1784（天明4）年	干サケ、鮫殻、魚油、シカ皮、棒タラ、コンブ近年たくさん
1810（文化7）年	干タラ、干サメ、干サケ、イリコ、干鮑、魚油、コンブ、シイタケ
1863（文久3）年	サケ、イワシ、イリコ、シカ皮、マス、コンブ、（アワ、キビ、ヒエをなかば食料とする）

5. アイヌの生活（19世紀初頭）

アイヌの人たちは秋9月末から家々へ妻子が皆来て、川を上ってサケを取って干して、食料を貯え置く。その余りは（和人に）出荷する。その代金で米やこうじなどに替え、濁酒を造る。またはオヒョウという木の皮を取って、アツシを織り、またはシナ皮で年中、漁業の網をそろえ、漁船を作り、山で越年する。春の2・3月頃から、妻子を連れて浜辺へ出、小屋を建て、住居する。春はシイタケを取り、タラ・カスベを釣り、女性は草類を取って食料を貯え、4・5月頃はサメ・イリコを取り、6月より男女ともコンブを取る。春夏の間は、草や草の根を混ぜて調理する。秋から冬、初春はサケを食物とする。4月頃より、女性はアワ、ヒエをまき、7・8月頃刈り取り、四季の食物とする。

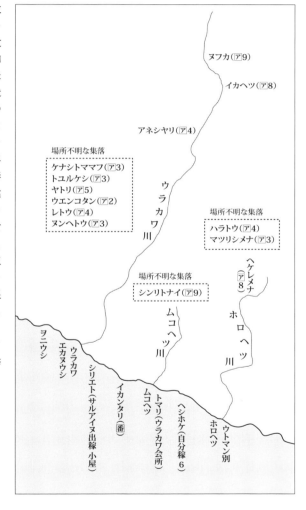

6. 歴史

(1) 17世紀

① 和人の砂金掘りが入植、車道を作ったと言う(『東誌』)。

② シブチャリ紛争(シャクシャインとオニビシの戦い)では、シャクシャイン側に味方した。そのままシャクシャインの戦いに突入し、シャクシャインの死後もハラヤケが中心になって、松前藩に抵抗した(『津』)。

(2) 18世紀

① 1722年、北川岡左衛門がウラカワの知行主になった(『福』)。

② 狩猟生産物を中心にする、アイヌの伝統的な生産物を売っていた(『商』)。

③ 18世紀後半には、和人の需要の高いコンブを売り始めた。

(3) 19世紀

① 『東誌』によれば、コンブを生産する一方、アワ、キビ、ヒエなどの畑作を行ったと言う。

そうした生産力に支えられ、人口が増加し続けたのだろうか。

アブラコマ(様似)場所 〔様似町〕

範囲：ウトマンベツ～ニカンベツ

ポイント 18世紀まで伝統的生産法による交易で、19世紀には、和人によるコンブ漁がさかんだった。18世紀末に、アブラコマ場所は様似と幌泉に分かれた。

1. アイヌ集落と首長

西暦(元号)	戸数(人口)	アイヌ首長
1670(寛文10)年	ウンヘツ 4 シャハニウ 7	ハラヤケの領域
1786(天明6)年		㊥イマウカンテ ㊤コバオシテ
1810(文化7)年	26(139)	
1822(文政5)年	23(132)	
1854(安政元)年	28(174)	
1863(文久3)年		㊥エミカト

※1799年に東蝦夷地各場所が幕府直轄地になってアブラコマ場所は様似場所と幌泉場所に分かれた。

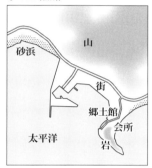

サマニ(会所)

2. 知行主

西暦(元号)	知行主
1670(寛文10)年	松前藩主※1
1739(元文4)年	蠣崎内蔵丞
1784(天明4)年	蠣崎蔵人
1786(天明6)年	蠣崎蔵人

※1：ウンヘツ・シャハニウ・タモシ。

サマニ(様似町)

3. 運上金と場所請負人

西暦(元号)	運上金(両)	場所請負人	
1786(天明6)年	50	薬屋太兵衛	ここまでアブラコマ場所の一部
1791(寛政3)年	65	浜屋久七	
1813(文化10)年	430	万屋嘉右衛門	ここから様似場所
1819年(文政2)	1048両2分永100文※2	万屋専左衛門	
1820(文政3)年	304	万屋嘉左衛門	
1841(天保12)年	1048永100文※3	万屋専右衛門	
1854(安政元)年	1048※4 ㊜2500	万屋専左衛門	
1861(文久元)年	1048永600文※5	万屋専右衛門	
1867(慶応3)年	1048両2分永100文 ㊜2510 1868年㊫323両2分永427文 ※6	万屋専右衛門	

※2～6：静内、浦川、様似。

東蝦夷地編

147

4. 産物

	西暦（元号）	主な産物
アブラコマ場所	1739（元文4）年	サメ油、アブラメ（魚）、品縄
	1784（天明4）年	干サケ、サメ殻、魚油、シカ皮
様似場所	1863（文久3）年	イワシ、ニシン、サケ、マス、コンブ、イリナマコ、フノリ、シカ皮

5. アイヌの生活（19世紀初頭）

アイヌの人たちは、男性は春に海浜へ出て釣りをする。夏は昆布を刈り、秋はホロベツ川でサケを取って、食料を貯える。冬は山家へ帰り、漁船または網をそろえる。女性は海辺へ出て、フノリを取り、夏は昆布を刈り、手が空いたら、オヒョウの木の皮でアッシを織り、すだれを編む。春から秋まで手が空いたら男女ともにアワ・ヒエを作り、茎、草、根を刈って干し、魚を混ぜて食料のもととする。

6. 歴史

(1) 17世紀
① 1635年、ウンベツ・トカチの金山を開いた（『家』）。
② シャクシャインの戦いでは、シャクシャイン側のハラヤケの領域であった。
③ 『東誌』では、砂金掘りやキリスト教信者の出入りを伝えている。

(2) 18世紀
① アイヌの伝統的生産法によるモノを交易に出した。
② シャマニ、ムクチの湊の存在を伝えている（『商』）。
③ 18世紀末、アブラコマ場所は、様似場所と幌泉場所に分かれた。

(3) 19世紀
① 1805年、蝦夷三官寺の等樹院が造られた（『各』）。
② アイヌ人口は増加。
③ 19世紀半ばには、ニシンなど（『東誌』）、和人の需要による産物が取り引きされた。

アイヌ伝承
～様似町エンルムチャシ～

あるとき、トカチアイヌが攻めてきたので、シャマニアイヌは観音山と塩釜に守りの陣を取った。トカチアイヌはエンルムにチャシを急造し、どちらの軍も動かなかった。ある朝、ウンベの浜にクジラが上がっている（実は打ち寄せた砂山がクジラに見えた）のを見たトカチアイヌは、食糧確保のため、その周りに来た。そこを、シャマニアイヌが攻撃し、勝った。（『様似町史』1962年版 『伝説』所収）

幌泉場所〔えりも町〕
ホロイズミ

範囲：ニカンベツ～サルル番屋ヒタタヌンケ

ポイント 18世紀まで伝統的生産法によるモノを交易。19世紀には、和人によるコンブ漁がさかん。18世紀末に、アブラコマ場所は様似と幌泉に分かれた。

東蝦夷地編

1. アイヌ集落と首長

西暦（元号）	戸数（人口）	アイヌ首長
1670（寛文10）年	オタヘツ 5～6 ヌルヘツ 4～5	
1810（文化7）年	45（177）	㊈㊁ヘチヤントカ ㊈㊉トツイクシテ ㊋イナンキロ
1822（文政5）年	39（173）	
1854（安政元）年	28（115）	
1863（文久3）年		㊈㊁ハエヘク ㊁イタクチヤロ ㊋イフイサン

※1799年に東蝦夷地各場所が幕府「直轄」になって、アブラコマ場所は様似場所と幌泉場所に分かれた。

2. 知行主

西暦（元号）	知行主
1670（寛文10）年	松前藩主※1　蠣崎蔵人※2
1801（享和元）年	蠣崎蔵人

※1：タモシ。　※2：オタヘツ。

ホロイズミ（えりも町）

3. 運上金と場所請負人

西暦（元号）	運上金（両）	場所請負人	
1786（天明6）年	50	薬屋太兵衛	ここまでアブラコマ場所の一部
1791（寛政3）年	65	浜屋久七	
1801（享和元）年	200		ここから幌泉場所
1812（文化9）年	985	嶋屋佐次兵衛	
1820（文政3）年	808	高田屋金兵衛	
1822（文政5）年	808	高田屋金兵衛	
1826年（文政9）	808	高田屋金兵衛	
1841（天保12）年	608	福島屋清兵衛	
1854（嘉永7）年	608	福島屋嘉七	
1861（文久元）年	608	杉浦嘉七	
1867（慶応3）年	608　㊩159永100文 1864年㊙3850	杉浦嘉七	

4. 産物

	西暦（元号）	主な産物
アブラコマ場所	1739（元文4）年	サメ油、アブラメ（魚）、品縄
	1784（天明4）年	干サケ、サメ殻、魚油、シカ皮
幌泉場所	1809（文化6）年	タラ、鮪、サメ、フノリ、コンブ、チカ魚、粕、雑魚粕、赤魚粕、魚油、シイタケ、ワシ尾、早伐
	1863（文久3）年	タラ、サケ、マス、フノリ、サメ殻、コンブ、シイタケ、サバ、ナマコ

5. アイヌの生活（19世紀初頭）

アイヌの人たちの暮らし方は、春夏秋冬とも水産物少々。

春夏のうちに食物になる草類を取り、魚類を干し、魚油も少し、コンブも少し取って、冬の暮らし分に貯える。

薪は山へ行って、枯木を取り、生木のうち木の枝ばかりを取る。

浜辺に下り、寄木を拾うのは、女性・子どもである。

春夏は海辺に出て小屋を建て、魚類・フノリ・コンブを取り、秋はコンブを拾い、会所に行って、米・酒・たばこなどと交易し、妻子を養う。冬は山中へ引きこもるが、集落を作ることなく、それぞれ小屋を建て、夏冬ともにそこに住む。

6. 歴史

（1）17世紀
①アイヌ集落は小さかったが、シャクシャインの戦いで商船を討った（『津』）。

（2）18世紀
①1799年、アブラコマ場所は様似場所と幌泉場所に分かれた。

（3）19世紀
①アイヌの人口は減少。運上金は高かったが、下落していった。

②『東誌』によると、コンブを求めて、和人の出稼ぎが多く来るようになった。

※松前から見て、ここが「口蝦夷」と「奥蝦夷」の境になる。

事件 シャクシャインの出生地

シャクシャインは静内（新ひだか町）の首長として有名だが、出身地はエリモのアブラコの野である。さまざまな活動をするので、金山奉行秋山庄右衛門がシブチャリに行かせた。ここから、シャクシャインはメナシクルとハエクルの争いに加わることになる。

十勝場所〔十勝地方全域〕

範囲：ヒタタヌンケ〜チヨクシヘツ（クスリ場所）

ポイント　広尾に運上屋が置かれ、広大な十勝地方を場所とした。19世紀半ばまで、和人の力が及ばず、アイヌの伝統的生活を送った。

東蝦夷地編

1. アイヌ集落と首長

西暦（元号）	戸数（人口）	アイヌ首長
1670（寛文10）年	10[※1]	シリテシ
1808（文化5）年	254（1034）	※右表参照
1822（文政5）年	171（1099）	
1856（安政3）年	195（1128）	

※1：1670年の戸数は、広尾周辺のみの戸数だろう。1808年以降は、十勝地方全体の戸数・人口である。

〈1808年の各地域の首長〉

地名	アイヌ首長
美樓	㊁乙トマクシテ 並乙イカリサマ
東武井	脇乙ノボリクワ
ヲホツナイ	㊁乙コトカアイノ
ヤマワカ	並乙イタクロクム
サルベツ	並乙イクレンナ
ヲヘレヘレ	並乙イシレンクシ
サヲロフト	並乙シシクマ
エウトウ	並小小ミカワ

2. 知行主

西暦（元号）	知行主
1739（元文4）年	蠣崎内蔵丞
1784（天明4）年	蠣崎蔵人
1786（天明6）年	蠣崎蔵人
1801（享和元）年	蠣崎蔵人

3. 運上金と場所請負人

西暦（元号）	運上金（両）	場所請負人
1739（元文4）年	年々不同	
1786（天明6）年	70	浜屋久七
1799（寛政11）年	100	
1801（享和元）年	100	
1813（文化10）年	355	1812年は近江屋三郎次
1820（文政3）年	149	大阪屋卯助
1822（文政5）年	149両1分	大阪屋宇助
1825年（文政8）	200　㊎50両2分	福島屋嘉七
1841（天保12）年	210	福島屋清兵衛
1854（安政元）年	210	福島屋嘉七
1854〜60年（安政頃）	300両2分　㊎1500	福島屋嘉七
1867（慶応3）年	210　㊎90両2分永150 1864年㊎1500 1867年㊎300	杉浦嘉七

トカチ（広尾町）

4. 産物

西暦（元号）	主な産物
1739（元文4）年	干サケ名物、鷲の羽、塩鶴たくさん、シカ皮、クマ皮類たくさん
1784（天明4）年	タラ、油、シカ皮、同腹籠皮、アツシ、クマ皮、同胆、ラッコ
1808（文化5）年	コンブ、ブリ、タラ、カスベ、カレイ、サメ皮、アツシ
1863（文久3）年	コンブ、フノリ、ブリ、タラ、イワシ、サバ、カレイ、サケ、マス、シイタケ

5. アイヌの生活（19世紀初頭）

　　男は春はタラ、鮊（白魚）を釣り、フノリを取り、夏はコンブを取り、秋はブリ漁をし、冬は稼ぎなく、トカチの山へ帰って越年する。女はアツシを織って産物とし、キナの莚、スダレなど場所で使うものを編む。

　　食物はときどき漁労をし、食料とする。昔からトカチ川筋でアワ・ヒエを少々作り、冬分の食料とする。あるいは、ウバユリ、ギョウジャニンニクなどを干製にして貯え、アワ・ヒエともに食べる。（中略）保呂泉領のショヤは、十勝場所からの出稼ぎの場所で、フノリ、コンブを取り、産物に出す。

6. 歴史

（1）17世紀
　　① 1635年、トカチ・ウンベツの金山を開いた（『家』）。
　　② 1643年、トカチとシラヌカが結び、クスリ、アッケシと対立していた（『フ』）。
　　③ シャクシャインの呼びかけに応じ、和人の商船を襲撃した（『津』）。

（2）18世紀
　　① 1717年のトカチの産物は、ツルであった（『松』）。
　　② 十勝場所の運上屋は、広尾にあった。
　　③ 産物はシカ皮、クマ皮など、アイヌの狩猟を生かしたモノであった。

（3）19世紀
　　① 人口が微増。人口が1000人強なのに、運上金は200両前後。場所請負制に組み込まれないアイヌが多数いたということか。
　　② 1850年頃までは、和人の出稼ぎも入らなかった（『東誌』）。

記録 17世紀半ばのトカチアイヌの服装

　　小舟の中にいたアイヌの男2人と若者1人は麻の粗衣をまとい、その上に毛皮衣を着ていた。このうち二人は耳に穴をあけて紐をさげ、一人は金と銅が混じった耳輪をさげていた。かれらは柄と鞘に銀の飾りをつけた腰刀を腰にさげ、手に弓と毒矢ももっていた。（『フ』）

アイヌ伝承
～英傑カネラン～

　　トカチの陸別にカネランという首長がいた。北見の藻琴の出身て、雷の子孫と言われた。カネランのチャシ（砦）は陸別川と利別川の合流する少し上の、ウエンナイにあった。釧路から山越えするアッケシ軍を迎え撃って破ったという。（小谷地吉松伝　『伝説』所収）

アイヌ伝承
～コロポックル～

　　アイヌ伝承の中に、「フキの葉の下にいた人」という意味のコロポックル伝承がある。かれらは、堅穴住居に住み、土器や石器も使っていたと言う。松浦武四郎『久摺日誌』『十勝日誌』にこの伝承が見え、クスリ・トカチ地方に残った伝承てあることがわかる。

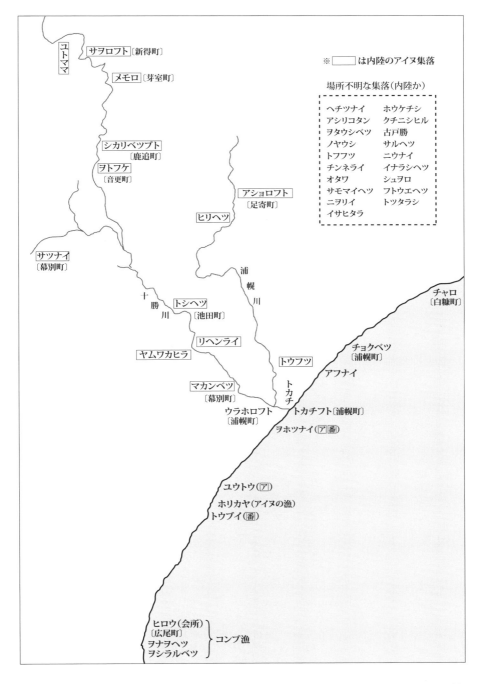

白糠場所〔白糠町・釧路市（音別）〕

範囲：

ポイント 18世紀末まで狩猟生産物を交易にまわした。19世紀初頭に、久寿里場所に吸収された。

1. アイヌ集落と首長

西暦（元号）	戸数（人口）	アイヌ首長
1670（寛文10）年	10	
1786（天明6）年		㋜コタカ ㋛チヤラ
1809（文化6）年		㋶㋜コタカ ㋜シカヤンクル ㋛コタナンクル他
1863（文久3）年	32（300余）	㋜ヨホント

2. 知行主

西暦（元号）	知行主
1739（元文4）年	飛内儀右衛門
1784（天明4）年	飛内亀右衛門
1786（天明6）年	飛内亀右衛門
1801（享和元）年	飛内亀右衛門

3. 運上金と場所請負人

西暦（元号）	運上金（両）	場所請負人
1739（元文4）年	不同	
1786（天明6）年	40	材木屋藤右衛門
1791（寛政3）年	60	大和屋惣兵衛
1799（寛政11）年	50	
1801（享和元）年	75	

4. 産物

西暦（元号）	主な産物
1739（元文4）年	干サケ、鷲の羽、シカ皮、クマ皮
1784（天明4）年	タラ、油、シカ皮、クマ皮、クマ胆、アッシ

アイヌ伝承
〜音別のカラス〜

昔、アッケシのアイヌが、舟でシラヌカのコタンを攻めてきた。シラヌカアイヌが不利になり、音別と白糠の間の沼で多くの人が戦死した。その屍体にカラスがたくさん集まって騒いだので、この沼をパシクル（アイヌ語でカラスの意味）と言った。このとき、シラヌカ首長が毒矢に当たって仆れ、その血で川が真っ赤になったので、川の名をフレナイ（赤い川）と名づけた。（貫塩喜蔵伝『伝説』所収）

5. アイヌの生活（19世紀初頭）
　『各』が記された1810年前後には、久寿里場所の一部になっていて、データなし。

6. 歴史
（1）17世紀
　①『フ』によると、1643年、トカチとシラヌカが同盟し、クスリ、アッケシと対立した。
　②シャクシャインの戦いでは、和人の商船を襲撃した（『津』）。これは、シャクシャインの戦いに参加した最東端となる。
（2）18世紀
　①産物は、アイヌの伝統的な狩猟によるモノである。
（3）19世紀
　①運上金は微増したが、1802年に久寿里場所の一部になった（『各』）。
　②19世紀半ばには、畑作が広がった。石炭を掘るようになった（『東誌』）。
　③『聞取』によると、シラヌカアイヌは石狩国より十勝国に移り（他の箇所で、十勝郡ヲヘツコナシとする）、各所に散居したと言う。

〔遺跡〕オタフンペチャシ
　浦幌町直別にある丘頂型（お供え餅型）のチャシである。シラヌカアイヌがチャシにこもったが、アツケシアイヌがシラヌカアイヌを打ち破ったという伝承を持つ（『遺』）。

東蝦夷地編

シラヌカ（白糠町）

久寿里場所〔釧路川流域〕
（ク ス リ）

範囲：酌別〜善方地、モセウシ

ポイント	内陸の産物がクスリ川口に集められ、交易した。18世紀半ばまで独立性が強かった。

1. アイヌ集落と首長

西暦（元号）	戸数（人口）	アイヌ首長
1670（寛文10）年	24	コタンユルカ
1786（天明6）年		㊁タラゲシヨ　㊙クコマウ
1809（文化6）年	309（1384）	㊁ヘケレニシ　㊙アサヰカフ、クワカアヰノ他
1822（文政5）年	274（1349）	
1856（安政3）年	271（1298）	㊁メンカクシ

〈クスリ場所全域のアイヌ首長と人口〉

地名	1809年の首長（各）	1857年の人口（人）（『入北記』より）
クスリ	㊁ヘケレニシ ㊙アサイカフ ㊙イコランワル ㊙クロカアイノ	347
シラヌカ	㊨㊁コタカ ㊁シカヤンクル ㊙コタナンクル ㊙シラリカメク　他	292
ヘツシヤフ	㊙コンネ	37
マタイトキ	㊁チニコキル	13
センホウシ	㊙シカアイノ	46
トウロ	㊁モンシト ㊙イコロコツ	106
シヘチヤ	㊁イコンレリツ ㊙ランコサマ	24
ニシヘツ	㊁サケリイラ	52
ケネベツ	㊁トキヒシケ ㊙カキホリ	（ホンケネ） 94
アハシリ	㊨㊁ヘツテカニ ㊁ハウイチヤク ㊁ヲトヘニンカリ ㊁コサンチヤロ　他	196
アシヨロ	㊁チヤイトハレ ㊙クシコノンケ	84

クスリ（釧路川）

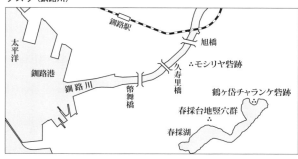

〔遺跡〕モシリヤチャシ

お供え餅型のチャシ。1750～60年代に実在した首長トミカラアイノが築造したという。ここで、根室・厚岸・十勝のアイヌと戦って勝利した（『遺』）。

東蝦夷地編

2. 知行主

西暦（元号）	知行主
1670（寛文10）年	蠣崎蔵人※1
1717（享保2）年	松前藩主
1786（天明6）年	松前藩主
1801（享和元）年	松前藩主

※1：津軽藩地図より。

3. 運上金と場所請負人

西暦（元号）	運上金（両）	場所請負人
1786（天明6）年	50	飛騨屋久兵衛
1799（寛政11）年	135両2分	
1801（享和元）年	130	
1813（文化10）年	1352（含むシラヌカ）	
1820（文政3）年	850（含むシラヌカ）	川内屋長三郎 近江屋九十郎
1822（文政5）年	450	米屋孫兵衛
1841（天保12）年	560（含むシラヌカ）	米屋孫兵衛
1854（安政元）年	560（含むシラヌカ）	米屋孫右衛門
1861（文久元）年	560（含むシラヌカ）	米屋喜代作
1867（慶応3）年	560　㊦129両2分 ㊤2200（含むシラヌカ）	佐野孫右衛門

4. 産物

西暦（元号）	主な産物
1739（元文4）年	干サケは名物、クマ皮たくさん、ワシの羽、干タラたくさんだが質が悪い、サメ油、塩鶴
1784（天明4）年	干サケ、サメ、蝶サメ皮、クジラ、タラ、アサリ、カキ、アツシ、アザラシ皮他
1809（文化6）年	ワシ尾、タラ、カスベ、サメ、蝶サメ、アタツ、ニシン、白子、数の子、漁油、コンブ、アツシ、シイタケ、クマ胆、クマ皮（各）
1863（文久3）年	サケ、コンブ、タラ、イワシ、ニシン、サメ、タコ、アザラシ、ワシの尾、シイタケ、クマ皮、アツシ、シウキナ、シシャモ、チカ粕

157

5. アイヌの生活（19世紀初頭）

　男は三月下旬より、タラ・カスベ・サメ・シイタケを取る。夏はコンブを取る。秋はクスリ川口にてサケを取る。冬は西別へ行き、サケを取る。あたつ[※2]にし、ホンケネベツで鷲狩りをし、どれも産物に出す。女は漁場の手伝いをし、アツシを織り、キナのすだれを編んで、産物に出す。

　食べ物は、その季節の魚、ウバユリ、ギョウジャニンニク、シケレベ[※3]を取って、食料とする。

※2：魚を細かく切って干したもの（『庶』）。

※3：シコロ（キハダ）の実（『萱野茂のアイヌ語辞典』）。

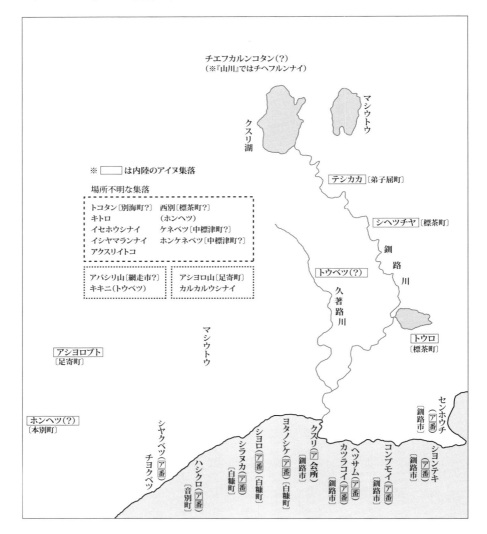

6．歴史

（1）17世紀

① 1643年の時点で、クスリはアッケシと同盟し、シラヌカ、トカチと対立していた（『フ』）。

② 1669年の首長は、シャクシャインの妹婿のコタユルシカだが、シャクシャインの戦いには、参加しなかった（『津』）。

（2）18世紀

① 1717年のクスリの産物は、ワシ尾であった（『松』）。

② 1737年、松前藩とトラブルになり、交易船を追い返した（『北』）。

③ 1756年、クスリ、トビカラ上下17人が松前藩主に「謁見」した（『抄』）。

④ 1770年代、飛騨屋久兵衛が場所請負人になったが、飛騨屋はクナシリ・メナシの戦いの責任で、請負場所を取り上げられた。

（3）19世紀

① 江戸幕府は、19世紀初頭の時点で、釧路川一帯のアイヌ人口を把握していた。

前近代アイヌ列伝　首長ムンケケ

久寿里場所の第三首長ムンケケの息子は、髪を和風に改めさせられ、富太郎と名付けられた。同場所の役人は髪形を和風にせよと言い、アイヌが毎日のように捕えられた。ムンケケは役人の前に行き、「先祖に対して申し訳ない」と言って切腹しようとした。役人はその意気込みに捕えるのをやめた。一時は久寿里場所1326人のうち、483人が髪形を改めさせられたが、結局、髪を結ったアイヌは3人だけとなった（『近』）。

東蝦夷地編

アイヌ伝承
～クルムセとの戦い～

クスリのトオヤの首長は始祖がキラウコロエカシ、3代目のカネキラウコロエカシのとき、東方のクルムセという勢力がクナシリ、ハボマイ、ネムロを落とし、攻めてきた。釧路川の各首長は協議し、カネキラウコロエカシを代表として、戦うことにした。アッケシ、北見、トカチ、ピエイ（旭川付近）からも馳せ参じた。戦いが始まって二年目の秋頃から、クルムセ国に地震が続き、山が噴火し、三年目、クルムセ軍を打ち破った。（山本多助『阿寒国立公園とアイヌの伝説』『伝説』所収）

久寿里アイヌ首長系図

ヲニトムシ

┬ トミカラアイノ
（根室・厚岸・十勝から攻撃を受ける）
（ニシベツに移住）

└ トミチアイノ
（シラリウトルの城を築く）
（シャリ・根室と戦う）

タサニサ
（サルシナイの城に住む）
（1791、1802年首長）

ヘケレニセ……（数代）……メンカクシ
（ヌサウシの城に住む）

（『東誌』より）

厚岸場所(アツケシ)〔厚岸町・浜中町・根室市〕

範囲:モセウシ〜チヨウフレ(海岸)、ヲイナオシ(山路)

ポイント 松前との交易を重視した17世紀、和人と対立した18世紀、国泰寺が造られ、和風化を受け入れるか揺れた19世紀。

1. アイヌ集落と首長

西暦(元号)	戸数(人口)	アイヌ首長
1643(寛永20)年		ノイヤサク
1670(寛文10)年	(80)	オクマカイン
1786(天明6)年		㊁イコトイ ㊢シモチ　㊢イコンノシケ
1809(文化6)年	173(874)	
1822(文政5)年	164(804)※1	
1856(安政3)年	48(206)※2	

※1・2:『近』より。

アツケシ(厚岸町)

2. 知行主

西暦(元号)	知行主
1670(寛文10)年	前田九郎左衛門※3
1717(享保2)年	松前藩主
1786(天明6)年	松前藩主
1801(享和元)年	松前藩主

※3:津軽藩地図より。

3. 運上金と場所請負人

西暦(元号)	運上金(両)	場所請負人
1786(天明6)年	120	飛騨屋久兵衛(御試交易)
1801(享和元)年	80	
1812(文化9)年	1618両3分	米屋藤兵衛
1813(文化10)年	1618両3分	米屋藤兵衛
1818(文政元)年	800	近江屋忠右衛門
1820(文政3)年	1375両2分	畑屋七左衛門
1827(文政10)年	800	栖原六郎兵衛
1841(天保12)年	600	山田屋文右衛門
1854(安政元)年	600	山田屋文右衛門
1867(慶応3)年	600 ㊣136両3分永170文 1864年㊥4750 1868年㊥3250	山田屋文右衛門

解説 チャシはどういう砦だったか

チャシについての最古の史料、『フリース船隊航海記録』(1643年)には、アッケシ附近で見たチャシを次のように記している。

「これは小高いところにあり、そこには急な小道が一本ある。周囲にはわれわれの丈よりやや高い柵があって、これには頑丈な門があり、その中には空家が二、三軒ある。また見張りをする高い足場もあった。」(『明治前:日本人類学・先史学史』より)

4. 産物

西暦(元号)	主な産物
1739(元文4)年	クジラで石焼、サメ油たくさん、干タラたくさん、ラッコ皮、ワシ羽、クマ皮たくさん、10年で2万2千両のエゾ松
1784(天明4)年	干サケ、サメ、蝶ザメ皮、クジラ、アサリ、タラ、カキ、アツシ、アザラシ皮、シカ皮、ニシン、魚油
1809(文化6)年	ニシン、タラ、マス、サケ、あたつ、サメ、シイタケ、コンブ、カズノコ、白子、笹目※4、目切、魚油、しめ粕、ワシ羽、皮類、アツシ

※4：魚のエラ(『方言』)。

5. アイヌの生活（19世紀初頭）

　男は春、海面の氷が解けるのを待ってニシン漁をする。引き続いてタラを釣り、シイタケを拾う。夏はマス漁、コンブを拾い、秋はサケが川を登るのを（取って）、食料とする。引き続いて、チカ漁、ニシン漁を、海面がこおるまで行う。寒い時期はワシを取り、尾羽を交易に出す。女は漁業を手伝い、キナ、アツシを織って、稼ぎとする。ニシン漁を重視の場所である。

　食物は雑魚、牡蠣、ホッキ貝等、ウバユリ、キトビルの根を掘って、食料とする。幕府直轄地となり、米を皆よろこび、食べる。

解説　ワシ羽

　十勝・釧路・根室地方は18世紀前半までワシ羽の産地だった。一方、12世紀前半〜13世紀前半の竪穴住居は北海道オホーツク海沿岸と道東地方に多かった。これはアイヌ（擦文人）がワシ羽を手に入れ、和人と交易していたことに関係するのか。

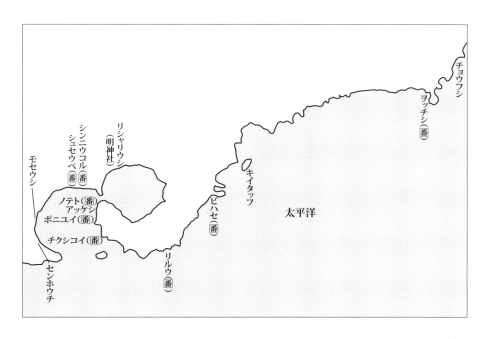

6. 歴史

（1）17世紀

① 1643年の時点で、クスリと同盟し、シラヌカ、トカチと対立していた。文献上初のチャシ（砦）の記録が見える（『フ』）。

② 商場船を通して、1643年にオランダ船（フリース船隊）が来航したことを知っており、この時には、商場があったのだろう（『年』）。この時期の商場はアッケシが東端か。

（2）18世紀

① 1737年には、松前の交易船を拒否（『北』）。松前の和人から見たら、アッケシの湊は「蝦夷第一」だと言う（『商』）。

② アッケシアイヌはカムチャッカ半島まで交易往来した時代もあった（『拾』）が、ロシアの南下で不可能になった。場所請負人・飛騨屋久兵衛に対しても拒否したが、ジリ貧になり、受け入れた。

③ アッケシ首長イコトイは、クナシリ・メナシの戦い（1789年）では、止め役になった。

（3）19世紀

① 幕府直轄になると、1804年、アッケシに国泰寺が造られた。

② 1850年、イギリス国人32人がアッケシの麻比呂に漂着した（『門』）。

③ 一部のアイヌに和風化が広がった（『近』）。

アイヌ伝承
～疱瘡神カスンデ～

アッケシのカスンデは北見湧別の有名なエクレシュイの一族の首長が持っていた宝物を手に入れようとした。そこで、エクレシュイをそそのかして、その首長を殺したが、首長の一族が仇討ちをした。カスンデが生き返ったので、彼の上顎と下顎を別々にしたため、その祟りで、クスリ・アッケシのアイヌは疱瘡にかかって死に、残ったものは津波にさらわれた。（吉田巌輯「人類学雑誌」29巻10号 『伝説』所収）

前近代 アイヌ列伝　イコトイ

アッケシの総首長である。1773年にはクナシリのツキノエとともにウルップ島でロシアと交易を行った。だが、1789年のクナシリ・メナシの戦いでは決起軍を止める役に徹した。松前藩に協力したということで蠣崎波響『夷酋列像』に肖像を描かれている。

解説　和人の出稼ぎ労働者の出身地

佐藤宥紹氏は、クナシリ・メナシの戦いの和人犠牲者71人のうち、42人が青森県下北郡の村落の出身者であることを突き止めている。また、国泰寺の過去帳から、それ以降の下北半島出身の和人の犠牲者を確認している。

和人（＝加害者）、アイヌ（＝被害者）とのみステレオタイプに見たとき（大勢ではその見方は正しいが）、出稼ぎをせざるを得なかった、東北地方北部の零細漁民の悲哀を見失ってしまう。

[見学] 厚岸町郷土館（国泰寺の資料がある）

前近代 アイヌ列伝　豪勇の金太郎

金太郎はイコトイの孫。幕府の再直轄を喜び、髪を和風にし、日本語も使った。「最近、アメリカやイギリスの船が来るので、また直轄になるだろう」と読み、片仮名や平仮名を学び、家には国泰寺の大般若経の札を貼っていた（『近』）。

根室（ネムロ）（キイタップ）場所〔根室市、別海町、標津町、羅臼町〕

範囲：チヤウフシ〜（西蝦夷地シヤリ）シレトコ崎

ポイント | 18世紀半ばまで、キイタップ場所が松前商船と千島アイヌが交易をする拠点であった。19世紀にはアイヌ人口が激減した。

1. アイヌ集落と首長

西暦（元号）	戸数（人口）	アイヌ首長
1786（天明6）年		㋑ションコアイノ ㋙ノチクシヤ　㋛ニシヤブロ
1809（文化6）年	313（1219）	
1822（文政5）年	（891）※1	
1858（安政5）年	（580）※2	

※1・2：『近』より。

2. 知行主

西暦（元号）	知行主
1717（享保2）年	松前藩主
1786（天明6）年	松前藩主
1801（享和元）年	松前藩主

3. 運上金と場所請負人

西暦（元号）	運上金（両）	場所請負人
1786（天明6）年	80	飛騨屋久兵衛 （御試交易）
1801（享和元）年	1022	
1812（文化9）年		材木屋土郎右衛門
1813（文化10）年	5630両3分	高田屋金兵衛
1818（文政元）年	3000　他60	高田屋金兵衛
1820（文政3）年	3600	高田屋金兵衛
1827（文政10）年	3000	高田屋喜兵衛
1841（天保12）年	3000	藤野喜兵衛
1854（安政元）年	2500	柏屋喜兵衛
1857（安政4）年	2500	藤野喜兵衛
1867（慶応3）年	800　㋒118両1分永150文 1864年㋿500 1867年㋿1700	藤野喜兵衛

シベツ場所　会津藩領分

西暦（元号）	運上金（両）	場所請負人
1867（慶応3）年	1700　㋒251 ㋿6000だったのが3000に	山田寿兵衛

〈1809年のアイヌ集落〉

- シヤモロタン
- ノツカツフ
- ネムロ
- ホロムシリ
- ヲンネトウ
- ヘトカ
- フウレン
- ヘツカイ
- ハラサン
- シユラベツ
- サキムイ
- ウエンベツ
- シユムカルコタン
- マカエウシ
- チカフコエキウシ
- シヤシルイ
- ルシヤ

東蝦夷地編

4. 産物

西暦（元号）	主な産物
1739（元文4）年	クジラ石焼、サメ油、干タラ、ラッコ皮、ワシ羽、クマ皮
1809（文化6）年	外割ニシン、カズノコ、シラコ、笹目、干タラ、サメ殻、シイタケ、イリコ、マス油、マスしめ粕、塩サケ、サケ、あたつ[※3]、ワシ羽、クマ胆、クマ皮、カワウソ皮、キツネ皮、テン皮、リス皮、アザラシ皮

※3：魚を細かく切って干したもの（『庶』）。

5. アイヌの生活（19世紀初頭）

男は春3月上旬よりニシン漁にかかり、ニシンを製して干すことを外割と言う。子を干し上げ、カズノコ、シラコを仕立て、えらを干し上げたのを笹目と言う。タラ、サメ漁もあり、夏はシイタケを取る。イリコも少しある。マス漁は数ヶ所に引網をして、油を取り、粕を干し立てる。8月よりはサケ漁にかかり、塩引として年内に江戸へ積廻すのを、秋味と言う。（中略）10月よりは、アイヌは川上に上り、サケを取って食料に貯え、多い年はあたつサケと言って、交易にも出す。寒中から春にかけて、雪中の川筋でワシを捕え、山に入って獣を狩り、氷海に出てアザラシを取り、肉を食べ、尾羽革を交易に出す。

女は漁の手伝いをし、アッシを織って、男女着用するが、アッシ不足の土地なので、多くはキナあるいはスダレを織ることを業として暮らす。

キイタップ(浜中町)　　　　キイタップより東は低草地帯。

6．歴史
(1) 17世紀
① 1618年、メナシ方面から毎年100隻近くの船が、干鮭、ニシン、ラッコ皮を松前に持ってきて売った(『ア』)。
② 1644年、メナシのアイヌが田名部(青森県)に来て、盛岡藩主に活鶴を「献上」した。このとき、ラッコ皮2枚も売った(『盛岡藩雑書』)。

(2) 18世紀
① 1701年、松前の大船が初めてキイタップに行った(『福』)。
② 1717年のキイタップの産物は、ツル、ワシ尾であった(『松』)。
③ 18世紀前半には、ラッコ島(通常はウルップ島を指す。『商』によると、クナシリ島のアイヌが往来したと言う)のアイヌが、キイタップにラッコ交易に来た。独立意識が強く、松前との交易を拒否することもあった(『北』)。ここが和人往来の東端だった(『商』)。
④ 1789年にクナシリ・メナシの戦いが起きた。
⑤ 「御試交易」を経て、1790年代に交易所をネムロに移し、根室場所となった。
⑥ 1797年、ネムロ首長ションコアイノらがウルップ島に行き、ロシアの書簡を受け取った。ションコアイノはアッケシの松前家来に渡した(『後』)。

(3) 19世紀
① 19世紀には、運上金が急増し、アイヌ人口が激減した。

アイヌ伝承
～根室市ホニオイチャシ～

昔、クリル(千島)アイヌが来攻し、宝物や「奴僕」を奪い去ったことや、穂香で戦ったと伝わる。(北海道庁『北海道史蹟名勝天然記念物梗概』『伝承』所収)

解説　ラッコ交易

メナシ地方のアイヌは、ウルップ島でラッコ皮を得て、松前や青森方面に持って行って、売っていた。ラッコ皮記事の初見は、1423年に津軽安藤氏が5代将軍足利義量に献上したというものである。ラッコ交易を行ったメナシアイヌは、アッケシ、キイタップ、根室海峡沿岸など、広範囲の地域や人々だっただろう。

事件　クナシリ・メナシの戦い Ⅰ

あまりに過酷な漁場労働に、クナシリ・メナシの若いアイヌたちが決起したのが1789年。メナシ地方では国後水道のウエンベツ、サキムイ、クンネベツ、コタヌカ、チウルイ、シベツにいた和人を襲撃した。

しかし、長老のアイヌたちが決起の困難を説得し、若者たちは矛を収めた。決起した人々はノッカマプで「処刑」された。クナシリ・メナシの戦いは、ロシアの勢力がカムチャッカ半島から南下していく中で起きた事件であり、この地域のアイヌはロシアと日本の圧迫を受けていた。

東蝦夷地編

国後場所〔クナシリ島〕

ポイント　18世紀後半に和人商人が侵出。クナシリ・メナシの戦いで敗北し、日本の経済圏にされた。19世紀半ばには過酷な漁場労働に苦しめられた。

1. アイヌ集落と首長

西暦(元号)	戸数(人口)	アイヌ首長
1670(寛文10)年	(300人程)※1	モシニシヨアイン モノクシヤイン
1786(天明6)年		⑫サンキチ ㊅ツキノエ ㊉ウテクンテ
1809(文化6)年	133(552)	

※1：表は『津』の記録だが、同じ書に人口は60人で、首長はトノムシヤインという記録もある。

2. 知行主

西暦(元号)	知行主
1786(天明6)年	松前藩主
1801(享和元)年	松前藩主

3. 運上金と場所請負人

西暦(元号)	運上金(両)	場所請負人
1786(天明6)年		飛騨屋久兵衛
1801(享和元)年	176両2分	
1813(文化10)年	2330	
1820(文政3)年	1350	柏屋喜兵衛
1841(天保12)年	1000	藤野喜兵衛
1854(嘉永7)年	500	藤野喜兵衛
1867(慶応3)年	500 1864年㊢570両3分 永400文	藤野喜兵衛

〈1786年のアイヌ集落〉

オトシルベ(運上屋あり)
ヘトリリ
セシキイ
トビウ
チヤシユ
ルロイ
アトイヤ(エトロフ島に渡る)
ビラウ
オンネベツ
チクニ
ハウキ
ケラムイ　　　　(『拾』より)

『拾』より。

〈1809年の番屋〉(戸数・人口がわかっている地のみ記す)

トマリ(会所)(アイヌは45軒195人)
(東海岸)
フルカマフ(14軒53人)
チクニ
(西海岸)
ヘトカ(19軒75人)
セセキ(17軒67人)
チフカルヘツ(21軒89人)
ヲンネトウ
シベトロ

『各』より。

4. 産物

西暦(元号)	主な産物
1784(天明4)年	干タラ、サメ、蝶サメ皮、クジラ、アサリ、タラ、カキ、アツシ、アザラシ皮、同腹子、シカ皮、ニシン
1809(文化6)年	ニシン、カズノコ、笹目、タラ、カスベ、サメ殻、マス、マスしめ粕、マス油、アザラシ油、サケ、クジラ、クジラ油、干カ、しめ粕、ワシ尾、クマ皮、クマ胆、アザラシ皮

5. アイヌの生活（19 世紀初頭）

　男女ともに春はチカ、ニシン漁をし、夏はマス漁にかかり、秋はサケ漁を行う。その合間にいろいろな漁事をする。冬は山に入り、焚用の材木と薪を伐り、雪中 2 月にその材木をそりで会所や番屋まで運ぶ。

　アイヌの食料は魚肉が主で、冬春の間は海川が凍るため、漁業もできず、マス、サケ、ニシンの類を干して貯える。そのほか、百合の根やギョウジャニンニクを乾糧にし、鳥獣を食料とする。

　アイヌの衣服は、日本より木綿の古着を主として、其の外、アツシ、クマ皮、アザラシ皮、犬の皮などを着る。

　軽物のワシ尾を捕るのはヲンネベツで、11 月末より正月下旬まで各地域から首長たちが人数を決めて集める、雪中の仕事である。クマ猟も同様に人数を集め、正月中旬より行う。アザラシは冬から春の海が凍る時期に行う。何れも肉は食料、毛皮、羽の類は交易に出す。

解説　1643 年、オランダのフリースの見たクナシリアイヌの生活

- 堅穴住居
- みな毛皮衣。男は銀の耳輪、銀装の腰刀。
- 弓矢を手に持ち、矢筒を頭から下げる。
- クシロ・トカチ・ラッコ島を知っている。
- 魚類を中心に食べる。

東蝦夷地編

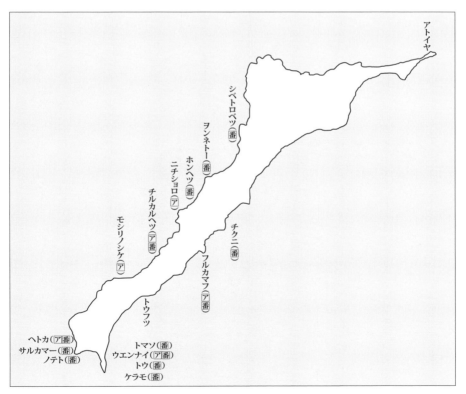

6．歴史

（1）17世紀

① 1643年、オランダのフリース船隊がクナシリ島に到着した（『フ』）。

（2）18世紀

① 1731年にクナシリ・エトロフ島の首長が、初めて松前に「朝貢」した（『家』）。

② 1754年に場所設置。

③ 1771年、ラッコ島でロシア人が大船60人で来航、鉄砲を持ってラッコ狩を始めたので、アイヌが加勢してほしいと、鍔・ラッコ皮2張持ってきた（『抄』）。

④ 1773年、東蝦夷地4場所とソウヤ場所を飛騨屋久兵衛に引き渡した（『抄』）。

⑤ 1774年に飛騨屋が漁場経営を始めようとしたが、首長ツキノエが拒否した。1782年に場所を受け入れたが、非人道的な漁場労働のため、1789年、クナシリ・メナシの戦いとなった。

（3）19世紀

① 〈1786年のアイヌ集落〉と〈1809年の番屋〉に見るとおり、アイヌ集落はクナシリ・メナシの戦いの後、和人の漁場経営に合わせた形に変えられたようだ。

② 『近』によると、アバシリからクナシリへの漁場労働では、20年余りも働かせ、故郷に帰さないと言う。

クナシリ・メナシの首長層系図

```
カモイポンデン
（アッケシ総首長）
    ├──────── イコトイ
    │         （アッケシ総首長）
（妻）ヲッケニ
（チキリアシカイ）

ツキノエ ──────────── セッパヤ
（クナシリ総首長）

サンキチ ──────────── ホニシアイヌ
（クナシリ総首長）
```

川上淳「アイヌ首長層と寛政の蜂起」（根室シンポジウム実行委員会編『三十七本のイナウ』北海道出版企画センター、1990年、48頁）に示された系図を簡略化

前近代アイヌ列伝　ツキノエとセッパヤ

飛騨屋久兵衛が場所を請負ってから、クナシリ総首長サンキチやクナシリのフルカマップ首長マメキリの妻が、運上屋から送られた酒や食べ物を飲食し、すぐに亡くなった。漁場労働の過酷さもあって、マメキリ、サンキチの子ホニシアイヌ、（サンキチの後の）クナシリ総首長ツキノエの子のセッパヤら若手の首長層が決起し、クナシリ・メナシの戦いとなった。しかし、総首長層のツキノエ、ションコ（ノッカマップ）、イコトイ（アッケシ）が決起を中止させた。松前藩に協力することになったツキノエたちだが、結果として自分の子どもたち（セッパヤら）が松前藩に処刑される事態になった。

事件　クナシリ・メナシの戦い　Ⅱ

1789年に起きたクナシリ・メナシの戦い。クナシリ島では、アイヌはフルカマップ、トウフツ、ヘトカにいた和人を襲撃した。

色丹場所〔シコタン島〕

ポイント 1802年に番屋が建った。アイヌは1807年にネムロのハナサキに引越し、漁業をした。

1. アイヌ集落と首長

西暦(元号)	戸数(人口)	アイヌ首長
1807(文化4)年	15(105)	

2. 知行主
データなし。

3. 運上金と場所請負人

西暦(元号)	運上金(両)	場所請負人
1867(慶応3)年[※1]	100(冥加金)	升屋重三郎
1867(慶応3)年[※2]	50(冥加金)	

※1：シコタン島。
※2：シイショ、ユウル、アキルル島。

4. 産物、5. アイヌの生活
データなし。

6. 歴史

(1) 18世紀
① 1786年において、ユルリ島・シコタン島の人口は、詳しくわからない。産物は、キイタップに持って行って交易した。スイショウ島には、商船を泊めることができたが、他は人の住める島はなかった（『拾』）。

(2) 19世紀
① 19世紀初頭には、アイヌの人たちの中で、ネムロのハナサキに移住する者が出てきた。
② 1860年代に、根室場所から独立したようだ。
③ 1860年に仙台藩が「支配」したとき、スイショウ、ユルリ、アキル島は不漁が続き、別段運上金を免じた（『慶応四年蝦夷地御用地留抜萃』）。
④ シコタン島と周辺の島々は無人島だったが、仙台藩は1864年より「開拓」を命じられ、1865年より請負場所となった（『慶応四年蝦夷地御用地留抜萃』）。

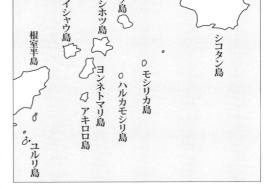

択捉場所〔エトロフ島〕

ポイント ロシアの南下に対応し、政治的な理由で一方的に日本領と宣言した。相当、乱獲したようで、漁場生産は落ち、アイヌ人口は激減した。

1. アイヌ集落と首長
Ⅰ　1800年頃
(1) シヤナ（会所）

番号	集落名	戸数(人口)	アイヌ首長
1	シヤナ（会所）	10(40)	㊗ルリシビ
2	アリムイ	1(6)	
3	アンタンコタン	(20)	㊓ヨクテキ
4	ナヨカ	1	㊓イタクロシケ
5	ナヨマエ	1(8)	

(2) シヤナ郷以外

	番号	集落名	戸数(人口)	アイヌ首長
辺富（ベーブ）郡	6	辺富	10(58)	㊁ヤイリフカツ
	7	セツプメイキルサル	7(42)	㊁フメイリラ
	8	トウロ	8(48)	㊁イトシアイノ
	9	マクヨマイ	8(54)	㊓クシユングル
荒執（シベトロ）郷	10	荒執	18(110)	㊁ベウウク
	11	ヒライト	9(32)	㊁イコルテキ
	12	ベンネベツ	8(46)	㊅イワレカアイ
瑠別（ルベツ）郷	13	瑠別	9(40)	
	14	タネコウモイ	4(35)	
	15	ラウシ	8(48)	㊁シコマロク
生都（オイト）郷	16	生都	18(93)	㊗㊉クテキラ
	17	ニヨロモイ	(30)	㊓モンシビ
内浦（ナイホ）郷	18	内浦	17(78)	
	19	マナイ	2(7)	㊓コタンネマンカラ
	20	タンネモイ	5(29)	㊓ラアキツ
東海辺郷	21	ルチヤラ	2(10)	
	22	ロコウ	4(33)	㊁クテレル
	23	セヤノツ	18(104)	㊁ニシヨンアイノ
	24	トシモイ	9(57)	㊁イベンカ

※白山友正『松前蝦夷地場所請負制度の研究』による。

170

II　1811年

番号	地名	集落規模	首長名		
			乙名	小使	土産取
20	タンネモイ	アイヌ（3軒　18人）	堪次		
19	ママイ	アイヌ（7軒 48人） ナイホからの出張漁場（マス）	◯浅蔵	◯弥惣次 ◯勘助	西之助
18	ナイホ	アイヌ（18軒　98人） 番屋（マス、サケ）	◯蔵吉 ◯年平	◯紋之助	芝助
16	ヲイト	アイヌ（12軒　72人） 番屋（マス、サケ）	◯三次郎 ◯伊三郎	◯与茂作	茂作 亀松
15	ラウシ	アイヌ（5軒　21人） 漁小屋（マス、サケ）			阿部六
13	ルベツ	アイヌ（13軒　58人） 番屋 アイヌ（12軒　58人。ヲンネベツより移住）		◯類八 ◯平助	乙松
2	アリモイ	アイヌ（21軒　100人） 番屋（ニシン、マス）	◯弁助 ◯五助	◯徳助 ◯三助	奈助
1	シヤナ	アイヌ（24軒　122人） 番屋（ニシン、マス、サケ）	◯三蔵 ◯力助	◯寅之助 ◯幾助（他 2人）	何平 八重作
4	ナヨカ	漁小屋（マス）			
6	ベトブ	アイヌ（11軒、62人） 番屋（マス、サケ）	◯關六 ◯倉助		新吉
	ベッチヤキ	漁小屋、アイヌ（6軒、32人） マス、サケ	◯蔵助		円次
	チプユキル	元、アイヌ集落で、川上で冬、ワシ猟			
8	トウロ	元は番屋、アイヌ集落。ヲトイマウシへ 移住。漁小屋、マス、ベニマス、サケ			
18	ナイホ	元はアイヌ集落。ヲトイマウシへ移住			
	アシリベツモイ	元はアイヌ集落。ヲトイマウシへ移住			
	ヲトイマウシ	アイヌ（19軒、83人） 番屋		◯時平 ◯作助 ◯徳平	桃太郎 半次 卯六
9	マクヨマイ	元はアイヌ集落。ヲトイマウシへ移住			
	ホイホシリイト	元はアイヌ集落。ヲトイマウシへ移住			
10	シベトロ	アイヌ（28軒。182人） 番屋（マス、サケ）	◯可助 ◯西助 ◯錢助	◯蘭平 ◯板吉	板六 歌右衛門 金太郎 （他2人）
12	ヒンネベツ	元はアイヌ集落。シベトロへ移住			
	ブユニ	元はアイヌ集落。シベトロへ移住			
24	トシモイ	元はアイヌ集落。西浦へ移住			
	ヲンネベツ	今はアイヌ集落なし			
	リヤウシ	タンネモイから越年に来る者がいる			

※ⅠとⅡの変遷がわかるように、重なる地域を番号で示した。

2. 知行主

データなし。

3. 運上金と場所請負人

西暦（元号）	運上金（両）	場所請負人
1820（文政3）年	2000	高田屋金兵衛
1822（文政5）年	1000	高田屋金兵衛
1841（天保12）年	1000	
1854（安政元）年	1000	伊達林右衛門 栖原大右衛門
1857（安政4）年	1000	伊達林右衛門 栖原仲蔵
1867（慶応3）年	870[※1] ㊙225両1分永80文 1864年㊞500両 1867年㊞1300	伊達林右衛門 栖原半七

※1：他にエトロフ島内シャナは、運上金130両、㊞33両2分だった。

4. 産物

西暦（元号）	主な産物
1811年（文化8）	ニシン、マス、紅マス、サケ、タラ、魚油、シメ粕、カズノコ、フノリ、ワシ羽、クマ胆、クマ革、キツネ革、イブリコ

5. アイヌの生活（18世紀初頭）

19世紀初頭のデータはない。

それより百年前の1711年に、大隈国分之内浜之市船（船頭、次郎左衛門）がエトロフ島に漂着し、アイヌの風習の記録を残している（『エトロフ島漂着記』）。

〈衣〉 男女ともに、大鳥の皮、キツネ、ラッコ、アシカ、クマの皮を剝いだまま仕立てる。子どもの衣服は大方、イヌの皮である。

〈食〉 常の食物は魚類で、フカの油を調味料に使う。ユリが多くあって、その根を掘って食べる。米は位の高い者が食べる。田畑の耕作はない。祝いのときは、白酒を作り、歌を謡う。

〈住〉 土手の下に穴を掘って、そこに入っている。敷物は葭を編んだもので、いろりに食物を焚く。

〈生産活動〉 男は猟の他に仕事がなく、安楽に暮らし、一切の仕事は女が行う。

前近代アイヌ列伝　彫物師シタエホリ

1822年以降、悪徳商人たちはアイヌを昼夜となく責め使った。夫が山仕事や漁労に出たあとは、妻や娘たちは乱暴され、人口は激減した。

ナイホにシタエホリというアイヌがいた。「自分の親までは、肉を食い、毛皮を着てきたのだ。自分の代で、木綿を着て穀類を食べようとは思わない」と言って、一粒の米も食べず、一挺の小刀で彫物を楽しんでいた（『近』）。

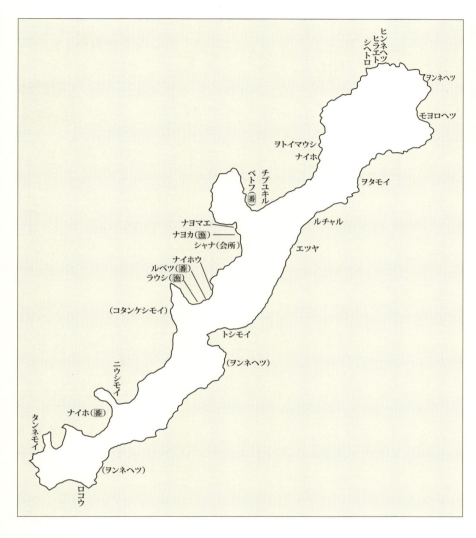

6. 歴史
(1) 18世紀
① 1731年にクナシリ・エトロフの首長が初めて松前に「朝貢」した(『家』)。
② 1768年、ロシアのチェルニイがエトロフ島まで南下し、アイヌを締め上げる「恐怖政治」を行った。
③ 1770年、エトロフアイヌ首長2人がロシア人に殺害され、翌年、戦いになった。その後、和平が結ばれ、ロ

シアとエトロフアイヌは交易するようになり、ロシア人の家がエトロフ島に造られた。

④ 1786年の時点では、エトロフアイヌはクナシリ、キイタップ、アッケシに産物を持って行った。松前の和人は、エトロフまで行ったことがなかった。

⑤ 1798年、近藤重蔵がエトロフ島を調査、エトロフ島に「大日本恵土呂府」の柱を立てた。

⑥ 1799年、高田屋嘉兵衛が大船で来て漁法を伝え、エトロフ島「航路」を「開発」した。

⑦ 1800年、近藤重蔵がエトロフ島を7郷25村に分け、アイヌ首長名を和名にさせ、和服を着ることを奨励した。

（2）19世紀

① 1810年に、高田屋嘉兵衛が場所請負人になった。

② 運上金の額が減っているのは、漁場生産が落ち込んだということだろう。

③ 1800年の人口調査では、115軒・1118人、1811年には、186軒・994人、19世紀半ばの『近』では、439人になっている。

解説 エトロフ島はだれの領土？

　エトロフ島にはアイヌが先住していた。国を持つ人が最初に影響力を持ったのはロシア。それを追い払ったのはラショワとエトロフのアイヌ。そして近藤重蔵がエトロフ島を「探検」。「北方領土」問題は日本・ロシアとも我田引水の論を相手に押しつけようとして膠着状態におちいっている。はたして「北方領土」問題に国の「正義」があるのか？

北千島・北蝦夷地編

※北千島・北蝦夷地は、中国、ロシア、日本など、いくつもの国々が先住民族と関わっているため、日本の元号は使っていない。

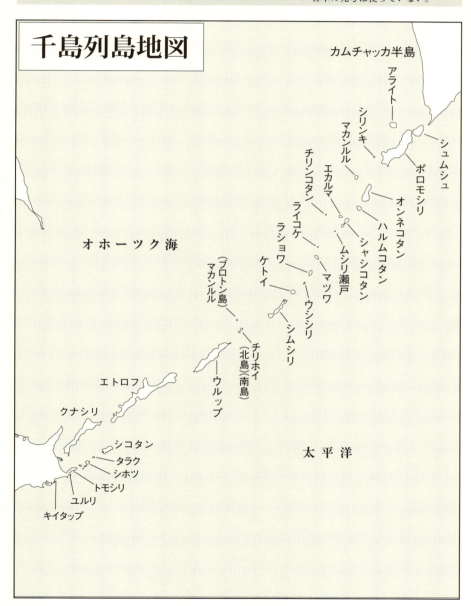

175

北千島アイヌ

ポイント カムチャツカからロシアの勢力が南下し、千島アイヌの人口は激減。日本はウルップ島を緩衝地帯にし、南千島アイヌと北千島アイヌとの交流を断たせた。

1. アイヌの人口

地名＼西暦(年号)	1745年	1747年	1766年	1800年	1830年	1875年	1884年
シュムシュ島	キリスト教を信じる人 174人	253人	合わせて262人	キリスト教を信じる人 男77人 女87人 合計164人	(20人)※1	33人	97人
ポロモシリ島					(50人)		
オンネコタン島						97人	16人
シャシコタン					(15人)	23人	
ウシシル島							
ウルップ島							
合計		253人			97人	72人	97人

※1：（ ）内の人数にはカムチャツカ半島から来たアイヌも入っていて、正確な人数ではない。

2. 北千島のアイヌ居住地（1804年）

島名	居住地
ウルップ	エトロフ、クナシリ、ネムロ、アッケシアイヌのラッコ漁場 ロシア人越年
ヤンゲチリポイ	エトロフアイヌのラッコ漁場
マカンルル	エトロフアイヌのラッコ漁場
シモシリ	30年前よりロシアに服従
ウセシリ	アイヌ居住

島名	居住地
ラショワ	アイヌ居住
エハイト	アイヌ居住
シャシコタン	アイヌ居住
ヌシャシコタン	アイヌ居住
ポロモシリ	ベツボ、アルモイの2村がある
クシュンコタン	ロシア船越年 アイヌ居住

近藤重蔵『辺要分界図考』による。
※各史料、統計は加藤好男『クリル人の歴史を尋ねて』に所収されている。

3. 歴史

（1）17世紀以前
① 14世紀半ば頃、日ノ本(ひのもと)（道東・南千島方面）と呼ばれる人々が、津軽外ノ浜に交易に来た（『諏訪大明神絵詞』）。
② 1423年、安藤陸奥守（津軽安藤氏）が足利義量（5代将軍）に、海虎皮（ラッコ皮か？）30枚を献上した。ラッコ皮は、

千島列島に産する。

③17世紀初頭、メナシのアイヌやラッコ島の人々が、ラッコ皮を松前に持ってきて、交易した（『アンジェリスの第一蝦夷報告』）。

④1643年、オランダのフリース船隊が、道東・クナシリ島・ウルップ島・サハリンを航海した。

⑤1697年、ロシアのアトラーソフがカムチャッカに来た。カムチャッカのアイヌに毛皮貢税を求め、戦いになった。50人のアイヌが殺害された。

（2）18世紀

①ラッコ島からのラッコ交易は、18世紀初頭にはクスリ・アッケシで（『蝦夷談筆記』）、やがてノサップ（『正徳五年松前志摩守差出候書付』）、キイタップ（『蝦夷志』、『北海随筆』）に移っていった。

②1711年、ロシア人がシュムシュ島とパラムシル島を「探検」。千島アイヌとカムチャダールが抵抗した。

③1766年、ロシアの商人ラストチキンは、ウルップ島に来て、毛皮税を徴収した。

④1768年、ロシアのチェルニイがエトロフ島に来て、恐怖「政治」を行った。

⑤1770年、ロシア人がウルップ島に上陸し、略奪、殺害した。翌71年、ラショア島、エトロフ島のアイヌが反転攻勢に出た。

⑥ウルップ島、ヤンケチリホイ島、レフンチリホイ島、マカンルル島は、エトロフアイヌのラッコ、アザラシ、トド猟の狩猟圏であった（『ラショア島夷人吟味書』）。

そのため、ロシア人は1780年頃、ウルップ島から引き上げた。その結果、ウルップ島は南北千島アイヌの交易地点になった。

（3）19世紀

①1803年、エトロフ・クナシリアイヌがウルップ島を往来することを、江戸幕府が禁止した。

②1805年、1810年に、ラシャア島のアイヌがエトロフ島を往来した。このことに江戸幕府は懸念を示した。

解説 「発見」

国同士が領土争いをするとき、使える事実は何でも使って、自らの領土だと宣伝することが多い。その宣伝の一つに、「その土地を先に発見した」というのがある。千島列島を最初に「発見」した「文明」国は、オランダである。オランダのフリースが航海したのは1643年、日本とロシアが千島列島に侵攻するのは、それより後である。しかし、この「発見」という言葉は自称「文明」国のおごり以外の何物でもない。千島列島にはアイヌ民族が先住していて、それを暴力でうばう起点が「発見」とも言える。

事件 ウルップ島の戦い（1771年）

アイヌがウルップ島でラッコ狩りをしているとき、ロシア人が一艘に80余人乗って来た。鉄砲を撃ち、アイヌを驚かせて猟地を奪った。

翌年、ロシア人に復讐しようと、ラショワ、エトロフの首長らが皆を集め、ウルップ島で待っていた。ロシア人100余人が来た。アイヌたちはかれらを囲み討った。なおも、アイヌたちは攻撃し、ロシア人の船まで追い討ちした。ロシア人たちの大敗北である（『拾』）。

北千島・北蝦夷地編

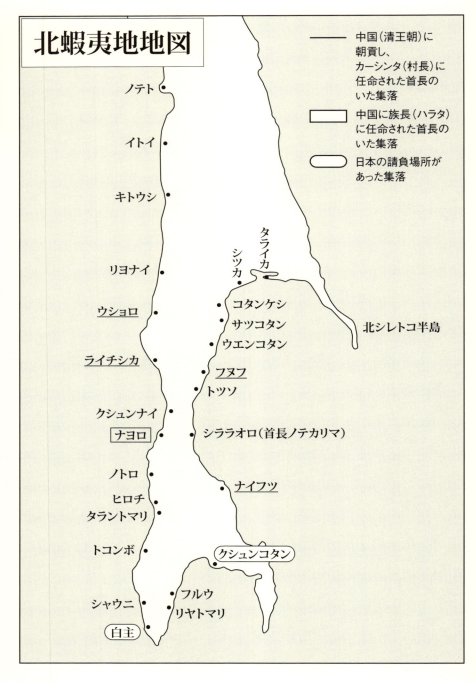

北蝦夷地（樺太〈カラフト〉）

ポイント	サンタン交易の拠点は白主、場所はクシュンコタンに置いた。和人の出稼ぎは少ない。経済上の必要より、対ロシアの政治上の必要から場所を作ったようだ。

1.『松前島郷帳』と『蝦夷拾遺』と『北蝦夷島里程記』の比較

サハリンの全地名を掲載した『松前島郷帳』（1700年）と『蝦夷拾遺』（1786年）と『北蝦夷島里程記』（1811年）を比較した。各史料に一致する地名があれば、それを示してみた。

『松前島郷帳』（1700年）※1
A うつしやむ
B こくわ
C つなよろ（タ、10）
D まをか
E のたしやむ（ヨ、24）
F おつちし（ロ、39）
G きどうし（36）
H いといまて
I おれかた（た）
J ちやはこ
K なふきん
L にくぶん
M きんちば
N びんのき
O うへこたん
P かれたん
Q せうや（32）
R しろいところ（け）
S しいた
T ないふつ（す）
U あゆる

※1：『松前島郷帳』は、和人がサハリンに行って記述したものではないため、おそらくアイヌの人たちから聞き取った地名が多く入っていると思われる。

『蝦夷拾遺』（1786年）※2			
	（西サハリン）	ム	ナヨロ（27、38）
ア	クイ	メ	クスリナイ（28）
イ	シラヌシ（1）	モ	アシネンルイ
ウ	クスネンルン	ヤ	ワツカフレナイ
エ	オツトチシ（39）	ユ	エベラエンラン
オ	アカラヘシ	ヨ	ノツシム（E、24）
カ	シヨウニ（2）	ラ	ライチシカ（29）
キ	ウエンチシ	リ	ウフロ（30）
ク	ナヤシ	ル	ウツシウ
ケ	オテレ	レ	ホロコタン
コ	レフンソヤ	ロ	オツチシ（F、39）
サ	マツランナイホ（6）		
シ	ペニ（7）		（東サハリン）
ス	シイナイ	あ	チシシヤ
セ	トコンホウ（9）	い	ヘトロ
ソ	トコシナイ	う	ウル
タ	ツンナイオロ（C、10）	え	クナンナイ
チ	オントケシ	お	ウンラ
ツ	トプシ（11）	か	イネウシ
テ	ウコウ	き	ナイトンノ
ト	オコ（12）	く	ノシカマナイ
ナ	アサンナイ（13）	け	シレトコ（R）
ニ	タラントマリ（14）	こ	トウフツ
ヌ	オホトマリ（15）	さ	イネスシナイ
ネ	ヒロク（16）	し	ホンナイホ
ノ	ギトウシ　ナイホ（18）	す	ナイフツ（T）
ハ	エンルンコオマナイ（19）	せ	ウワリ
ヒ	オニチウポ	そ	ハツシヤム
フ	トオロ	た	オリカタ（I）
ヘ	ノトロ	ち	コタンケセ
ホ	アルコエ（40）	つ	タライカ
マ	ヘウテケシカ		
ミ	レフンソヤ		

※2：『蝦夷拾遺』は、田沼意次（老中）の命により、サハリンを探査したときの記録である。

『北蝦夷島里程記』(1811年)※3		
1　シラヌシ（イ）	22　トンナイゲシ	42　ホエー
2　ショーニ（カ）	23　トーブツ	43　ウヤクトウ
3　ルークシナイ	24　ノタシヤム（E、ヨ）	44　ノテト
4　モイレトマリ	25　トマリオロ	45　ナツコ
5　シラルナイ	26　シラオロ	46　ワゲー
6　マチラツナイホ（サ）	27　ナヨロ（ム）	47　ボコベー
7　ウエニ（シ）	28　クシユンナイ（メ）	48　ウエシメラツプ
8　ナイホロ	29　ライチシカ（ラ）	49　ワカセイ
9　トコンボ（セ）	30　ウシヨロ（リ）	50　ガトウ
10　トンナイオロ（C、タ）	31　リヨナイ	51　ノツコセイ
11　トブシ（ツ）	32　ショーヤ（Q）	52　ユクタマー
12　オコー（ト）	33　レタンルヨナイ	53　ポルケー
13　アツシヤンナイ（ナ）	34　ホロトマリ	54　チヤカガイ
14　タナントマリ（ニ）	35　ホカラニ	55　ブイロー
15　オホトマリ（ヌ）	36　キトウシ（G）	56　ヨルジクロ
16　ビロツツ（ネ）	37　モシリヤ	57　ウロンボツポコ
17　アシケブシ	38　ナヨロ（ム）	58　ランガレイ
18　キウシナイホ（ノ）	オツチチ（F、ロ）	59　マカガンロー
19　エントモカオマツプ（ハ）	39　（ニブフはイドイと言う）	60　イシラオー
20　シマルシトマリ	40　アルコエ（ホ）	61　ナニオー
21　オラウシトマリ	41　ウタニ	

※3：『北蝦夷島里程記』は、間宮林蔵がサハリン探査したときのものである。

2.『休明光記』による集落名と戸数

　箱館奉行・羽太正養の『休明光記』(1799 ～ 1802 年の記述) に、サハリンの各集落と地名と戸数が載っている。これを以下のように調べ、表にした。

A　各地名を佐々木弘太郎『樺太アイヌ語地名小辞典』で調べ、西村いわお『南樺太』も利用しながら、日本領時代 (1905 ～ 1945 年) の地名と対比した。

B　17 世紀末～ 19 世紀初頭の史料である『松前島郷帳』(『郷』)、『蝦夷拾遺』(『拾』)、『北蝦夷島西海岸里程記』(『里』) と対比した。

C　19 世紀初頭の中村小市郎『唐太雑記』(1801 年)、『松田伝十郎、間宮林蔵両人カラフト見分申上書』(1808 年)、松田伝十郎『北夷談』(1799 ～ 1822 年の記録) に集落の戸数が載っており、それらと対比した。

※（　）は郡しか『樺太アイヌ語地名小辞典』に記載されていない地名。

※〔　〕は、市町村名は記載されていないが、推測できる地名。

(1) アニワ湾沿いの各集落

地名	戸数	近代の所属町村	小地名	地名	戸数	近代の所属町村	小地名
チシヤ	2	能登呂村		ヲフユトマリ	2	大泊町	雄吠泊
ベシヤウシヤム	2	能登呂村	七江の北	ヲタシヤム	2		
↕6里				ベシトエ	2	深海村	
コンブイ	4	能登呂村		イノシコヲマナイ	1	長浜村	白石
ヤトマリ	3			↕3里			
↕10里				チベシヤニ	3	長浜村	池辺讃
イカツネナイ	2			ホラクブニ	7	(長浜村)	洞舟
↕3里				ナエトム	2	長浜村	内友
ホロナイボ	2	三郷村		ヨグシ	4	長浜村	酔越
ナイブツヲロ	2	三郷村		トウブツ	8	遠淵村	遠淵
キナイウシ	1	三郷村	多蘭内の一里南	イクエ	4		
タナンナイ	4	三郷村	多蘭内	ナエホロ	4	(長浜郡)	トウブシ湖畔
リテ	3	留多加町		ホロベツ	2	(長浜郡)	トーブツ湖縁
ルヲタカ（番屋）	4	留多加町		ウエンベツ	2	(長浜郡)	遠淵湖畔
カモイシヤバ	3	留多加町	留多加町より東へ1里半	ショウニ	2	(長浜郡)	遠渕湖畔
フラヲンナイ	5		鈴谷川口付近	コチヨベツ	3	遠淵村	胡蝶別
シユシユヤ	7			イノシケタアンナイ	2	(長浜郡)	
チナエボ	5	千歳村	二ノ沢	ヤワンヘツ	4	知床村	弥満
トマリ	2	千歳村	三ノ沢	ナエクロト	3	知床村	
ヲンナイ	2			ホロシヨボ	2	知床村	
エレルムヲロ	2			チシウシ	2	知床村	乳根
ウンラ	2	千歳村	三ノ沢	ホンナイホ	2	(長浜郡)	
ウシユウナイ	3	千歳村	一ノ沢の北	ヲマヘツ	3	(長浜郡)	小満別
クシユンコタン（番小屋）	8	大泊町		ワツカタナイホ	2	知床村	
ホロアントマリ	2	大泊町		ヲホシナイ	4		
エンルムカ	2	大泊町	円留	クウシベツホ	1	知床村	
				チフナヲシ	3		
				シヤクトウホ	4	知床村	札塔
				シレトコ崎		〔知床村〕	中知床岬

チシヤは『拾』（あ）、ウンラは『拾』（お）、シレトコ崎は『拾』（け）と『郷』（R）と一致する。

(2) サハリン東海岸の各集落

地名	戸数	近代の所属町村	小地名
シレトコ崎		〔知床村〕	中知床岬
イネルン	1	〔知床村〕	中知床半島
ハシホク	2	〔知床村〕	中知床半島
ヲタシユ	6		
ホントボ	3	知床村	
↕5里			
シヨウヤヲマベツ	4		
↕18里			
アエルフ	3	富内村	愛郎
トウボブ	5	富内村	遠幌
↕6里			
トンナイチヤ	9	富内村	富内
ヲムトウ	1	富内村	恩洞
ヲチヨホカ	3	富内村	落帆
ウエンコタン	3	富内村	南遠古丹
ホスベシ	3	富内村	煤牛（すすうし）
ヲブツシヤケ	3	富内村	負咲

地名	戸数	近代の所属町村	小地名
シユマヲコタン	1	栄浜村	島古丹
↕4里			
イヌスシナイ	7	栄浜村	犬主
リヤウシ	2	栄浜村	利那累（リヤルイ）
シヨウンナイ	2	栄浜村	宗運
↕3里			
ヲシヨイコタン	3	栄浜村	押江
ワシイ	3		
シヤツサツ	7	栄浜村	察札
ホロエンルム	1	栄浜村	埼沢（さきざわ）？（エンリンコマナイ）
トウルルカ	4	栄浜村	押江の北
ナイフツ	5	栄浜村	内淵

シレトコ崎は『郷』（R）と『拾』（け）、ウエンコタンは『郷』（O）、イヌスシナイは『拾』（さ）、ナイフツは『拾』（T）と『郷』（す）と一致する。

(3) サハリン西海岸の各集落

（休）→『休明光記』（雑）→『唐太雑記』（見）→『松田伝十郎・間宮林蔵両人カラフト見分申上書』（北夷）→『北夷談』 3史料とは1の『松前島郷帳』『蝦夷拾遺』『北蝦夷島里程記』のことである。

地名	戸数				近代の所属町村	小地名	3史料との比較
	（休）	（雑）	（見）	（北夷）			
シラヌシ				5	好仁村（こうに）	白主	イ・1
シヤウニ	2				好仁村	宗仁	エ・2
ルウクシナイ							3
↕9里							
マツラウシナイ	3						6
ウエニ	4				内幌町	宇仁	7
ナイホ	3				内幌町	内幌	8
トルヌエ	1						
トコン（春中ニシン、アイヌ出稼）					本斗町	吐鯤保（とこんぼ）	セ・9
トンナイ（松前家番屋、アイヌ出稼交易）	11		11		本斗町付近か		C・タ・10
ヲントケシ	4						
ホロシタイ	1				本斗町の北		
トフシナイホウ	1				本斗町	遠節	ツ・10

地名	戸数				近代の所属町村	小地名	3史料との比較
	(休)	(雑)	(見)	(北夷)			
ヲゴ	1、2軒				本斗町	阿幸 (おこう)	ト・12
ヲトンクナイエ	2				(本斗郡)		
アサンナイ	2				本斗町	麻内	ナ・13
↕3里							
タラントマリ	3				広地村	多蘭泊	ニ・14
アンネナイホ	2				広地村	姉苗	
ヲホトマリ	2		3		広地村	大穂泊	ヌ・15
ビロウ	2				広地村	広地	ネ・16
キトウシ	2						G・ノ
エンルムカヲマフ	2		1		真岡町	真岡	ハ・19
ヲニチウ	4						ヒ
ホロトマリ	2				蘭泊村	幌泊	
ウツクマカ（トンナイ番屋より出稼の仮小屋）	1				蘭泊村	楽磨	
ヲラウネトマリ	2		4		蘭泊村		21
トンナイケシ	1				蘭泊村	富内岸	22
トウブ	1				小野登呂村	登富津	
ノトロ崎					小野登呂村		へ
ノタシヤム	3		1		野田町		E・ヨ・24
↕8・9里（山裾）							
（トマリボー） ↕10里　（ここまで和人が出稼）				4	名寄村	北泊帆	25
シラロニ（ニシン漁のとき、アイヌの出稼の仮小屋）	1				名寄村	西白浦	26
ナヨロ	6			4	名寄村	名寄	C・27
クシユンナイ	2				久春内村	久春内	メ・28
ヲタシヨト		3			珍内村	小田州	
ライチシカ	2	2		0	珍内村	来知志	ラ・29
↕13里							
コタントル	2				鵜城村	古丹	
↕12里							
ウシヨロ（奥地ホロコタンのアイヌが移住してきた）	15		4	8	鵜城村	鵜城	リ・30
↕5里							
ホロケシ（元はアイヌがいたが、今はマス漁のときのみ来る）	0				鵜城村	幌岸	

北千島・北蝦夷地編

地名	戸数				近代の所属町村	小地名	3史料との比較
	(休)	(雑)	(見)	(北夷)			
‡10里							
トヲロ（かつてアイヌがいたが、今はいない）	0				塔路町	塔路	フ
‡5里							
リヨナイ（今はウシヨロに引っ越す）	0	4			名好町	諸津の南	31
‡12里							
ノタシヤム（前はアイヌがいたが、今はいない）	0				（名好郡）	宇谷岬のあたりか	
‡8里							
リイベシヤ	0				（北カラフト）		
‡5里							
シユウヤ（近年、ウシヨロに引っ越す）	0	4					Q・32
ホロコタン		1					レ
アテカイ		1					
ヲクチシ		4			アレキサンドロフスキー		F・ロ・39
アウコエ		1					40

3. アイヌ集落と首長

西暦（元号）	戸数（人口）	アイヌ首長
1822（文政5）年	357（2571）	※1
1854（安政元）年	373（2669）	

※1：サハリン全域を代表する首長はいなかった。

4. 運上金と場所請負人

西暦（元号）	運上金（両）	場所請負人
1819〜1830年（文政2〜天保元）	1060	伊達屋林右衛門 栖原三右衛門
1841（天保12）年	1560	伊達林右衛門 栖原仲蔵
1851〜1857年（嘉永4〜安政4）	1560	伊達林右衛門 栖原三右衛門
1861（文久元）年	1560	伊達林右衛門 栖原六右衛門

5. 差配人と拠点と分担地域

差配人	拠点	分担地域
松川弁之助	オチヨボク	知床岬～シマオコタン
米屋喜代作	イヌヌシナイ	アンナスシナイ～ノッサン
松川弁之助	ロレイ	シヨウンアイ～ロレイ
山田文右衛門	シユシユウナイ（後に栄浜）	サッサツ～シルトル川
佐藤広右衛門	シララオロ	シルトル～チカヘルウシナイ
米屋喜代作	マクンコタン	ノボリホ～ウエンコタン

※3、4、5は白山友正『松前蝦夷地場所請負制度の研究』をもとに作成。

6. 歴史

（1）17世紀以前

①黒水靺鞨東北少海之北に流鬼という人々がいた（『新唐書』）。その地はサハリン島と見られ、当時サハリン島にいたのはオホーツク文化人と考えられている※。流鬼は640年、唐王朝に使いを送った。（※菊池俊彦説。シンポジウム『オホーツク文化の諸問題』）

②1264年、クイ（サハリンアイヌ）が、ギレミ（ニブフ）の地に侵入した（『元史』）。

③1284～86年にかけて、元王朝がサハリンアイヌの地に侵入した。1286年、元王朝の搭搭兒帯、楊兀魯帯が兵1万人、船千艘でクイを攻撃した（『元史』）。

④14世紀半ば頃、唐子（道北・サハリン方面）と呼ばれる人々が、津軽外ノ浜に交易に来た（『諏訪大明神絵詞』）。

⑤1411年、明王朝のイシハが、アムール川流域に遠征、ギレミやクイなどを饗応した（『勅修奴兒干永寧寺碑文』）。

⑥1485年、カラト島のアイヌ首長が、銅雀台瓦硯を和人地に持って来た（『松前家記』）。

（2）18世紀

①1717年のカラフト島の産物は、ワシ尾だった（『松』）。

②タライカのアイヌが、アムール川下流域から、サンタン服（エゾ錦）、青玉などを持って来て、ソウヤで交易した（『正徳五年松前志摩守差出候書付』、『北海随筆』）。

③1746～47年頃、満州族の役人がサハリンに来た。ナヨロ首長をハラタ（族長）、ウショロ、ライチシカ、ショユンコタン、ナイブツの首長をカーシンタ（村長）に任命した（『北蝦夷図説』）。

④1783年、ソウヤ・メナシのアイヌが800～900人、カラフトのアイヌが180人餓死した（『家』）。

事件 **サハリンアイヌがアムール川に侵攻**

1296年、それまでアイヌと対立していたニブフの一部が、アイヌに味方した。翌年、アイヌは海を渡り、アムール川下流に侵攻。1305年にも侵攻。だが、1308年、アイヌはニブフを通して、元王朝に停戦を申し出た。

解説 **ハラタ（族長）・カーシンタ（村長）制**

17世紀後半に、ロシアと清王朝はアムール川地域をめぐって戦い、清王朝が勝利し、ネルチンスク条約が結ばれた（1689年）。清王朝の影響力はアムール川一帯、さらにはサハリンにまで及ぶようになり、18世紀半ばにはナヨロ首長をハラタ（族長）、各地首長をカーシンタ（村長）に任命し、清王朝に「朝貢」させることを求めた。

⑤ 1799 年、サハリン最南部を江戸幕府直轄にした。

（3）19 世紀

① 1806 年、ロシアのホウストフがクシュンコタンを襲撃したのを機に、1807 年、会津藩が派兵した。

② 1808 年、伊達・栖原がクシュンコタンで場所請負人になった。

③ 1808 年において、サハリン北部にモシリヤという集落があり（『北夷談』）、シヨカワがアイヌ居住圏の北限だと言う（『東韃地方紀行』）。

④ 1849 年、松前藩はサハリンに漂着したアメリカ国の 3 人を拘置し、幕府の命を待った（『門』）。

⑤ 1850 年頃までは、シララオロのノテカリマが力を持っていて、和人の横暴をはねのけてきた（『近』）。

⑥ 1858 ～ 59 年にかけて、差配人に漁区を分担させ、漁場経営させた。

前近代 アイヌ 列伝　コタンケシのカニクシアイノ

カニクシアイノは並はずれた体力を持つ首長であった。「自分がここにいる限りはロシア人がどれほど来ようとも恐れるものではない。サハリン北部の人々を連れて防いでみせる」と言っていた。1853 年にクシュンコタンにロシア兵が来て、サハリン南部のアイヌが駆り出されたときは、おおいに憤慨した（『近』）。

前近代 アイヌ 列伝　シララオロのノテカリマ

ノテカリマは 1846 年当時で 75、6 歳。この者がひとこと命じれば、南海岸のシレトコから北のタライカまで皆従った。クシュンコタンの漁場経営者もこの老人を自由にできず、アイヌを一人も交易所に行かせなくとも、何も言えなかった。西海岸で番人、支配人などにひどい目に会わされると、ノテカリマをたよって逃げてきた。ノテカリマが生きている間は、漁場労働で酷使されることもなかった（『近』）。

事件　日露通好条約

1854（太陽暦では 1855）年、日本とロシアは日露通好条約を結び、サハリン島は日本とロシアの「雑居地」となった。しかし、ここに住んでいたのは先住民族であり、先住民族を話し合いに参加させずに、その頭越しに日本とロシアが結んだものであることを指摘しておきたい。

アイヌ伝承
〜アイヌとウイルタの戦い〜

タランコタンの川向かいに、大勢のアイヌが住み、こちら側に一軒のウイルタ（ツングース系の民族）の家があった。ある日、アイヌがウイルタの家に行くと、トナカイの胃袋を刻んでご馳走した。しかし、アイヌは人間の胎盤だと誤解し、ウイルタを殺した。

逃げのびたウイルタの女性が他の村のウイルタにそのことを伝えた。復讐戦に転じたウイルタたちは、アイヌの村々を襲ったため、北知床半島やタライカからアイヌはいなくなった。（『通観』所収）

第II部
近代

〈近代／北海道編について〉

　近代のアイヌ史を、地域ごとに見る「物差し」に何を使うべきか。

　1869年、日本帝国は、アイヌモシリを一方的に日本の一部にした。

　日本政府は、アイヌの人たちに日本の戸籍を強制し、日本名を創氏させた。アイヌの文化である女性の入れ墨、男性の耳輪の風習を禁止した。そして北海道の土地を開墾させるために、「北海道土地売貸規則」「地所規則」で、和人一人当たり10万坪までを与えた。

　一方、先住民族のアイヌの居住地については、「地所規則」の存在をアイヌに伝えることをせず、「北海道地券発行条例」によって、「官有地」とされた。「官有地」となった結果、アイヌの居住地の中には、「官」のものとして、強制移住の対象になる場合もあった。

　アイヌの主要な食料は、シカ・サケだった。しかし、毒矢を禁止し、シカ猟を許可制にした上に、シカ自体が激減し、地域によってはサケ漁も禁止にされた。アイヌの生業は追い込まれ、餓死者まで現れた。

　この間、和人の「開拓」移民の苦労、さらには自由民権運動の「政治犯」を含む「囚人」労働など、アイヌの人たちだけが苦労し、犠牲になったのではないということも見ておかなければならない。しかし、北海道は本来のアイヌの大地であり、最初からアイヌを不利な場に置いた「開拓」であったことは確認しておく。

　1897年には、北海道に富裕層の移住を促すために、1人当たり最大250万坪、会社・組合は500万坪までの土地を無償貸与した（北海道国有未開拓地処分法）。

　このように、和人に良好な土地を与え続けた後に、1899年、アイヌ民族に向けて「旧土人保護」法が制定された。1戸当たり1万5千坪までの「給与地」を「未開地」に限って「下附」するという内容だった。しかも、15年以内に開墾しなければ没収するとか、遺産相続以外に譲渡できないなどのさまざまな限定条件が付けられた。明らかな差別法だが、この法律によって、アイヌは農耕者へと移行していった。

　この法律は、市町村に賃貸し、市町村は和人に貸すこともあったようだ。

　ここは実は大きな問題なのだが、本書の統計では見えない。つまり、本書の統計では、アイヌの「給与地」は○○町だということを示したが、実質その「給与

地」の中で和人が大きい面積を使用していても、この統計からはわからないということである。「給与地」の面積だけを見ると、アイヌの人たちは「旧土人保護」法成立とともに農民になったかのように見えるが、実際にはそこから差し引いて見なければならないだろう。

　アジア・太平洋戦争後、農地解放によって、「給与地」のうち、和人が耕作していた部分が、奪われた。その領域がどれほどの割合を占めるかわからないが、アイヌの歴史の区分となる事件である。

　「旧土人保護」法には、そういう歴史があり、実際に「アイヌの土地」と言っても、どこまでが実態としてアイヌの所有したものかわからないが、少なくとも、近代のアイヌ史を考察する「物差し」になり得るものである。

　そこで、各支庁（現・振興局）ごとに、さらに分割して市町村ごとに、「給与」地の利用という切り込み方で、近代アイヌ史を見ていった。また、極めて断片的な部分しか知ることができないが、各新聞資料、道庁発行資料を要約し、その地域の歴史を知る補強資料として、付け加えてみた。ただ、残念ながら、これらの資料からは、民族文化を継承してきたアイヌの人たちの息遣いが全く伝わってこない。

　従って、統計や新聞からは「近代の和人の官僚」視点のアイヌ史が多く示されることになるが、当然ながら、21世紀に生きる私たちは、それを先住権を視点にして組み替えていかなければならない。そういった意味で、近現代においてそれぞれの地域出身者で、世の中に果敢に働きかけた人物も紹介してみることにした。

※近代のアイヌ地域史を見ていく中で、常に頭に描いておくべきことがある。それは「土地・資源の権利」を中心とした、アイヌ民族の先住権である。1854年の日露通好条約以降、アイヌモシリは日本とロシアによって分割された。従って、アイヌ民族の土地・資源の権利を考える場合、一義的にはここまでさかのぼらなければならない。この条約は居住者であるアイヌの人たちに全く断りなく、勝手に国境線を引いたものだから。

　そして、二義的には差別法とは言え、北海道「旧土人保護」法は日本政府の責任で、アイヌの人たちに「未開地」を（この言い方には問題があるが）「下付」したものであり、これも「土地・資源の権利」を考える材料になり得る。

189

近代／北海道編　凡例

1910年に制定された14支庁（現・振興局）による。

1. 市町村のアイヌ人口

1921年
　1922年発行『旧土人に関する調査』より。
1925年
　1926年発行『北海道旧土人概況』より。
1935年
　1936年発行『北海道旧土人概況』より。

※数字は、戸数（人口）を表し、単位は、戸（人）である。
※（　）は、現在の市町村。

2.「給与地」の活用概況

1936年発行『北海道旧土人概況』より。

※ただし、統計を取った年が書かれていないため、1936年頃の統計としか言えない。
※数字は、戸籍と土地の利用面積を表し、単位は戸、町である。
（1町は約9917㎡。1辺が100mの正方形の土地を思い浮かべるとよいか）

後志地方

1. 市町村のアイヌ人口

市町村名 ＼ 西暦（元号）	1921年（大正10）	1925年（大正14）	1935年（昭和10）
余市	70 (219)	74 (169)	53 (245)
古平	2 (16)	2 (18)	1 (6)
岩内	1 (2)	1 (1)	
美国	2 (16)	? (11)	
神恵内	1 (4)	1 (1)	1 (1)
西島牧（島牧）	2 (10)	2 (10)	2 (1)
入舸（積丹）	9 (52)	5 (48)	
大江（仁木）	1 (6)	1 (5)	1 (3)
塩谷（小樽）	7 (36)	1 (4)	2 (7)
喜茂別	7 (32)	1 (32)	
南尻別（蘭越）		1 (9)	1 (9)
前田（共和）		1 (5)	
留寿都		1 (6)	
合計	102 (392)	91 (319)	61 (272)

※1909年の小樽区（現・小樽市若竹町～手宮までの範囲）のアイヌは7戸16人である（3月27日『小樽新聞』）。都市化が進み、アイヌの人たちを移住させた結果である。

傾向　積丹半島では、余市と入舸を除く地域の、アイヌの人口が少なかった。塩谷も、1921～25（大正10～14）年の間に激減した。後志全体の人口も、減少の一途であった。

2.「給与地」の活用状況（1936年）

市町村名 ＼ 活用分類	現在戸数	「下付」戸数	田に利用	畑に利用	未開墾地	開墾不能地	流失地
余市	53	37	20	108.8	21.2	8.7	0
大江（仁木）	1	1	0	2.9	0	0	0

傾向　「給与地」を利用したのは、ほぼ余市のみであった。

3.「給与地」の「下付」15年以内と、15年以降の活用

1936年発行『北海道旧土人概況』より。

※ ただし、統計を取った年が書かれていないため、1936年頃の統計としか言えない。
※ 数字は、土地の利用面積を表し、単位は町である。

※「15年以内と、15年以降」というのは、15年以内に開墾しなければ、その土地は没収の対象とされたことによる。

3.「給与地」の「下付」15年以内と、15年以降（1936年時点）

15年以内			15年以降			
開墾地	未開墾地	開墾不能地	開墾地	未開墾地	開墾不能地	流失地
0	8.8	0	113.8	12.3	8.8	0

 1920（大正9）年頃までに、ほぼ開墾を終えていた。

4. 歴史

(1) 札幌・小樽郡のアイヌ（男22人、女7人）が、東京の開拓使仮学校に入り、渋谷御用地では農業を学ぼうとしていた（1872年6月『郵便報知』）。なお、後志国と後志支庁は範囲が異なることに注意。

(2) 1900（明治33）年の後志国のアイヌは、179戸713人（『殖民広報』第6号）であった。一方、1902（明治35）年の後志国の全人口は、21万628人であった（『殖民広報』15号）。

(3) 1907（明治40）年までの後志国の「給与地」は、26筆247.3町だった（『殖民広報』）。

(4) 1916（大正5）年の後志支庁のアイヌの戸数は、余市町84戸、古平町16戸、入刈村10戸、真狩村6戸、塩谷村4戸、美国町・西島牧・神恵内村3戸、磯谷村2戸、岩内村1戸であった（1922年『殖民広報』）。

(5) 教育を受けた者の職業は、漁業を第一とし、農業、日雇いがこれに次いだ（1920年『殖民広報』第116号）。※後志地方の沿岸ではニシン漁が盛んで、アイヌの人たちも前近代から続く漁業を容易に受け入れることができたのだろう。

(6) 違星北斗が「痛快に『俺はアイヌだ』と宣言し正義の前に立った確信」と詠んだ短歌が、『小樽新聞』に掲載された（1927年11月7日）。

(7) 違星北斗が「疑ふべき……フゴッペの遺跡／問題の古代文字／アイヌの土俗的傍証」を発表した（1927年12月19日『小樽新聞』）。

近現代アイヌ列伝　天川恵三郎（1864～1934年）

アイヌ名エシャラで小樽のクマウス（現・船浜町）で生まれた。小樽最初の学校（量徳小学校）の一期生で、その後、浜益村に移住させられた。1900年頃、旭川に陸軍第七師団を置くことになり、園田安賢北海道長官と政商・大倉喜八郎が組んで、近文アイヌの土地を奪おうとした。近文アイヌは天川を招聘して、反対運動を起こした。近文「給与」予定地は30年間、旭川町が管理することで折り合いを付けた。

近現代アイヌ列伝　違星北斗（1901～1929年）

余市の生まれ。大正デモクラシーの社会環境の中、「アイヌの復興はアイヌの手にしてせねばならない」という思いから売薬の行商を行いながら、日高・後志・石狩・胆振のアイヌ集落を訪れ、民族の自覚と団結を訴えた。その想いは自らの短歌として『小樽新聞』などに掲載された。1927年に同人雑誌『コタン』を発行している。

4. 歴史

『殖民広報』（1900～1920年・一光社発行）
各新聞記事（ウタリ協会発行『アイヌ史』資料編4より）
1911年発行『北海道旧土人』
1922年発行『旧土人に関する調査』
『小樽新聞』（國學院短期大学コミュニティカレッジセンター『アイヌ史新聞年表　小樽新聞』）
① 明治期編
② 大正Ⅰ（1921年まで）
③ 大正Ⅱ・昭和Ⅰ（1930年まで）
④ 昭和Ⅱ（1935年まで）

アイヌ文化を担った人々については、（査読資料）高等学校地理歴史科資料集『アイヌ・北海道史』（北大アイヌ・先住民研究センター）の、石黒文紀氏の文章を参考にした部分がある。未公開図書だが他者の文献を参考にしているので、『査読』とした。

※ 歴史の項は、歴史の流れを示したものではなく、文献資料を時代順に並べたものである。

北海道14振興局地図

　北海道には現在、14の振興局があり、「近代／北海道編」は、各振興局ごとの歴史をたどった。

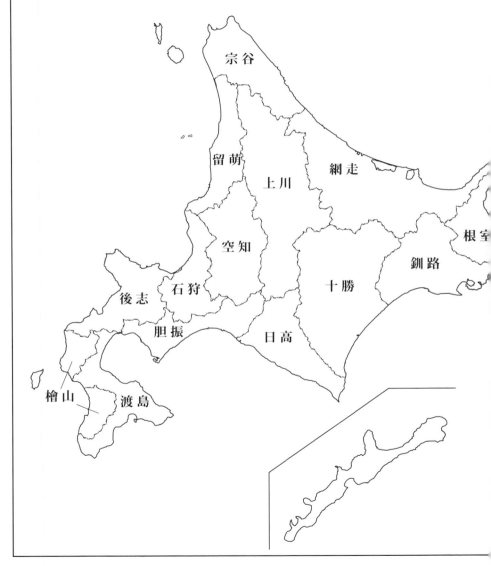

北海道11カ国地図 (1869年に制定)

14振興局と類似してまちがわれそうなのが、北海道11カ国である。1869年、アイヌモシリを北海道と改称したときに、11カ国にわけて86郡を置いた。1897年に19支庁、1922年に14支庁(現在の振興局)に分ける前は、北海道は国別に分けられていた。

近代／北海道編

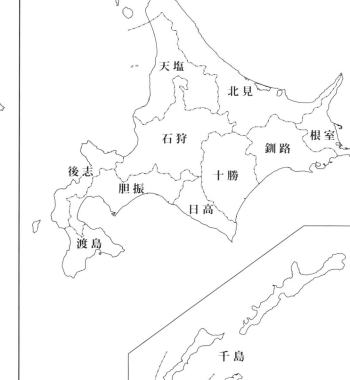

檜山(ひやま)地方

1. 市町村のアイヌ人口

西暦(元号) 市町村名	1921年 (大正10)	1925年 (大正14)	1935年 (昭和10)
久遠(せたな)	3 (23)	2 (21)	3 (4)
太櫓(せたな)	9 (38)	9 (60)	11 (66)
瀬棚(せたな)	1 (7)	1 (7)	2 (7)
東瀬棚(せたな)	7 (42)	6 (33)	7 (40)
利別(今金)	6 (33)	8 (34)	5 (36)
合計	26 (143)	26 (155)	28 (153)

前近代のうちに和人居住圏になった地域があるためか、檜山全体のアイヌ人口は少ないが、大きな増減はなかった。

2.「給与地」の活用状況(1936年)

活用分類 市町村名	現在戸数	「下付」戸数	田に利用	畑に利用	未開墾地	開墾不能地	流失地
東瀬棚(せたな)	7	12	0.1	39.0	0.6	13.5	0
利別(今金)	5	5	0	5.9	18.1	0	0

檜山全体の活用は少ない。「旧土人保護法」制定時に、すでに和人地化していたのだろう。東瀬棚に「開墾不能地」が多いのも、和人に「良質」な土地を先に取られたせいか。

3.「給与地」の「下付」15年以内と、15年以降 (1936年時点)

15年以内		
開墾地	未開墾地	開墾不能地
5.9	18.1	0

15年以降			
開墾地	未開墾地	開墾不能地	流失地
87.2	3.5	66.1	0

開墾不能地が多く、利用できない土地を「与えられる」ことが多かったようだ。1920(大正9)年頃以降の15年間は、「給与地」を開墾しない場合が多かった。

4. 歴史

(1) 利別村のアイヌは、1887（明治20）年頃までは、25戸100人内外いた。その後、和人が移住することにより、1910（明治43）年頃は、12戸50人内外、1914年（大正3）年よりは、6戸35、6人になった（1922年『旧土人に関する調査』）。30年足らずの間に、和人居住者が増え、追い込まれていったことがわかる。

(2) 檜山支庁のアイヌは、農村に居住の者は全部農業を、海岸に居住する者は漁業を主とし、杣や農業を兼ねていた（1920年『殖民広報』116号）。

(3) 太魯村のアイヌは、8戸45人いた。そのうち、アイヌ同士の結婚は3戸13人、他は和人との結婚であった（1922年『旧土人に関する調査』）。

(4) 檜山支庁のアイヌは、全員、日本語を解した（1922年『旧土人に関する調査』）。

後志（しりべし）地方

1. 市町村のアイヌ人口

市町村名 \ 西暦（元号）	1921年（大正10）	1925年（大正14）	1935年（昭和10）
余市	70 (219)	74 (169)	53 (245)
古平	2 (16)	2 (18)	1 (6)
岩内	1 (2)	1 (1)	
美国	2 (16)	? (11)	
神恵内	1 (4)	1 (1)	1 (1)
西島牧（島牧）	2 (10)	2 (10)	2 (1)
入舸（積丹）	9 (52)	5 (48)	
大江（仁木）	1 (6)	1 (5)	1 (3)
塩谷（小樽）	7 (36)	1 (4)	2 (7)
喜茂別	7 (32)	1 (32)	
南尻別（蘭越）		1 (9)	1 (9)
前田（共和）		1 (5)	
留寿都		1 (6)	
合計	102 (392)	91 (319)	61 (272)

※ 1909年の小樽区（現・小樽市若竹町～手宮までの範囲）のアイヌは7戸16人である（3月27日『小樽新聞』）。都市化が進み、アイヌの人たちを移住させた結果である。

積丹半島では、余市と入舸を除く地域の、アイヌの人口が少なかった。塩谷も、1921～25（大正10～14）年の間に激減した。後志全体の人口も、減少の一途であった。

2.「給与地」の活用状況（1936年）

市町村名 \ 活用分類	現在戸数	「下付」戸数	田に利用	畑に利用	未開墾地	開墾不能地	流失地
余市	53	37	20	108.8	21.2	8.7	0
大江（仁木）	1	1	0	2.9	0	0	0

「給与地」を利用したのは、ほぼ余市のみであった。

196

3.「給与地」の「下付」15年以内と、15年以降（1936年時点）

15年以内		
開墾地	未開墾地	開墾不能地
0	8.8	0

15年以降			
開墾地	未開墾地	開墾不能地	流失地
113.8	12.3	8.8	0

 1920（大正9）年頃までに、ほぼ開墾を終えていた。

4. 歴史

(1) 札幌・小樽郡のアイヌ（男22人、女7人）が、東京の開拓使仮学校に入り、渋谷御用地では農業を学ぼうとしていた（1872年6月『郵便報知』）。なお、後志国と後志支庁は範囲が異なることに注意。

(2) 1900（明治33）年の後志国のアイヌは、179戸713人（『殖民広報』第6号）であった。一方、1902（明治35）年の後志国の全人口は、21万628人であった（『殖民広報』15号）。

(3) 1907（明治40）年までの後志国の「給与地」は、26筆247.3町だった（『殖民広報』）。

(4) 1916（大正5）年の後志支庁のアイヌの戸数は、余市町84戸、古平町16戸、入舸村10戸、真狩村6戸、塩谷村4戸、美国町・西島牧・神恵内村3戸、磯谷村2戸、岩内村1戸であった（1922年『殖民広報』）。

(5) 教育を受けた者の職業は、漁業を第一とし、農業、日雇いがこれに次いだ（1920年『殖民広報』第116号）。※後志地方の沿岸ではニシン漁が盛んで、アイヌの人たちも前近代から続く漁業を容易に受け入れることができたのだろう。

(6) 違星北斗が「痛快に『俺はアイヌだ』と宣言し正義の前に立った確信」と詠んだ短歌が、『小樽新聞』に掲載された（1927年11月7日）。

(7) 違星北斗が「疑ふべき……フゴツペの遺跡／問題の古代文字／アイヌの土俗的傍証」を発表した（1927年12月19日『小樽新聞』）。

近現代アイヌ列伝　天川恵三郎（1864〜1934年）

アイヌ名エシャラで小樽のクマウス（現・船浜町）で生まれた。小樽最初の学校（量徳小学校）の一期生で、その後、浜益村に移住させられた。1900年頃、旭川に陸軍第七師団を置くことになり、園田安賢北海道長官と政商・大倉喜八郎が組んで、近文アイヌの土地を奪おうとした。近文アイヌは天川を招聘し、反対運動を起こした。近文「給与」予定地は30年間、旭川町が管理することで折り合いを付けた。

近現代アイヌ列伝　違星北斗（1901〜1929年）

余市の生まれ。大正デモクラシーの社会環境の中、「アイヌの復興はアイヌの手によってせねばならない」という思いから売薬の行商を行いながら、日高・後志・石狩・胆振のアイヌ集落を訪れ、民族の自覚と団結を訴えた。その想いは自らの短歌として『小樽新聞』などに掲載された。1927年に同人雑誌『コタン』を発行している。

石狩地方
(いしかり)

1. 市町村のアイヌ人口

西暦(元号)　　　　市町村名	1921年(大正10)	1925年(大正14)	1935年(昭和10)
江別	4 (24)	2 (10)	2 (3)
石狩	36 (10)(逆か)	10 (34)	3 (14)
浜益(石狩)	50 (194)	55 (126)	32 (185)
恵庭	8 (43)	12 (67)	8 (48)
千歳	44 (272)	47 (260)	55 (282)
篠路(札幌)			5 (1)(逆か)
厚田(石狩)			8 (1)(逆か)
合計	116 (569)	126 (497)	102 (545)

※ 1925年、札幌市(女1人)、琴似(男1人)、千歳39戸(男88人、女91人)、恵庭8戸(男25人、女30人)、広島(男3人)で、ほとんどが日雇いで、農業に従事するものもいるという(1925年1月21日『小樽新聞』)。

江別・石狩は減少の一途、千歳と浜益は大きな人口を保った。なお、浜益の人口については、1886年に高島・忍路郡から移されたアイヌが含まれている。

2. 「給与地」の活用状況(1936年)

活用分類　　　　市町村名	現在戸数	「下付」戸数	田に利用	畑に利用	未開墾地	開墾不能地	流失地
石狩	3	0	0	9.6	0	0	0
浜益(石狩)	32	27	4.9	10.7	125.6	0	0
恵庭	8	11	27.1	15.0	7.9	0	0
千歳	55	16	14.9	51.9	33.8	1.4	0
厚田(石狩)	1	14	19.3	14.3	0	48.6	0

浜益は未開墾地が多く、厚田は開墾不能地が多かった。千歳は「給与地」を活用しない人が多かった。

3. 「給与地」の「下付」15年以内と、15年以降 (1936年時点)

15年以内		
開墾地	未開墾地	開墾不能地
40.9	89.7	0.9

15年以降			
開墾地	未開墾地	開墾不能地	流失地
137.4	77.6	49.5	0

1920(大正9)年頃までは未開墾地、開墾不能地の割合が多かったが、1920年以降は未開墾地の割合が増加した。

4. 歴史

(1) 札幌・小樽郡のアイヌ（男22人、女7人）が東京に行き、開拓使仮学校に入塾し、渋谷御用地で農業を学ぼうとしていた（1872年6月『郵便報知』）。

(2) 江別対雁は、1871（明治4）年頃は7～8戸の集落だった。1878（明治11）年、サハリンから宗谷、そして、この地に127戸853人が強制移住させられてきた。1905（明治38）年、ほとんどがサハリンに帰り、1922（大正11）年現在では、1戸6人しかいなかった（1922年『旧土人に関する調査』）。

※北海道開拓使は、対雁アイヌに対し、「扶助米塩ヲ給シ農業・漁業ノ業ヲ授ケ」（『対雁移住旧樺太土人沿革』）という「援助」をし、その後、共済組合を設立し、学校を作った。しかし、1886年、コレラと天然痘が流行し、三百数十人のアイヌがまたたくまに病死した。

(3) 石狩町生振のアイヌ集落は、和人の侵入とともに、他地方へ移住した（1922年『旧土人に関する調査』）。

(4) 千歳に学校が設置された（1880年11月20日『函館新聞』）。

(5) 1883（明治16）年、シカとサケが減少し、イナゴが大発生。根室県では飢餓が生じたが、千歳のみ自立共同体のもとで漁獲があり、飢餓を見なかった（『札幌県旧土人沿革調査』）。

(6) 1886（明治19）年、後志国の高島・忍路郡から浜益村毘砂別に、アイヌ十数戸が移住してきた（1922年『旧土人に関する調査』）。

(7) 1900（明治33）年12月の石狩国のアイヌの戸数は288戸、人口は977人（『殖民広報』6号）、1902（明治35）年は177戸654人（『殖民広報』15号）だと言う。（※2年間のこの大きな違いは、どちらかの数字が不正確だと見られる。）

(8) 浜益村の米田ナツ他20名に農具・種子を貸し与えることを許可した（1905年3月15日『小樽新聞』）。

(9) 千歳村蘭越は和人の移住がなく、生存競争に巻き込まれず、恵庭村漁（いざり）では8戸あるが、日常的に和人と接していた（1922年『旧土人に関する調査』）。

(10) 1931年、バチェラー主宰の堯祐幼稚園でアイヌ青年大会が開かれた（1931年8月4日『小樽新聞』）。

(11) バチェラーの「アイヌ保護学園」が財団法人化することを、内務省が認可した（後のバチェラー学園）（1929年5月24日『小樽新聞』）。

近現代アイヌ列伝　白沢ナベ
（1906～1993年）

千歳の蘭越で生まれた。30代の頃、父・小山田サンレキテに「私たちの言葉を残さなければ、魂がなくなる」ということを言われた。現代に多数のカムイユカㇻ、ウエペケㇾなどの口承文学を伝えた。アイヌの世界を拒否し、和人の世界を求めたアオバトが悲惨な生涯を送る「ワオカムイ」のカムイユカㇻをよく話した。

近現代アイヌ列伝　中本ムツ子
（1928～2011年）

千歳の蘭越で生まれ、アイヌ語を母語とする両親や、14歳まで同居した祖母のもとで、アイヌ語やアイヌ文化を身に付けた。千歳アイヌの古老たちのウポポ[※1]を集め、白沢ナベとともに、アイヌ文化の伝承活動を進めた。「アイヌに自然保護の考えはない。自然の一部を使わせてもらい、生きている」と言った。

※1：祭りの時に女性が車座になって、シントコ（行器）の蓋を叩いて拍子をとりながら歌う合唱曲。（中川裕『アイヌ語（千歳方言）辞典』）

空知地方

1. 市町村のアイヌ人口

市町村名＼西暦（元号）	1921年（大正10）	1925年（大正14）	1935年（昭和10）
深川	6 (25)	4 (23)	4 (16)
栗沢	1 (2)	1 (9)	
音江（深川）	1 (2)		4 (19)
角田（栗山）	6 (11)		
新十津川	12 (55)	7 (44)	16 (70)
雨竜	7 (38)	6 (33)	1 (6)
一已（深川）		4 (23)	2 (12)
長沼			8 (51)
合計	33 (133)	22 (132)	35 (174)

※18〜19世紀に、和人商人による漁場労働と、流行病によって、イシカリ川周辺のアイヌ人口が激減していた（72頁参照）。

傾向　新十津川と長沼で一定の人口を保っていたが、全体的に人口が少なかった。

2.「給与地」の活用状況（1936年）

市町村名＼活用分類	現在戸数	「下付」戸数	田に利用	畑に利用	未開墾地	開墾不能地	流失地
深川	4	3	0	7.6	0	0	0
新十津川	16	10	4.6	21.7	17.3	1.8	0
長沼	8	6	15.5	2.4	4.7	3.7	0
音江（深川）	4	2	0	3.5	1.0	1.0	0

傾向　新十津川、長沼は、一定の「給与地」を活用しており、人口流失を押さえることができた一因か。しかし、新十津川では、未開墾地が多かった。

3.「給与地」の「下付」15年以内と、15年以降（1936年時点）

15年以内		
開墾地	未開墾地	開墾不能地
8.3	6.6	1.2

15年以降			
開墾地	未開墾地	開墾不能地	流失地
47.5	16.4	5.4	0

傾向　1920年（大正9）年頃まで、開墾すべき土地を開墾しつつも、1920年以降も開墾を続けていた。

4. 歴史

(1) 1895〜1899（明治28〜32）年頃までは、深川の戸数は8戸だったが、和人の増加とともに、他に移住していった（1922年『旧土人に関する調査』）。

(2) 1898（明治31）年に雨竜村が「開村」した当時、8戸のアイヌ集落だった（1922年『旧土人に関する調査』）。

(3) 磯谷イソラン外2、3戸は狩猟漁労の生活を行っていたが、樺戸分監長兼郡長警察署長の安村氏は、新十津川のアイヌに耕作を教えた。しかし、奈良の十津川から来た移民が、その土地を横領した（1900年6月13日『北海道毎日新聞』）。

(4) 1913年、雨竜村字伏古で「熊祭」（イヨマンテ）を行い、見物人が数百人に及んだ（1月10日『小樽新聞』）。

(5) 1914年、空知郡金山御料地内ホロカトナシュベツ沢森田砂金鉱区において、アイヌ3名が大グマ1頭を銃殺した（10月17日『小樽新聞』）。

(6) 1920（大正9）年、空知支庁のアイヌは、主に農業に従事し、冬は狩猟に従事した。雨竜のアイヌは、職業に習熟し、業務に努力したが、新十津川のアイヌは、そうではなかった（『殖民広報』116号）。

(7) 新十津川のアイヌ集落は、年々増加した（1922年『旧土人に関する調査』）。

近現代アイヌ列伝　杉村キナラブック（1888〜1973年）

深川生まれ。幼いときからアイヌの伝統的な暮らしの中で育ち、多数のユカラを聞き覚えた。花ござ（チタラペ）や刀をつるす帯のすぐれた織り手であった。『キナラブック・ユーカラ集』がある（『査読』）。

上川(かみかわ)地方

1. 市町村のアイヌ人口

市町村名 \ 西暦(元号)	1921年(大正10)	1925年(大正14)	1935年(昭和10)
士別	1 (1)		
知恵文(名寄)	3 (9)		
中川	6 (20)	2 (10)	1 (7)
名寄	47 (158)	33 (141)	39 (203)
旭川	54 (291)	61 (291)	75 (345)
合計	111 (479)	96 (442)	115 (555)

※ 1911年の上川支庁の戸数・人口は95戸・347人だった(1912年3月27日『小樽新聞』)。

傾向　旭川と名寄のみに、アイヌの人たちが集住。

〈近文(旭川)アイヌの戸数と人口〉

西暦(元号)	戸数(人口)
1822年(文政5)	上川アイヌ　520余人
1869年(明治2)	13 (105)
1875年(明治8)	34 (179)
1881年(明治14)	41 (192)
1910年(明治43)	52 (197)
1916年(大正5)	57 (277)

※ 1913(大正2)年において、近文アイヌは212人だったが、土地や農具を貸し、教員を置いて、学校の設備が整えられた。1908(明治41)年より、老衰者、疫病者の保護も行った。夏は農、冬は漁の生活であった(『殖民広報』71号)。

2. 「給与地」の活用状況(1936年)

市町村名 \ 活用分類	現在戸数	「下付」戸数	田に利用	畑に利用	未開墾地	開墾不能地	流失地
名寄	39	40	19.7	83.7	49.6	3.0	4.4
旭川	75	50	2.4	48.2	0	0	0

傾向　「給与地」を利用したのは、名寄と旭川のみ。名寄は未開墾地が多く、旭川は一戸一町歩程度を開墾した。

※ 1915(大正4)年、近文アイヌの農業が躍進したので、第一回旭川「旧土人」農産品評会を行った(『殖民広報』83号)。

3. 「給与地」の「下付」15年以内と、15年以降（1936年時点）

	15年以内			15年以降			
	開墾地	未開墾地	開墾不能地	開墾地	未開墾地	開墾不能地	流失地
上川 (旭川以外)	0	0	0	4.4	16.4	5.4	0
旭川	50.7	0	0	0	0	0	0

 上川（名寄しか「給与地」を活用していない）の「給与地」は、2.「給与地」の活用状況の数値に合わない。旭川は、1920年より後の15年間に、開墾地をすべて開墾したことになるが、これは15年以降（1920年以前）の間違いか。

※『旭川・アイヌ民族の近現代史』（金石義慧）によると、1905年時点で旭川の「給与地」150町歩のうち、耕作地は20町歩余りだったという。

4. 歴史

(1) 1887（明治20）年まで、上川地方は、アイヌのみが居住していた。1889（明治22）年、42戸の和人が居住。1890（明治23）年には3村（神居、旭川、永山）に、577戸2684人の和人集落ができた（『殖民広報』1号）。

(2) 名寄町名寄太には、もともとアイヌが居住していたが、現住者（1922年現在）は、1891・2年以降に来住した者ばかりである。「給与地」の設定により、近隣の集落、上士別、上名寄、沙流、鵡川、静内方面からも移住した（1922年『旧土人に関する調査』）。

(3) 陸軍第七師団の鷹栖村（近文原野）移転に伴い、近文原野をアイヌから取り上げ、大倉組に払い下げようとする動きが起こり、天川恵三郎、川上コヌサが東京に行き、反対運動をした（1922年4月25日『時事新報』）。

(4) 近文「給与地」問題は、アイヌに1町歩ずつ「貸与」えるということで解決した（1906年1月11日『北海タイムス』）。

(5) 1927年、近文アイヌの砂沢市太郎らが11月中旬に解平社の発会式を行うことになった（12月11日『小樽新聞』）。

(6) 近文アイヌ代表2人が旧土人保護法廃止とアイヌ民族自主建設のため、東京に行き、内務・大蔵大臣に働きかけた（1932年4月13日『小樽新聞』）。

(7) 1934年、近文アイヌ50戸が「保護法」改正によって旭川市から道庁管理下に置かれることになった（7月9日『小樽新聞』）。

 川村カネト（1893～1977年）

上川アイヌ首長の家系で、キンクシベツ（現・旭川市永山町）で生まれた。鉄道建設のため、測量を行い、測量技手の試験に合格。愛知県〜長野県（三信鉄道。現・飯田線）の鉄道建設のため、アイヌ測量隊を編成した。川村カネト・アイヌ記念館は、カネトの父・川村イタキシロマが、1916年に造成したアイヌ自身による最古の博物館である（沢田猛『カネト―炎のアイヌ魂』ひくまの出版、1983年参照）。

 荒井源次郎（1900～1991年）

旭川地裁、旭川市役所などに勤務。近文アイヌ「給与地」返還運動を1930年代に展開。一貫して「旧土人保護」法の撤廃を訴えた。

留萌(るもい)地方

1. 市町村のアイヌ人口

市町村名＼西暦(元号)	1921年(大正10)	1925年(大正14)	1935年(昭和10)
増毛	2 (18)	2 (19)	2 (9)
留萌	7 (28)	7 (53)	5 (28)
小平蘂(小平)	7 (34)	6 (31)	1 (2)
苫前	5 (18)	2 (17)	
焼尻	2 (10)	2 (13)	
遠別	9 (2)(逆か)	1 (4)	1 (1)
幌延	3 (9)	2 (3)	3 (3)
合計	35 (119)	22 (140)	12 (43)

留萌地方全体の人口は、大きく減少した。

2.「給与地」の活用状況(1936年)

市町村名＼活用分類	現在戸数	「下付」戸数	田に利用	畑に利用	未開墾地	開墾不能地	流失地
小平蘂	1	2	0	0	0	0	0
遠別	1	4	0	4.5	0.3	0.7	4.4
幌延	3	2	0	7.2	0	0	0

「給与地」の活用は極めて少なかった。

3.「給与地」の「下付」15年以内と、15年以降(1936年時点)

15年以内		
開墾地	未開墾地	開墾不能地
0	0	0

15年以降			
開墾地	未開墾地	開墾不能地	流失地
11.8	0.3	0.7	4.4

1920(大正9)年頃までは少ないながらも活用があったが、1920年以降は全く活用していなかった。

4. 歴史

(1) 天塩川筋に「散在」するアイヌ集落に対し、ポンピラ、カベシナイ、ペケルル、ナイブツなどの4ケ村に集住させ、農業をさせようとした（1894年12月30日『北海道毎日新聞』）。

(2) 1902（明治35）年末の調査によれば、天塩国のアイヌは72戸247人となった（『殖民広報』50号）。

(3) 1920年において、留萌支庁のアイヌは、馬車追や日雇いを行っていた（『殖民広報』116号）。

(4) 1920年頃において、留萌支庁では、アイヌ集落を形成する者はなく、和人と雑居していた（1922年『旧土人に関する調査』）。

※ (2) は天塩国、(3) (4) は留萌支庁である。

解説　急激な人口減少

前近代の1822年と1855年の人口を比較すると、
・増毛場所　85戸(437人)→39戸(136人)
・留萌場所　99戸(472人)→62戸(211人)
・苫前場所　48戸(211人)→20戸(109人)
となる。過酷な漁場労働で、この30年余りの間に大きく人口減少していることがわかる。さらに近代になっても人口減少に歯止めがかからない。水産業を基幹産業とし、「給与地」をいっさい活用しなかった地域では、アイヌ人口は激減している。これは「旧土人保護」法が民族差別に基づく法律であるという歴史評価とともに、狩猟生活から農業生活にシフトさせることに、一定の「効果があった」ことは認めなければならないだろう。

近代／北海道編

宗谷地方

1. 市町村のアイヌ人口

市町村名\西暦(元号)	1921年(大正10)	1925年(大正14)	1935年(昭和10)
稚内	8 (15)	1 (2)	1 (1)
宗谷	15 (42)	13 (48)	15 (24)
頓別(浜頓別)	4 (13)	5 (18)	3 (19)
枝幸	17 (73)	11 (54)	13 (48)
香深(礼文)	1 (10)	3 (11)	3 (18)
鴛泊(利尻富士)	6 (31)	6 (30)	7 (45)
鬼脇(利尻富士)			1 (1)
合計	51 (184)	39 (163)	43 (156)

枝幸、宗谷、鴛泊に人々が集まっているが、宗谷地方全体はあまり多い方ではなかった。

2.「給与地」の活用状況(1936年)

市町村名\活用分類	現在戸数	「下付」戸数	田に利用	畑に利用	未開墾地	開墾不能地	流失地
稚内	1	3	0	1.5	7.5	3.0	0
枝幸	13	3	0	2.7	8.9	0.01	0.1

「給与地」を活用した集落は少ない上に、活用してもほとんどうまくいかなかった。田畑に適さない土地が多かったためか。

3.「給与地」の「下付」15年以内と、15年以降 (1936年時点)

15年以内		
開墾地	未開墾地	開墾不能地
0	0	0

15年以降			
開墾地	未開墾地	開墾不能地	流失地
4.2	16.5	3.0	0.1

あまり田畑を開墾しなかったし、未開墾地が多かった。1920(大正9)年以降は、全く開墾していなかった。

4. 歴史

(1) 近代以前の戸数については、信頼すべき記録は少ない。明治初年までは和人の居住者はなく、宗谷が最大の集落だったようだ。1872（明治5）年に宗谷に開拓使支庁が設置されてから、和人が移り住むようになった（1922年『旧土人に関する調査』）。

(2) 1875（明治8）年、千島・樺太交換条約により、樺太アイヌが841人ほど宗谷に移住、12ヶ所の集落に分かれ、居住した。しかし、黒田清隆・開拓使長官の強硬な意見により、翌年、石狩の対雁に移住させられた（樺太アイヌ史研究会『対雁の碑』北海道出版企画センター、1992年）。

(3) 1900（明治33）年の天塩国のアイヌ人口は、78戸225人（『殖民広報』6号）、1902（明治35）年においては、72戸247人（『殖民広報』15号）だった。

(4) 1920（大正9）年において、宗谷支庁のアイヌは、主として漁業に従事し、冬期は角材薪炭の伐採を行った。和人の漁夫、または柧夫となって使われる人が多かった（『殖民広報』116号）。

(5) 1922（大正11）年において、アイヌ集落を形成する者はなく、宗谷支庁のアイヌは和人と雑居し、大半は和人と「混血」し、風俗習慣も和人と変わらなかった（1922年『旧土人に関する調査』）。

※ (3)は天塩国、(4)(5)は宗谷支庁である。

解説　「混血」と「民族文化」について

本書は、和人との「混血」の度合いや風俗習慣の和人化をもって、「同化」したとはとらえていない。自分たちの精神的基盤となる民族をアイヌととらえているかどうか。そこが民族を規定する根幹になると見ている。

なお、江戸幕府の蝦夷地「直轄」以降、アイヌの風俗習慣は国の「同化」政策のもとに、「陋習（ろうしゅう）」とされ、「改善」されるべきものとされてきた。しかし、1980年代以降の世界的な先住権獲得のうねりの中で、民族文化の保護、発展も重要な「民族の表現」となっている。

網走地方
あばしり

1. 市町村のアイヌ人口

西暦(元号) 市町村名	1921年 (大正10)	1925年 (大正14)	1935年 (昭和10)
網走	31 (88)	21 (80)	24 (93)
美幌	37 (115)	24 (85)	35 (124)
津別	4 (12)	4 (12)	
小清水	3 (8)	1 (7)	2 (5)
斜里	15 (61)	31 (116)	30 (114)
端野(北見)	1 (8)		2 (6)
上湧別	6 (14)	3 (6)	1 (1)
紋別	20 (79)	2 (75)[※1]	18 (72)
渚骨(紋別)	9 (23)	9 (25)	
瀧上	2 (9)	2 (7)	
野付牛(北見)	1 (2)	1 (2)	
置戸	1 (9)	1 (7)	1 (10)
留辺蘂(北見)	1 (3)	1 (2)	1 (2)
佐呂間	2 (15)	3 (18)	1 (5)
常呂(北見)	17 (45)	9 (27)	9 (14)
遠軽	1 (7)		
興部	7 (10)		
雄武	4 (17)	5 (17)	6 (15)
下湧別(湧別)		6 (8)	
合計	162 (525)	123 (494)	130 (461)

※1：20戸か。

傾向　美幌、斜里、網走、紋別にアイヌの人たちが集まっている。

208

2.「給与地」の活用状況(1936年)

活用分類 市町村名	現在戸数	「下付」戸数	田に利用	畑に利用	未開墾地	開墾不能地	流失地
網走	24	37	15.7	103.9	19.5	8.8	0
美幌	35	48	85.6	42.7	5.0	0.2	2.4
斜里	30	38	0	79.7	39.7	5.4	1.0
上湧別	1	7	0	3.0	0	2.4	12.4
紋別	18	1	0	0	3.0	2.0	0
置戸	1	1	0	3.9	0	0.5	6.0
雄武	6	4	0	4.7	0.1	1.0	0.2
下渚骨	0	6	0	19.9	0.03	0	0

網走、美幌では田畑として、斜里では畑として活用した。

3.「給与地」の「下付」15年以内と、15年以降 (1936年時点)

15年以内			15年以降			
開墾地	未開墾地	開墾不能地	開墾地	未開墾地	開墾不能地	流失地
88.1	25.5	5.5	271.3	41.9	14.9	16.1

1920（大正9）年頃まで開墾し続け、1920年以降も開墾し続けた。

4. 歴史

(1) 1900（明治33）年の北見国のアイヌ人口は、330戸950人（『殖民広報』6号）、1902（明治35）年は、287戸920人（『殖民広報』15号）だった。

(2) 1914（大正3）年、常呂林にクマによる被害が頻繁に出ていたところ、アイヌが仕掛け弓を使ってクマを獲った（1914年6月14日『小樽新聞』）。

(3) 1922（大正11）年において、中湧別は8戸16人、美幌は1888（明治21）年以降、和人が進入し、その勢力に「圧迫」された（1922年『旧土人に関する調査』）。

(4) 1934（昭和9）年、「美幌町旧土人互助組合協議」で「旧土人の『更生』に関する件」などにつき、支庁から提示され、「研究」協議されることになった（1934年3月6日『小樽新聞』）。

※「更生」とはどういうことを指しているのか。上から目線のこの言葉に和人役人の思い上がりを感じる。

渡島(おしま)地方

1. 市町村のアイヌ人口

市町村名 \ 西暦(元号)	1921年(大正10)	1925年(大正14)	1935年(昭和10)
八雲	18 (78)	16 (90)	23 (83)
森	10 (61)	10 (73)	5 (27)
臼尻(函館)	4 (25)	4 (24)	5 (40)
鹿部	1 (4)	1 (4)	
落部(八雲)	28 (161)	21 (171)	16 (70)
長万部	23 (97)	?	18 (82)
合計	84 (426)	52 (362)	67 (302)

※ 1926(大正15)年の渡島支庁管内のアイヌは71戸・男女計379人だった(1926年3月14日『小樽新聞』)。

傾向　八雲、森、落部、長万部に人口が多かった。だが、落部、森では、急激な人口減少。

2.「給与地」の活用状況(1936年)

市町村名 \ 活用分類	現在戸数	「下付」戸数	田に利用	畑に利用	未開墾地	開墾不能地	流失地
八雲	23	22	0	30.3	0	0	0.5
森	5	2	0	0.09	0	0	0
長万部	18	23	0	21.1	0	1.1	1.8

傾向　渡島半島の活用は少ないが、活用している場合、「効率」はよかった。人口の多い落部、森では活用がなかった。

解説　**徳川義親**
（1886～1976年）
松平慶永(春岳)の五男で尾張徳川家を継ぐ。1912年に八雲に開墾に来る。熊彫を奨励するが、これは後、アイヌの民芸になっていく。

3.「給与地」の「下付」15年以内と、15年以降（1936年時点）

15年以内		
開墾地	未開墾地	開墾不能地
0	0	0

15年以降			
開墾地	未開墾地	開墾不能地	流失地
51.5	0	1.1	2.3

傾向　「給与地」を活用した場合は、多くが「成功」したようだ。1920（大正9）年頃以降は15年間は、全く「給与地」を活用しなかった。

4. 歴史

(1) 茅部郡にシカが大量に捕れ、その結果、得たお金で函館に行き、漆器類を買った（1881年3月18日『函館新聞』）。

(2) 八雲の遊楽部で、アイヌの学校の開校式を行った（1884年1月4日『函館新聞』）。

(3) 1900（明治33）年、落部村のクマ撃ち名人・弁開凧次郎が青山御所で皇太子（後の大正天皇）に子グマを「献上」した（1906年6月13日『小樽新聞』）。

(4) （1900年12月現在の）「渡島国のアイヌ人口」は、54戸225人（『殖民広報』6号）であった。一方、（1902年12月現在の）「渡島国の全人口」は、23万2181人（『殖民広報』15号）だった。

(5) 1907（明治40）年の「渡島国のアイヌ人口」は、344人だった（1911年版『北海道旧土人』）。

(6) 1918（大正7）年、徳川義親が八雲山中で、7名（うちアイヌ4名）を連れて、クマ狩りを行うという（1918年3月10日『小樽新聞』）。

(7) 1920（大正9）年において、長万部村のアイヌは、衣食住その他風俗も和風になり、イヨマンテのときのみ「旧風の服装」をなした（河野常吉『アイヌ聞取書』）。

(8) 渡島支庁では、八雲のみ「恒産的観念ノ見ルベキモノアル」とした。40歳以上で日本語を理解する者114人、40歳未満で311人。40歳以上で文字を理解する者3人、40歳未満では116人だった（1922年『旧土人に関する調査』）。

(9) 1925（大正14）年末において、渡島支庁のアイヌが476人いた（1926年『北海道旧土人概況』）。

※ (3)(5) 渡島国、(8)(9) は渡島支庁である。

事件　アイヌ墳墓盗掘事件

1865年9月、森林で、キツネ狩りを装ったイギリス人がアイヌ墓地を荒らし、人骨4体を盗み、イギリスに送った。翌日には落部村に行き、アイヌ人骨13体を運ぼうとするが、ここで事件が発覚した。このとき江戸幕府・箱館奉行はイギリス領事に対して徹底して事件解決を迫った（小井田武『アイヌ墳墓盗掘事件』参照）。近現代の和人の人類学者がアイヌ人骨を研究のために「盗掘」し続ける「先駆け」となった事件である。

近現代アイヌ列伝　弁開凧次郎（べんかいたこじろう）（1847～1924年）

八雲の落部（おとしべ）のコタンに生まれた。アイヌ名はイカシパ。1902年、八甲田山雪中行軍遭難事件が起き、歩行5連隊はアイヌ民族への協力を要請。弁開らが捜索活動を行った。

胆振(いぶり)地方

1. 市町村のアイヌ人口

西暦(元号) 市町村名	1921年 (大正10)	1925年 (大正14)	1935年 (昭和10)
苫小牧	4 (8)	4 (8)	
伊達	91 (325)	91 (325)	85 (431)
厚真	37 (160)	22 (124)	26 (112)
虻田	35 (111)	22 (140)	31 (149)
弁辺(豊浦)	57 (289)	57 (303)	
鵡川(むかわ)	142 (550)	132 (564)	132 (591)
似湾(むかわ)	162 (655)	160 (698)	
幌別(登別)	57 (384)	58 (373)	68 (317)
白老	190 (930)	170 (955)	193 (1008)
安平	1 (4)		
豊浦			62 (331)
穂別(むかわ)			145 (668)
室蘭	111 (493)	104 (543)	86 (356)
合計	887 (3909)	820 (4033)	828 (3963)

※ 1899(明治32)年の室蘭管内(現・胆振地方)のアイヌは、戸数770戸、人口3500人余りであった(1903年3月8日『小樽新聞』)。

※ 1900(明治33)年の胆振国のアイヌ人口は戸数893戸3981人(『殖民広報』6号)、1902(明治35)年では893戸4038人(『殖民広報』15号)だった。

 傾向　白老、幌別、伊達は、アイヌの人口の多い地だった。

近現代アイヌ列伝　金成マツ
(1875〜1961年)

　幌別(現・登別)の生まれで、ジョン・バチェラーの設立した函館の愛憐学校に入学した。旭川の近文に移転してからは、布教に努めた。

　1928年からユカㇻの執筆活動に入り、1944年までに大学ノート72冊(約1万5千頁)をローマ字で筆録した。それらの一部は『アイヌ叙事詩ユーカラ集』となって刊行されたが、現在に至っても、まだ翻訳し終わっていない(『査読』を参照)。

2.「給与地」の活用状況（1936年）

活用分類 市町村名	現在戸数	「下付」戸数	田に利用	畑に利用	未開墾地	開墾不能地	流失地
伊達	85	90	0	166.7	0	3.2	0
厚真	26	23	22.4	15.3	3.5	0.8	1.4
虻田	31	38	0	114.4	0	0	0
鵡川（むかわ）	132	91	149.0	35.6	28.7	4.0	30.2
幌別（登別）	68	6	0	5.5	4.6	2.8	0
白老	193	149	90.7	280.8	94.5	0	0
豊浦	62	14	0	15.1	0	0	0
穂別（むかわ）	145	125	2.8	258.5	3.2	8.3	3.5
室蘭	86	63	85.1	0	28.3	0	0

傾向　白老、鵡川、伊達、穂別で「給与地」を大きく活用した。あくまでも結果としてだが、アイヌの人たちが土地と関わったのが、人口を保った一因か。

3.「給与地」の「下付」15年以内と、15年以降（1936年時点）

	15年以内			15年以降			
	開墾地	未開墾地	開墾不能地	開墾地	未開墾地	開墾不能地	流失地
室蘭以外	124.3	21.3	3.3	752.2	299.6	110.4	35.2
室蘭	0	0	0	85.1	28.3	0	0

傾向　「給与地」を大きく利用。失敗も不能地も流失地もあったが、開墾していった。

4. 歴史

(1) イギリス人のジョン・バチェラーは、幌別村にアイヌ学校を創設する計画で、アイヌ民族の金成太郎を教員にしようとした（1887年10月20日『北海道毎日新聞』）。
(2) 勇払郡のアイヌに農業を「奨励」し、開墾を「監督」した結果、大豆・小豆・麦・粟等を収穫した。苫小牧の木村亀太郎が仲介に入り、相当の価格で売りさばいた（1887年10月25日『北海道毎日新聞』）。
(3) 1884年（明治17年）に、人家の一部を利用して作った有珠のアイヌ学校は、新校舎となった（1888年1月25日『北海道毎日新聞』）。

近現代アイヌ列伝　知里幸恵
（1903～1922年）

　幌別（登別）生まれ。6歳のときに伯母の金成マツの養女になり、アイヌの口承文芸を学んだ。金田一京助に出会い、アイヌの神謡（カムイユカラ）をアイヌ語と和訳で筆録した。これは1923年に世界初のアイヌ自身による神謡集として出版されたが、幸恵は前年19歳で亡くなっている。

(4) 1899（明治32）年以前より、胆振支庁で「アイヌが土地所有したもの」は、5.4町で、北海道全体のアイヌ」（21.8町）の24.7％を占めた（1936年『北海道旧土人概況』）。
(5) 1910（明治43）年、有珠山噴火のため、虻田、有珠、壮瞥、洞爺方面から真狩村へ避難したアイヌは、避難解除になっても帰れなかった（1910年8月10日『小樽新聞』）。
(6) 虻田第二尋常小学校長の白井柳次郎は、「土人組合」を組織し、郵便局に預金することを勧めた（1910年11月6日『北海タイムス』）。
(7) 1914（大正3）年、鵡川の男たち（和人？）が、アイヌの埋葬されている墓を掘り出し、屍体とともに「宝物」も取って、「東京方面へ人類学研究資料」として売却した（1914年4月13日『小樽新聞』）。
(8) 1919（大正8）年、虻田・有珠・弁辺のアイヌ青年の代表3人が札幌に行き、バチェラーの案内で内務部長を訪問し、「世襲的に占有した土地は未許可のままのものも許可」するように要請した（1919年4月13日『小樽新聞』）。
(9) 室蘭市絵鞆コタンでは和人が増加し、一大市街となった。白老郡白老、敷生、社台のアイヌ人口は年々増加、鵡川村目井戸、虻田郡弁辺もアイヌ人口が増加、厚真、伊達村有珠、虻田村は人口が減少した（1922年『旧土人に関する調査』）。
(10) 1915（大正4）年に組織した、白老「土人」協会は、有志の寄付金も加え、集会所・浴場を設置した。また、白老・幌別のアイヌ協会を対象にした白老病院が設立された（1922年8月13日『北海タイムス』）。
(11) 1922（大正11）年、室蘭の23人のアイヌが「所有名義が明らかにされずに官有地として取り扱われていた土地」の所有権を認めさせるため、札幌地裁民事部に手続きを取っていたが、その口頭弁論が3月9日の予定になった（1922年2月24日『小樽新聞』）。
(12) 1900（明治33）年以降に、胆振支庁で「アイヌが土地所有したもの」は、741.8町で、北海道全体のアイヌ（2115.8町）の35.0％を占めた（1936年『北海道旧土人概況』）。

 アイヌの遺骨が大学に

北大、札幌医科大、東大、京大など、研究のためと称して、アイヌの遺骨が墓から奪われ、保管された。全国9大学1636体の遺骨だが、(7)はそれに関連する記事である。

近年、アイヌ民族から、遺骨の集落への返還を求める運動が広がっている。それに対し、内閣官房アイヌ総合政策室では、誰の遺骨か特定できなくさせる、遺骨に付いている土を「洗浄」するように指示し、北大等は「洗浄」を進めた。

 **知里真志保**（1909〜1961年）

知里幸恵の弟。東京帝国大学在学中に『アイヌ語法概説』などを執筆。1943年に『分類アイヌ語辞典』や『地名アイヌ語小辞典』などを相次いで刊行した。和人のいわゆる「アイヌ学」学者の不十分な論には徹底的に反駁した。

野村義一（1914〜2008年）

白老生まれ。1964年に北海道ウタリ協会（北海道アイヌ協会を改称）の理事長になり、96年まで務めた。当初は旧土人保護法を維持しながら格差是正を求める方針だったが、80年代以降は先住権をもとにアイヌ新法の制定をめざした。92年12月、国連本部で行われた「国際先住民年」の開幕式で記念演説をした。

日高（浦河）地方

1. 市町村のアイヌ人口

市町村名	1921年（大正10）	1925年（大正14）	1935年（昭和10）
平取外8村	278（1363）	332（1375）	367（1746）
門別	153（690）	180（758）	197（887）
高江（新冠）外7村	142（517）		
静内	345（1037）	359（1164）	413（1659）
三石	86（474）	83（351）	108（382）
荻伏（浦河）	191（414）	68（292）	113（474）
浦河	119（422）	99（497）	110（423）
様似	78（283）	73（310）	84（331）
新冠		116（551）	124（494）
合計	1392（5200）	1310（5298）	1516（6396）

※ 1900（明治33）年の日高国のアイヌ人口は、129戸6206人（『殖民広報』6号）、1902（明治35）年の人口は137戸6333人（『殖民広報』15号）だった。

傾向　平取、静内、門別に人口が集中した。他地域も人口が多いまま保たれた。アイヌモシリの中で、最も人口が集まった地域と言える。

解説　新冠御料牧場

　新冠御料牧場は、その名のとおり、天皇家の牧場であった。そこに住んでいた人々はアイヌであり、1916年、牧場拡大のために上貫別へ強制移住させられた。移住して10年の間、やせた土地のため、かなりの人が亡くなったという。
　1923年、牧場は新冠の去童（さるわらんべ）の19戸のアイヌに貸していた土地の返還を求めた。新冠村長・十倉十六美は開放運動を指導し、牧場側は一時的に矛を収めた。
　戦後の1946年、牧場側は土地を牧場退職者に与えると言い出した。アイヌの人たちは新冠御料牧場形成同盟を作り、新しくできた北海道アイヌ協会も支援した。その結果、御料牧場は小作人に解放された。

解説　平取のアイヌの名字の付け方

　近代になって、日本政府はアイヌの人たちに創氏を強要した。ここに来た役人は、アイヌ語地名を見て、

・ピラウトゥル（平取）だから「平村」
・ニブタニ（二風谷）だから「二谷」
・ピパウシのピパは貝だから「貝沢」

と、思い付きで名字を付けたという（萱野茂『アイヌの碑』朝日新聞社、1980年）。

近代／北海道編

215

2.「給与地」の活用状況(1936年)

活用分類 市町村名	現在戸数	「下付」戸数	田に利用	畑に利用	未開墾地	開墾不能地	流失地
平取外8村	367	253	81.8	372.6	135.8	17.8	40.6
門別	197	189	105.8	140.1	159.6	75.5	25.2
静内	413	131	3.5	98.8	153.6	0	0.1
三石	108	51	5.3	40.5	2.5	1.8	0.3
荻伏(浦河)	113	95	27.1	77.8	11.8	2.4	2.2
浦河	110	57	27.3	38.8	8.3	7.8	1.5
様似	84	28	10.3	40.9	1.8	2.9	1.8
新冠	124	104	3.4	97.5	9.1	0.09	2.6

傾向 平取は、未開墾地が多いが、それ以上に畑として利用した。門別、静内は、未開墾地が多かった。荻伏、新冠は、ほぼ「成功した」土地と言える。静内、浦河は活用しない人も多かった。

3.「給与地」の「下付」15年以内と、15年以降（1936年時点）

15年以内			15年以降			
開墾地	未開墾地	開墾不能地	開墾地	未開墾地	開墾不能地	流失地
44.4	166.2	1.9	1127.9	316.5	106.6	74.6

傾向 「給与地」を利用し、農業を行ってきた。1920（大正9）年頃まで、さかんに開墾したが、それ以降は、未開墾地が多かった。

※1900（明治33）年以降に、日高支庁で「アイヌが土地所有したもの」は936。2町で、北海道全体のアイヌ（2115.8町）の44.2％を占めた（1936年『北海道旧土人概況』）。

4. 歴史

(1) 日高国のアイヌに、マレップを使ってのサケ漁を禁止した。三石のアイヌは昆布拾いを行った。元浦河のアイヌは禁制を知らず、マレップを使う者がいた（1879年11月20日『函館新聞』）。「マレプ」とは「銛、回転銛」（『萱野茂のアイヌ語辞典』）。

(2) 静内では、昨年凶漁の上に、バッタ駆除と、漁夫給料が高いため、漁業を休止した。しかし、アイヌのイカ

ブシ、シネヘアンと郡惣代は、漁業を始めようとした（1882年5月12日『函館新聞』）。
(3) 平取学校で農業技術を教え、開墾に着手した（1885年6月21日『函館新聞』）。
(4) 浦河、様似、沙流のアイヌに農業を奨励するため、道庁の役人を派遣した（1889年5月15日『北海道毎日新聞』）。
(5) サルコタンの首長・鍋沢サムロッオは、「土人保護法」を成立させるため、議員に陳情に回った（1895年2月14日『北海道毎日新聞』）。
(6) 沙流郡厚別村では、開墾を勧めたが、開墾しようとはしなかった。1891（明治24）年、石川県出身の山本三郎が来て開墾を始め、アイヌの人たちも始めた（1898年9月9日『北海道毎日新聞』）。
(7) 新冠の牧場のアイヌ90戸を新冠郡姉去村に移住させ、1戸に付き27反ないし、2丁歩の土地を「下付」したが、1反歩に付き平均20銭ずつ小作料を徴収する製造業者が現れ、アイヌから奪った土地を1反歩1円50銭ずつ「内地」人に貸付するという問題が起きた（1907年4月23日『小樽新聞』）。
(8) 二風谷村の貝沢藤蔵が小樽新聞札幌支社を訪れ、「アイヌも和人も公平に土地の払い下げを許可するように取りはからってほしい」と訴えた（1914年3月5日『小樽新聞』）。
(9) アイヌの健康を目的とした、静内病院を設立した（1922年11月25日『北海タイムス』）。
(10) 平取他、付近の村では、古くから和人に接触していたため人口増加、門別村は和人と接触してきた人々とそうでない人々に「差」が出てきた（この書は、「接触したほうがよい」という視点）。三石村では、和人にだまされ、土地を失う者がいた（1922年『旧土人に関する調査』）。
(11) 北海道庁の山本社会課長が浦河（管内）旧土人給与地整理のため出張し、北海道全「旧土人給付地」の整理が終わることになった（1924年10月23日『小樽新聞』）。
(12) 静内で「アイヌ族『更生』のための協議会」が開かれ、明春早々、全道のアイヌに「更生同志会」の発表式を催すことになった（1934年12月28日『小樽新聞』）。

近現代アイヌ列伝　小川佐助
（1905〜1987年）

戦後、GHQのジョセフ・スイングから「アイヌの独立の話」が出るが、小川ら4人のアイヌは断った。新・北海道アイヌ協会で常務理事となり、発足時の同協会を切り盛りした。特に新冠御料問題では農林省・宮内省に訴え、高松宮と会見し、窮状を訴えた。競馬騎手、調教師としても活躍した。

近現代アイヌ列伝　萱野茂
（1926〜2006年）

平取町二風谷生まれ。20代後半からアイヌの民具を集め、1972年、二風谷アイヌ資料館を設立した。1983年、二風谷アイヌ語塾を開始し、87年からSTVラジオでアイヌ語講座を始めた。92年、「アイヌの聖地にダムを造る」問題で二風谷ダム訴訟を起こし、97年、アイヌ民族を先住民族と認める判決が出された。また、94年、参議院議員に当選し、97年のアイヌ文化振興法制定に尽力した。

十勝地方

1. 市町村のアイヌ人口

西暦（元号） 市町村名	1899年 （明治32）	1916年 （大正5）	1921年 （大正10）	1925年 （大正14）	1935年 （昭和10）
帯広	(180)	(238)	43 (201)	48 (207)	46 (226)
鹿追			1 (6)	1 (6)	1 (4)
川上（陸別）			4 (14)	4 (18)	
音更	(168)	(189)	55 (193)	25 (101)	28 (89)
幕別	(260)	(276)	73 (241)	61 (237)	51 (216)
川合（池田）	(214)	(225)	22 (81)	44 (129)	43 (135)[※1]
芽室	(337)	(209)	70 (227)	37 (133)	51 (176)
本別	(157)	(143)	23 (104)	53 (119)	35 (116)
浦幌	(39)	(41)	7 (40)	5 (26)	6 (27)
大津（豊頃）	(92)	(37)	27 (90)	19 (80)	14 (67)
茂寄（広尾）	(215)	(297)	65 (376)		
大正（帯広）				2 (6)	
広尾				65 (400)	48 (208)
上士幌					11 (41)
大樹					7 (30)
川西（帯広）					2 (4)
合計	(1662)	(1655)	390 (1573)	364 (1462)	343 (1339)

※1：池田。
※ 1899年、1916年の人口は、1922年の『旧土人に関する調査』の統計である。

傾向　帯広で一定の人口が保たれていること、芽室、茂寄、音更に人口が多かった（1899年）のに、減少していき、幕別で一定の人口が保たれていた。

※ 1900（明治33）年の十勝国のアイヌの人口は402戸1662人（『殖産広報』6号）、1902年（明治35）年では403戸1704人（『殖産広報』15号）だった。

2.「給与地」の活用状況（1936年）

活用分類 市町村名	現在戸数	「下付」戸数	田に利用	畑に利用	未開墾地	開墾不能地	流失地
帯広	46	55	22.7	199.2	0	3.6	6.1
幕別	51	51	0	217.0	0	5.2	1.0
芽室	51	58	0	171.1	0	23.1	36.3
本別	35	55	0.8	161.2	0	41.0	32.5
浦幌	6	41	0	126.7	20.0	12.1	20.0
大津（豊頃）	14	13	0	21.5	25.8	1.6	9.5
広尾	48	59	0	294.6	42.2	4.5	3.9
上士幌	11	10	0	31.9	0	10.0	5.5
池田	43	63	0	255.2	0	11.3	2.2
大樹	7	10	0	26.3	8.0	2.2	0
西足寄	0	3	0	11.5	0	0	2.7
音更	28	40	0	130.3	0	2.4	17.6

傾向　広尾、幕別、池田、帯広、本別など、「給与地」をよく活用し、畑として利用した。大津以外では、畑作地として成功した場合が多いようだ。

3.「給与地」の「下付」15年以内と、15年以降（1936年時点）

	15年以内			15年以降			
	開墾地	未開墾地	開墾不能地	開墾地	未開墾地	開墾不能地	流失地
帯広以外	241.7	28.1	4.5	1207.7	68.0	109.4	131.5
帯広	0	0	0	221.9	0	3.6	6.1

傾向　「給与地」を利用し、農業を行ってきた。1920（大正9）年以降も行っていたが、帯広は1920年以降は開墾しなかった。

4. 歴史

(1) 十勝国のアイヌに、道庁が「(農業の)指導」に当たった。さまざまな困難があったが、十勝郡、中川郡、河西郡、河東郡で収穫があった(1889年4月2日『北海道毎日新聞』)。

(2) 十勝国には、諸産物協同組合があって、アイヌの産業を保護していたが、1880（明治13）年に解散した。開拓使は、広尾、当縁の56戸のアイヌには海産干場を貸し、十勝外5郡の224戸には、大津川鮭引網漁場を貸し、山崎金助に「監督」を命じた。1883（明治16）年、山崎の「監督」は廃止された。だが、広尾、当縁郡のアイヌが蓄積金を請求しても、山崎はそれに応じなかった（1891年10月2日『北海道毎日新聞』）。

(3) 1907（明治40）年、河東郡伏古村で伏根安太郎、河東郡音更村で中村要吉、河西郡の芽室村で田村勝太郎が、同族（アイヌのこと）の学校教育を行った（『殖民広報』39号）。

(4) 芽室太、毛野の2集落、64戸233人のうち、自作農は29戸にすぎず、多くが狩猟を行い、「主婦」が耕作した。そこで、河西（現・十勝）支庁としては、組合作りを中心に「救済法」を考案中であった（1910年3月12日『北海タイムス』）。

(5) 武隈徳三郎を中心に音更古潭青年会を組織した（1915年1月28日『小樽新聞』）。

(6) 音更の中村要吉が「全道の各支庁よりアイヌの『先覚者』を集め、旧土人保護法に対するアイヌの意見を聞くべきだ」と北海道長官に請願した（1916年1月22日『小樽新聞』）。

(7) 1920（大正9）年、教育を受けた河西支庁のアイヌは、多くは農業に従事したが、冬は狩猟を行ったり、漁場・牧場・工場等に雇われていた（『殖民広報』116号）。

(8) 河西支庁のアイヌ「給与地」は、1132町8段1畝だが、アイヌ自らが耕作したのは377町1畝23歩、他は賃貸契約のもと、和人に奪われていた（1924年7月8日『北海タイムス』）。

(9) アイヌを「匡救」するため、互助組合を作り、互助会長の町村長が率先して和人から土地を返還、自作による自治に向かえるようにした（1924年7月14日『北海タイムス』）。

(10) 北海道庁・喜田章明がアイヌの「指導」について、宗教的根拠に基づく具体的な方法が必要であるとした（1927年2月10日『小樽新聞』）。

(11) 「十勝旭明社」の推薦による伏古の子どもが中等教育を受けるため札幌に出た（1929年3月21日『小樽新聞』）。

近現代アイヌ列伝　武隈徳三郎（1896〜1951年）

十勝の音更出身。郷里のアイヌ学校の教員になり、1918年、アイヌ文化を紹介する『アイヌ物語』を出版した。これはアイヌ自身が自らの文化を紹介する最初のものである。

近現代アイヌ列伝　吉田菊太郎（1896〜1965年）

十勝の幕別村字白人（しろっと）に生まれる。若い頃は酒におぼれたが、禁酒を誓い、十勝アイヌ旭明社に参加した。1931年、北海道アイヌ協会に参加、1946年、戦後の新・北海道アイヌ協会の副理事長になった。1959年、アイヌ文化の博物館、蝦夷文化考古館（幕別町）を造成した。

解説　北海道アイヌ協会

十勝の伏古コタンではアイヌの互助組合を作り、1927年には十勝の各コタンの指導的な人々を育てながら、十勝の五つの互助組合による「十勝旭明社」を作った。そして、それを発展させ、全道に支部を作ったのが北海道アイヌ協会（1931年）で、一貫して関わった喜多章明（和人）が理事長になった。しかし、同協会がどういう活動をしたのか、よくわかっていない。

釧路地方

1. 市町村のアイヌ人口

郡	市町村名	1909年(明治42)	1921年(大正10)	1925年(大正14)	1935年(昭和10)
釧路	釧路(市)	135 (578)	92 (423)	65 (246)	83 (418)
釧路	釧路(村)		7 (50)	7 (64)	2 (5)
釧路	昆布森(釧路町)		5 (21)	7 (42)	8 (52)
厚岸	厚岸	50 (139)	41 (125)	12 (37)	23 (76)
川上	熊牛(弟子屈)他3村	153 (249)	30 (131)	25 (141)	
川上	弟子屈		31 (133)	25 (133)	17 (81)
川上	標茶				40 (177)
阿寒	舌辛(阿寒)他2村	32 (154)	35 (146)	40 (159)	33 (171)
白糠	白糠	117 (479)	79 (288)	101 (403)	111 (462)
白糠	尺別(音別)		14 (39)		
白糠	音別			6 (26)	5 (20)
足寄	足寄 他1村	15 (44)	19 (54)	7 (26)	7 (27)
	合計	502 (1643)	353 (1410)	295 (1277)	329 (1489)

※ 1909年の人口は、1910年12月3日付け『北海タイムス』による。

 釧路市、白糠、舌辛(阿寒)の人口が、多いまま保たれていた。

※ 1925年の釧路国のアイヌは戸数327戸、人口726人で、労働28戸(94人)、小作4戸(16人)、自作農11戸(45人)、自作兼小作96戸(432人)、漁業19戸(110人)、工業1戸(3人)、商業6戸(33人)だという(1925年4月11日『小樽新聞』)。しかし、各職業の戸数の総和(165戸)は327戸ではないし、人口726人も上記1の人口と大きく異なる。

2.「給与地」の活用状況（1936年）

活用分類 市町村名	現在戸数	「下付」戸数	田に利用	畑に利用	未開墾地	開墾不能地	流失地
厚岸	23	22	0	60.5	33.0	23.2	0
弟子屈他2村	17	19	0	51.0	14.0	2.0	0
舌辛外3村	33	24	0	48.3	14.5	33.7	3.3
白糠	111	85	0	56.9	22.3	9.3	7.0
足寄外1村	7	4	0	54.9	0	1.0	3.0
音別	5	15	0	26.7	20.0	5.8	0
標茶	40	40	0	44.0	100.3	13.0	0
釧路市	83	54	0	41.4	12.2	0.5	0

気候上の理由からか、田の利用はなかった。厚岸、白糠、舌辛（阿寒）、弟子屈、足寄で「給与地」の活用が多かった。標茶、厚岸は未開墾地が多かった。

3.「給与地」の「下付」15年以内と、15年以降（1936年時点）

	15年以内			15年以降			
	開墾地	未開墾地	開墾不能地	開墾地	未開墾地	開墾不能地	流失地
釧路市以外	31.7	57.2	9.4	310.7	147.1	79.3	13.4
釧路市	6.4	11.2	0	34.9	1.0	0.5	0

「給与地」の開墾に挑戦したが、うまくいかない場合も多かった。1920（大正9）年以降は、開墾地の倍ほどの未開墾地となった。

> **解説　釧路市の「給与地」**
>
> 　この統計から1920年以降、開墾不能地が全くないのにもかかわらず、未開墾地の多いことを、読み取ることができる。しかし、これは北海道庁という役所が作った資料である。北海道歴史教育協議会編『掘る』によると、釧路市春採の「給与地」は春採湖畔の崖や海岸の崖だったということで、資料の数字とずいぶん隔たりがある。

222

4. 歴史

(1) 1878（明治11）年、根室国は天候不順で、鹿が減った。役所としては、農業へ移行した方がいいと考えた。足寄、利別、螺湾、陸別のアイヌを足寄へ移させ、農具・種子を「給与」した（『根室国旧土人資料』）。

(2) 1885（明治18）年、白糠、阿寒、川上のアイヌ47戸が、開墾計画を申し出た。釧路の農業適地へ移住させた（『根室国旧土人資料』）。

(3) 厚岸郡のアイヌ・太田紋助は、近年、多くの農業器械を備え付け、耕運に従事した（1887年3月25日『北海新聞』）。

(4) 1886（明治19）年に、北海道庁元根室支庁より、アッケシアイヌの授産金として800円を「下附」した。その目的は、漁業や採藻の業に就かせようということだ。漁業も盛大になり、余ったお金を貯金することにした（1888年2月4日『北海道毎日新聞』）。

(5) 1900（明治33）年の釧路国のアイヌ人口は、338戸1403人（『殖民広報』6号）、1902（明治35）年では、391戸1678人（『殖民広報』15号）だった。

(6) 厚岸アイヌ10余名による演劇の一座が函館・青森、大阪の内国勧業博覧会で興行を予定している（1903年2月26日『小樽新聞』）。

(7) 釧路支庁のアイヌ502戸1643人のうち、農業は68戸507人、漁業は87戸415人、雑業113戸300人であった。しかし、農業と言っても、バレーショ、アオモノ（蔬菜）などしか作っていなかった（1910年12月3日『北海タイムス』）。

(8) 1920（大正9）年、教育を受けたアイヌは、農業・漁業に従事する者が多く、和人と「対等の地位」に立とうとしていた（『殖民広報』116号）。

(9) 「厚岸町古民組合共有財産」が北海道長官によって管理されることになった（1924年2月25日『小樽新聞』）。

(10) 釧路市近海を襲った大流氷のため、春採方面の40戸のアイヌのうち、20戸が生業の海藻の採集を奪われた（1927年3月20日『小樽新聞』）。

(11) 厚岸アイヌの組織する互助組合の事業が、牛の購買などで好成績を上げている（1934年11月3日『小樽新聞』）。

近現代アイヌ列伝　山本多助
（1904～1993年）

釧路の春採の生まれ。1934年に阿寒が国立公園に指定されたのを機に古老の話をまとめた『阿寒国立公園とアイヌの伝説』を出版した。戦後に設立された新しい北海道アイヌ協会では初代理事長となった。アイヌを研究対象としか見なかった学問の姿勢に抗して、「ヤイユーカラアイヌ民族学会」を立ち上げた（『査読』参照）。

近現代アイヌ列伝　結城庄司
（1938～1983年）

釧路市生まれ。1972年、アイヌ解放同盟を創立した。第26回日本人類学民族学会連合会で、アイヌを研究対象と見なすのみの研究法に公開質問状を読み上げた。和人の差別発言、差別行為に抗議するとともに、クナシリ・メナシの戦いの犠牲者を弔う「ノッカマップ・イチャルパ」の実行委員長になったり、アイヌの伝統儀式・アシリチェップノミを行った。まだ固まっていなかった先住民族としての視点を持って行動した先駆者である。

根室地方

1. 市町村のアイヌ人口

市町村名		1921年（大正10）	1925年（大正14）	1935年（昭和10）
北海道（根室）	和田（根室）	12 (22)	8 (56)	5 (34)
	別海外5村	14 (64)	11 (62)	
	標津外5村	39 (262)	22 (147)	9 (65)
	植別（羅臼）	2 (2)	2 (2)	
国後	泊 外3村	9 (38)	10 (46)	
	留夜別外1村	1 (5)	1 (5)	4 (7)
	泊			1 (2)
択捉	紗那外2村	16 (80)	17 (85)	13 (72)
	留別外4村	34 (277)	34 (334)	31 (147)
	蘂取外1村	15 (90)	25 (140)	24 (90)
色丹	斜古丹	6 (41)	12 (38)	
	色丹			15 (44)
合計		148 (881)	142 (915)	102 (461)

1925〜35（大正14〜昭和10）年に、人口が激減した。
特に、択捉島の留別、北海道の標津で著しかった。

2.「給与地」の活用状況（1936年）

市町村名 活用分類	現在戸数	「下付」戸数	田に利用	畑に利用	未開墾地	開墾不能地	流失地
紗那（択捉）	13	1	0	0.2	0	0	0
留別（択捉）	31	2	0	1.1	0	0	0
色丹	15	12	0	0.2	1.2	0	0

ほとんど「給与地」を活用していなかった。土地が開墾に向かないのか。

3.「給与地」の「下付」15 年以内と、15 年以降（1936 年時点）

15年以内		
開墾地	未開墾地	開墾不能地
0	0.7	0

15年以降			
開墾地	未開墾地	開墾不能地	流失地
1.5	0.5	0	0

 ほとんど利用しないまま、1933（昭和8）年になった。

4. 歴史

(1) 1882（明治 15）年 6 月、（北千島）ラショワ島のアイヌ 60 余人が、占守島に来た。1884（明治 17）年 7 月 15 日、北千島アイヌ 93 名を軍艦に乗せ、色丹島に移住させた。北千島アイヌは、毎日、漁業を行い、バレーショ、ダイコンを植えた。畜羊を「教え」ようとするが、ロシア語は話せても、日本語を話せる者は一人もいなかった（『色丹島旧土人沿革』）。

(2) 択捉 4 郡のアイヌは漁業を行い、国の農化政策が及ばなかった（『根室国旧土人資料』）。

(3) 北千島アイヌ 97 人は、色丹島の斜古丹港に居住させたが、風土病に罹り死亡する者が数名いた。「元のシュムシュ島へ帰りたい」と言う。同港東北によい土地があるので、そこを耕作地に定めた（1986 年 11 月 20 日『函館新聞』）。

(4) シュムシュ島から移住した色丹島のアイヌ 97 人は、60 人足らずになった（1892 年 9 月 17 日『読売新聞』）。

(5) 流氷が多く、流氷期が長かったため、色丹島のアイヌは 16 戸 59 人が雑漁に従事できず、伐木採薪に当たりながら過ごしていた（1896 年 5 月 15 日『小樽新聞』）。

(6) 択捉島の内保村に小樽新聞社の漁場があって、アイヌが共同組合を組織して漁事に従事した（1986 年 8 月 26 日『小樽新聞』）。

(7) 色丹アイヌを占守郡に「返還」することは、道庁でも異議がないが見合わせとなり、アイヌは大いに落胆した（1899 年 5 月 21 日『北海道毎日新聞』）。

(8) 園田北海道長官のシュムシュ島に対する方針で、「斜古丹土人（色丹アイヌ）の占守島転住を否定する事」とした（1900 年 12 月 6 日『北海道毎日新聞』）。

(9) 1900（明治 33）年の根室国のアイヌ人口は 115 戸 440 人、

 シコタン何もない

千島・樺太交換条約の後に、北千島居住を希望したアイヌは日本政府の都合で、北千島から強制的に色丹島に移された。色丹のアイヌは悲嘆にくれた。

H・J・スノーは、1889 年の色丹アイヌの声として、「シコタンよくない、ウシルルよい、トドたくさん、ラッコたくさん、オットセイたくさん、鳥たくさん、シコタン何もない、シコタン何もない」（『千島列島黎明期』）という言葉を紹介している。

千島国は、130 戸 552 人（『殖民広報』6 号）、1902（明治35 年）の根室国は 119 戸 394 人、千島国は 118 戸 587人（『殖民広報』15 号）だった。

　また、1902 年現在において、色丹島のアイヌは 64 人いて、そのうち 35 人はパラムシリ島などへ出稼ぎに出ていると言う（『殖民広報』15 号）。

(10)　色丹島のアイヌ・直蔵を軍艦に乗せ、パラムシリ島に出稼ぎすることを許可した（1902 年 2 月 11 日　『北海タイムス』）。

(11)　1897（明治 30）年に始まった色丹アイヌの北千島での稼ぎは、オンネコタンにも拡大した（1903 年 12 月 10日『北海タイムス』）。

(12)　ロシア領カムチャッカのオゼルナイを、さらに 3 ケ年「借区」し、色丹アイヌを移住させ、漁猟に従事させた（1907 年『北海タイムス』）。

(13)　色丹島のアイヌによる北千島への出稼ぎは、成績が十分でなく、航海が至難、海獣「保護」のため、この年より廃止した（1910 年 4 月 21 日『小樽新聞』）。

(14)　根室の牧場で例年のとおりクマが出てきて、被害が少なくなかったので、警戒していたところ、大グマ 3、4 頭が出てきて、アイヌが仕留めた（1913 年 10 月 15 日『小樽新聞』）。

(15)　1922（大正 11）年、根室支庁のアイヌは、色丹島以外は、和人に「同化」しつつあった（1922 年　『旧土人に関する調査』）。

(16)　北千島の猟獲物が減り、巨額の出費もあり、1910（明治 43）年に、色丹アイヌの北千島出猟を止めた。数十戸あった集落は、8 戸になってしまった（1923 年 6 月 19日『北海タイムス』）。

解説　ソ連軍の千島列島侵攻

　昭和天皇がアジア・太平洋戦争の降伏を宣言したのは 1945 年 8 月 15 日。その 3 日後の 8 月 18 日、ソ連軍が占守島に侵攻し、壮絶な戦闘になった。ここの日本兵 1 万 2000 人は捕虜になり、シベリア送りにされた。

　ソ連軍は 8 月 28 日に択捉島上陸、9 月 1 日に国後島上陸、同色丹島上陸、9 月 3 日に歯舞諸島に上陸した。かつてアイヌの居住圏だった千島列島は、1875 年以降日本領だったが、ソ連（ロシア）が実効支配することになった。

〈近代／南樺太編について〉

　まず、前提条件として、「近代」サハリンアイヌという時代区分自体が妥当なのかという思いがある。

　1868 ～ 1945 年を近代という時代区分で表すのは、日本史の区分法である。

　しかし、その間、南樺太は日露の雑居地になったり、ロシア領になったり、日本領になっている。こうなると、時代区分の論拠も怪しくなってくる。少なくとも、1869 年以降、一貫して日本の国民だった北海道アイヌとは、同列にはできない。しかし、それに変わる言葉もなく、便宜上、侵攻国家がサハリンのアイヌ社会に入ってきた段階を持って、近代サハリンアイヌという言葉を使うことにしたい。

　さて、この近代のサハリンアイヌは、日本とロシアの勢力争いに巻き込まれ、三つの時代を経験した。

　① 1854 ～ 1875 年……日本とロシアの雑居地（日露通行条約）

　② 1875 ～ 1905 年……ロシア領（千島・樺太交換条約）

　③ 1905 ～ 1945 年……日本領（日露戦争後のポーツマス条約による）

　このうち、①以前の時期は、サハリンはどこの国にも属さない先住民族の大地だったが、サハリン中・北部は清王朝の影響下にあり、サハリンの南端は日本の影響下にあった。1853 年にサハリン占領を目的に来たネヴェリスコイは、「カラフトゥ：アイヌ・コタン・シザム・コタン：カラフトゥ・イサム」（サハリンはアイヌの土地だ。日本人の土地はサハリンにはない）というサハリンアイヌの言葉を伝えている（『サハリン島占領日記』）。

　また、②により、アニワ湾を中心とするアイヌの多くが、北海道の対雁（石狩）に移住させられている。この人たちは、せめて宗谷に行きたいという希望だったのだが、有無を言わせず、対雁に移住させられ、しかも移住後、流行病によって、4 割近くの人が亡くなっている。

　さらに、③により、対雁に移住したアイヌの多くが、南樺太に戻った。ただし、元々の出身地のアニワ湾周辺ではなく、もっと北部の地域に行かされた。その上、他地域のアイヌ集落も統廃合させようとした。日本政府がアニワ湾周辺から、1875 年以降の、アイヌの歴史を途絶えさせた事実を、私たちは胸に刻むべきである。いわば、国家の都合に翻弄され続けた結果が、これである。

1908 年、樺太庁は「土人部落」を設定し、1908 年 12 月末までに移住するように命じたが、なかなか移住しようとしなかった。また、同年 11 月には、樺太アイヌに「免許すべき建網漁業の区域」を東西海岸に 5 ヶ所ずつ選定した。そして、1919 〜 1921 年の間に、東海岸 5 ヶ所、西海岸 4 ヶ所ずつ選定し、集住させたのである。

本書では日本の南樺太領有直後に、残った二つの史料（『自明治四十一年八月至明治四十四年八月　樺太全嶋各村土人の状況』、千徳太郎治『樺太アイヌ叢話』）をもとに、当時のサハリン各地域のアイヌの状況と、それ以前の事跡をたどった。ただし、これらは日本領になってまもない時期の史料であり、ロシア領時代を「悪政」ととらえる傾向があるので、注意して読まなければならない。

また、最上徳内、羽太正養、間宮林蔵、松田伝十郎らによって、18 世紀末〜19 世紀初頭までたどれる史実があるので、それは前近代ではあるが付け加えた。

なお、サハリン南部は広大なので、西海岸・アニワ湾周辺・東海岸に分けて記している。

また、各市町村名は、1922（大正 11）年に、「樺太町村制公布（勅令）」しており、それに基づいて、サハリンの各町村の歴史を当てはめた。

解説　サハリンか樺太か

サハリンか樺太か。この島をどう呼ぶべきだろうか。

そもそも先住民族のアイヌは、この島をどう呼んでいたか。松田伝十郎『北夷談』では、アイヌは「自称してシルンアイヌ」と言い、サンタン人はこの島を「シルンモシリ」と言うので、本来、この島は「シルン」でないかと言う。しかし、この話は全く今に伝わっておらず、松田の言うことが仮に事実であっても、この呼称を広めることは難しい。

新井白石『蝦夷志』や松前広長『松前志』では、「カラト」「カラフト」はアイヌが呼んだものとするが、樺太はおそらくは唐（中国）の品物を持たされることを意識した日本語であろう。サハリンは『赤蝦夷風説考』によれば樺太の北にある島（そんな島はないが）であり、もともとは中国とロシアの境界のアムール川を言ったものとする。事実を確かめようはないが、サハリンと樺太、どちらの言い方をするにしても一長一短である。

本書では、現在の通称に従い、この島の全域はサハリン（島）という言い方で統一したい。歴史用語としては「樺太場所」「千島・樺太交換条約」「北蝦夷地」、あるいは 1905 〜 1945 年に日本帝国が領域とした地は「南樺太」としておきたい。

そもそも、先住民族のアイヌは、この島をどう呼んでいたか。松田伝十郎『北夷談』では、同島奥地のアイヌは「自称してシルンアイヌ」と言い、サンタン人はこの島を「シルンモシリ」と言うので、本来、この島は「シルン」ではないかと言う。しかし、この語は今全く伝わっておらず、松田の言うことが事実であっても、それを証明し、この語を広めることまで行うことは難しい。

近代／南樺太編　凡例

町名は、西村いわお『南樺太』（高速出版、1994年）による。

『自明治四十一年八月　至明治四十四年八月　樺太全嶋各村土人の状況』（全）より作成。全にない町村は未掲載。

1に、1856年のタライカ湾の戸数・人口が入っていることがある。これは、松浦武四郎『北蝦夷余誌』による。

2. 歴史は、
(1) アイヌ居住圏時代。日口雑居時代（1875年以前）
(2) ロシア領時代（1875〜1905年）
(3) 日本領時代（1905年以降）
に分けた。
※記録がなく、史実がわからない場合には、「データなし」、アイヌの集落自体がない場合は「アイヌ集落なし」とした。

広地村・真岡町・蘭泊村

1. 1908〜1911年のアイヌ集落

集落名		戸数（戸）	人口（人）
日本語	アイヌ語		
広地村　多蘭泊	タラントマリ	43	233
大穂泊	オハトマリ	1	2
泊帆岸	トマリポケシ	1	5
泊帆岸	トマリポケシ	1	7
広地	ヒロチ	1	2
明牛	アッケウシ	3	12
真岡町　久米子舞	クメコマイ	19	88
蘭泊村　奥内	オコナイポ	1	5

2. 歴史

(1) 1875年以前

[誌] 1808（文化5）年には、トンナエ（真岡の西富内）にアイヌ集落と番屋があった。[見]によると、アイヌ集落は11戸だった。

[足] マウカ（真岡）のオケラ、タラントマリのマクライの二人は、サハリンの5大首長だった。

(2) 1875〜1905年

[樺] 千島・樺太交換条約により、真岡から男49人、女44人（計93人）が、北海道に移住した。

[千] 真岡のチシナイポ、トマユナイ（二の沢）のアイヌも、1875年に北海道に移住した。

[樺] マウカのチシアイヌが30戸120〜130人、ロシア人が20戸70人くらい住んでいた（1905年11月29日）。

(3) 1905年以降

[全] 1907年、広地村（大穂泊、泊帆岸）で朝鮮人に学び、バレーショを作った。

[全] 1909年、タラントマリで2町5反歩を開墾。バレーショ、ネギなど、中国人に学んだものである。アイヌの惣代は川村斌蔵。

[全] 真岡の久米子舞では、タラ、ニシン・カニ漁を行い、農業はしなかった。

[全] 広地村各地域のアイヌは、多蘭泊に移転させられようとしている。しかし、多蘭泊のアイヌは、北海道からの復帰者が多いので嫌がった。

[樺] アイヌはロシア領時代から多蘭泊・麻内・河幸のサケ漁を許可されていたが、1913年の漁獲は少なかった（1913年11月16日）。

[調] 1930年の多蘭泊「土人部落」は97戸352人、そのうちサハリンアイヌは113人、北海道アイヌは（対雁からの復帰者だろう）209人だった。

※なお、サハリンは日本とロシアの力関係で、国境が何度も変わっており、日本式元号を使うことはひかえたい。

◇引用史料

全 『自明治四十一年八月　至明治四十四年八月　樺太全嶋各村土人の概況』（葛西猛千代『樺太土人研究資料』所収）

南 西村いわお『南樺太』

辞 佐々木弘太郎『樺太アイヌ語地名小辞典』

北 松浦武四郎『北蝦夷余話』

子 最上徳内『蝦夷草紙』

草 最上徳内『蝦夷草紙後編』

休 羽太正養『休明光記』

見 松田伝十郎・間宮林蔵『松田伝十郎・間宮林蔵両人カラフト見分申上書』

東 間宮林蔵『東韃地方紀行』

図 間宮林蔵『北蝦夷図説』

談 松田伝十郎『北夷談』

雑 中村小一郎『唐太雑記』

唐 三保喜佐衛門談・布施虎之助注『唐太話』

サ ニコライ・ブッセ『サハリン島占領日記』

近 松浦武四郎『近世蝦夷人物誌』

門 『北門史網』

碑 樺太アイヌ史研究会編『対雁の碑』

千 千徳太郎治『樺太アイヌ叢話』

樽 河野本道編『アイヌ史新聞年表小樽新聞』（國學院大学北海道短期大学部コミュニ
ティカレッジセンター

調 樺太庁『樺太土人調査書』

足 能伸文夫『樺太アイヌの足跡』

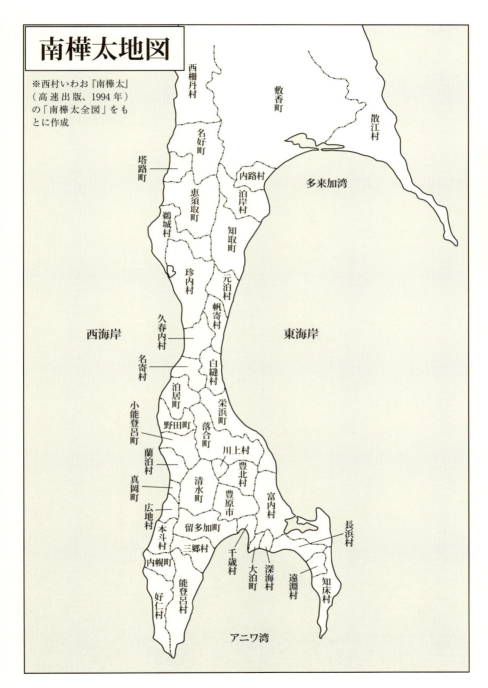

西海岸

好仁村
（こうに）

1. 1908 ～ 1911年のアイヌ集落
（データなし）

2. 歴史
（1）1875 年以前
- 菫 1780 年代にシヤウニにロシア船が来航した。アイヌは皆恐れ、近寄らなかった。
- 菫 1792 年、シラヌシに（清王朝に首長を認められた）山靼人（さんたん）が来た。借財のあるアイヌを連行していくためである。
- 休 19 世紀初頭には、シヤウニ（宗仁）にアイヌ集落（2 戸）があった。
- 談 1808 年には、シラヌシに会所（運上屋のこと）があって、アイヌ集落（5 戸）があった。
- 唐 1842 年頃には、シラヌシにサンタン人が来て交易した。
- 門 1851 年秋、サンタン人がシラヌシに交易に来た。スメレンクル人の居住地で越年し、翌年ナッコ海で遭難し、死亡した。

  ※サンタン人は黒龍江下流に住むツングース系のマングン、スメレンクル人は黒龍江下流・サハリン北部に住むニブフのことである。
- サ 1853 年頃、シラヌシはナヨロに次ぐサハリン島第二の交易中心地であり、日本の影響下で交易できる唯一の地であった。ここに満州人（山丹人）、ニブフ、ウイルタなどが集まってきた。

（2）1875 ～ 1905 年
- 碑 千島・樺太交換条約により、ショウニ（宗仁）、シラヌシ（知主）、リヤトマリ（利屋泊）付近から、153 人のアイヌが北海道に移住した。

（3）1905 年以降
（データなし）

広地村・真岡町・蘭泊村

ひろ ち　　 まおか　　 らんとまり

1. 1908 〜 1911年のアイヌ集落

	集落名		戸数（戸）	人口（人）
	日本語	アイヌ語		
広地村	多蘭泊	タラントマリ	43	233
	大穂泊	オハトマリ	1	2
	泊帆岸	トマリポケシ	1	5
	泊帆岸	トマリポケシ	1	7
	広地	ヒロチ	1	2
	明牛	アッケウシ	3	12
真岡町	久米子舞	クメコマイ	19	88
蘭泊村	奥内	オコナイポ	1	5

2. 歴史

（1）1875 年以前

> 謎 1808（文化5）年には、トンナエ（真岡の西富内）にアイヌ集落と番屋があった。見に
> よると、アイヌ集落は 11 戸だった。

> 足 マウカ（真岡）のオケラ、タラントマリのマクライの二人は、サハリンの5 大首長だった。

（2）1875 〜 1905 年

> 碑 千島・樺太交換条約により、真岡から男49 人、女44 人（計93 人）が、北海道に移住した。

> 千 真岡のチシナイボ、トマユナイ（二の沢）のアイヌも、1875 年に北海道に移住した。

> 樽 マウカにはアイヌが30 戸120 〜 130 人、ロシア人が20 戸70 人くらい住んでいた（1905
> 年 11 月 29 日）。

（3）1905 年以降

> 全 1907 年、広地村（大穂泊、泊帆岸）で朝鮮人に学び、バレーショを作った。

> 全 1909 年、タラントマリで 2 町 5 反歩を開墾。バレーショ、ネギなど、中国人に学ん
> だものである。アイヌの惣代は川村初蔵。

> 全 真岡の久米子舞では、タラ、ニシン・カニ漁を行い、農業はしなかった。

> 全 広地村各地域のアイヌは、多蘭泊に移転させられようとしている。しかし、多蘭泊の
> アイヌは、北海道からの復帰者が多いので嫌がった。

> 樽 アイヌはロシア領時代から多蘭泊・麻内・河幸のサケ漁を許可されていたが、1913
> 年の漁獲は少なかった（1913 年 11 月 16 日）。

> 調 1930 年の多蘭泊「土人部落」は 97 戸 352 人、そのうちサハリンアイヌは 113 人、北
> 海道アイヌは（対雁からの復帰者だろう）209 人だった。

小能登呂町・野田町

1. 1908 ～ 1911年のアイヌ集落

	集落名		戸数（戸）	人口（人）
	日本語	アイヌ語		
小能登呂村	唐佛	トーフツ	23	125
	仁多須	ニダース	1	2

2. 歴史

（1）1875 年以前

囲 19 世紀初頭には、トウブ（小能登呂村）にアイヌ集落が 1 戸、ノタシヤム（野田町）に 3 戸あった。

見 1808 年において、ノタシヤム（野田町）にアイヌ集落が 1 戸あった。

（2）1875 ～ 1905 年

（データなし）

（3）1905 年以降

全 1908 年 1 月、唐佛が集合集落となった。この村のアイヌは、漁場の出稼ぎに行き、ニシンの沖あげを行った。アイヌの惣代人は、野田安之助だが、副惣代人の朝風清作が切り盛りした。

全 仁多須は、春夏は漁場。

全 1909 年、唐佛で初めてバレーショを作るが、収穫は少なかった。野田寒出張所より、各戸に農具を配った。

調 1931 年の登富津「土人部落」の人口は 19 戸 91 人、前年は人口 106 人で、そのうちサハリンアイヌ 34 人、北海道アイヌ（対雁からの復帰者だろう）72 人だった。生業は漁業を主として農業を副とした。

泊居町・名寄村

1. 1908 ～ 1911年のアイヌ集落

	集落名		戸数（戸）	人口（人）
	日本語	アイヌ語		
名寄村	智来	チラフナイ	35	155
	名寄	ナヨリ	5	17

2. 歴史

(1) 1875 年以前

- 図 ナヨロの首長のヤエビラカンは、交易に来たニブフやサンタン人を殺害したため、満州の役人に（ヤエビラカンの子どもの）カンテツロシケとヨーチイテアイノ（揚忠貞？）が人質に取られた。この二人は後、族長（ハラタ）になった。

- 覃 18世紀後半のナヨロの首長は揚忠貞で、満州の官人（清王朝）から名を与えられた。

- 子 1778年、揚忠貞は交易でソウヤに来た。

- 子 1786年のナヨロ首長はヤエンコロアイノだった。

- 談 1808年にトマリポー（泊居町）にアイヌ集落（4戸）と漁小屋があった。ここまで和人の番人が出稼ぎに来て、ニシン・タラをとった。

- 談 1808年のナヨロには、アイヌ集落（4戸）があり、乙名はヤエンクルアイヌだった。清王朝からハラタという官名を与えられ、3年に一度、満州に交易に行った。

- 図 1808年において、清王朝によってナヨロのヤエンクルにハラタ（族長）、シロトマアイヌにカーシンタ（村長）の役が与えられていた。

- 足 ナイロのイコマナイは、18世紀に清王朝に「朝貢」していた揚忠貞の家で、サハリンの5大首長の一人であった。

- サ 1853年頃、ナヨロはすべてのアイヌの交易の中心地であり、ニブフやサンタン人、（和人から隠れてきた）アニワ湾のアイヌも集まってきた。ナヨロの長老（セトクレロ）は、長老の中の長老とみなされていた。

(2) 1875 ～ 1905 年

- 全 名寄では、漁労・狩猟のみで、農耕をしなかった。ロシア時代（1875 ～ 1905 年）にだまされ、テン皮を強制的に取られた。

(3) 1905 年以降

- 全 チラフナイの惣代は、苗沢久兵衛。ここは、北海道からの復帰者が多く、男女とも農業の経験があった。チラフナイがアイヌの集合集落に決定した。

- 全 1908年、苗沢久兵衛は真岡商人からバレーショの種子を購入し、各戸に分配した。北海道からの復帰者が多く、農業を経験していた。

- 全 名寄のアイヌは「チラフナイに行け」と言われるが、復帰者と一緒になりたくなかった。

久春内村

（く　しゅんない）

1. 1908 〜 1911 年のアイヌ集落

	集落名		戸数（戸）	人口（人）
	日本語	アイヌ語		
久春内村	藻白帆	コモシララホ	11	60

2. 歴史

（1）1875 年以前

休　19 世紀初頭において、クシュンナイにアイヌ集落（2 戸）があった。

蓮　1793 年において、クシュンナイ〜サハリン北部ノテトまで 400km、アイヌの人たちはサンタン人への借財のため、サンタンの地（黒竜江下流域）へ連行され、アイヌ集落は二・三ケ所になってしまった。

千　（1899 年、久春内首長・チウカランケの話）1870 年頃、日本とロシアが衝突。会所の和人 3 人が監禁された。アイヌの 2 人が東白浦に知らせに来た。

（2）1875 〜 1905 年

千　1899 年頃、コモシララホでは、チウカランケの「妾」がロシア人に討たれたため、仇討ちした。

（3）1905 年以降

全　コモシララホは、北海道から復帰した者が多く、農業の経験があり、1908 年、バレーショを作った。

全　久春内出張所の監督のもとに、ニシン約 200 石を漁獲して、ニシン粕、掛ニシン等を製造した。

調　1930 年の小茂白及び宝沢「土人部落」の人口は、15 戸 85 人であり、そのうちサハリンアイヌが 8 人、北海道アイヌ（対雁からの復帰者だろう）75 人であった。

解説　アイヌがサンタンの地へ連行される

　サハリンアイヌは日本とロシアの対立の中で、移住を繰り返してきた。ところが、日本とロシアがサハリンに侵出する前に、交易の不均衡によって、サンタンに連行され、クシュンナイからノテトまでの 400km のアイヌ集落が壊滅状態になる歴史を持っていた。サハリンアイヌの借財を補填したのは江戸幕府で、その対応に当たったのは松田伝十郎だった。これは慈善事業ではあったが、日本がサハリン南部に影響力を持つための布石でもあった。

珍内村
ちんない

1. 1908 ～ 1911年のアイヌ集落

	集落名		戸数（戸）	人口（人）
	日本語	アイヌ語		
珍内村	小田州	オダース	3	14
	来知志	ライチシカ	5	25

2. 歴史

（1）1875 年以前

羅 1801 年において、ヲタシヨトに 3 軒、ライチシカに 2 軒のアイヌ集落があった。

休 19 世紀初頭において、ライチシカにアイヌ集落（2 戸）があった。

図 1808 年において、ライチシカのモニシューコテが清王朝によって、カーシンタ（村長）の役を与えられていた。

談 1808 年において、ライチシカにアイヌは居住していなかった。

※図と談は矛盾したことを述べているが、そのまま載せておく。

（2）1875 ～ 1905 年

全 ライチシカのアイヌは今まで農耕をしたことがなかった。

（3）1905 年以降

全 ライチシカのアイヌはキウリ、イトウ、アメマスの漁獲、テン皮で越年した。

全 オダースのアイヌは、バレーショを収穫し、さらに豆、蕪類の作付けも行おうとしていた。ライチシカのアイヌと共同して、ニシン漁も行っていたが、漁獲量は少なかった。

調 1930 年、来知志では戸数 17 戸 85 人、宇達は 7 戸 32 人で、サハリンアイヌ 114 人、北海道アイヌ（対雁からの復帰者だろう）2 人であった。

237

鵜城村
うしろ

1. 1908 ～ 1911年のアイヌ集落

	集落名		戸数（戸）	人口（人）
	日本語	アイヌ語		
鵜城村	小草	オブサナイポ	2	13
	北幌泊	ホロトマリ	10	56
	幌千	ホロチ	3	12
	園度	エントコウスナイホ	7	29

2. 歴史

(1) 1875 年以前

諏 1808 年において、ウショロにアイヌ集落(8戸)があった。ラッコ皮を猟し、満州に持って行って交易したと言う。見では、アイヌ集落が4軒と言う。

東 1808 年において、ウショロより北は満州族の配下にあるので、サハリン南部のアイヌは北行しようとはしなかった。

図 1808 年において、ウショロのセンバクル、イコンランゲは、清王朝によって、カーシンタ（村長）の役を与えられていた。

千 オブサキ(南負咲)には、昔はアイヌの家が3軒あった。ホンケ、トキヤサイヌ、山岸(北海道から移住) である。

(2) 1875 ～ 1905 年

全 オブナイポ、ホロトマリのアイヌは、エンコウスナイホに転住し、日高出身のアイヌと雑居していた。日高アイヌから農耕を学び、バレーショを作っていた。

(3) 1905 年以降

全 ホロチ、モデクナイポのアイヌは、かつてロシア政府が農具・種子を貸し、高価な代金を徴収するのを見て、農耕を行おうとはしなかった。

全 エントコウスナイホのアイヌは、イシカリから来た人々だが、官の「保護」を受けないで来た。この人々は、漁労も農作業もできた。

全 ホロトマリ、オロチ、オブナイポのアイヌは、ホロトマリに出稼ぎに行った。

恵須取町・西柵丹村 (及びサハリン北部)

1. 1908 ～ 1911年のアイヌ集落

	集落名		戸数（戸）	人口（人）
	日本語	アイヌ語		
恵須取町	茂竹	モデクナイホ	1（アイヌ）	3
			2（サンダー[※1]）	5
	恵須取	エストル	1（アイヌ）	7
			1（サンダー）	1
西柵丹村	西柵丹	サクコタン	6（ニブフ[※2]）	37
			8（アイヌ）	45

※1：サンダーは、黒竜江下流のマングン河流域に住むツングース系の民族で、自らをマングンと称した。間宮林蔵はサンタン族と記した。

※2：原史料では、ニブフのことをギリヤークと記していたが、サハリン北部、黒竜江下流を主な居住圏としていた民族である。間宮林蔵はスメレンクルと呼んだ。

2. 歴史

（1）1875 年以前

千 1780 年代、北サハリンのオッチシにはアイヌの住居が多く、サンタン族もここに滞在していた。拾によると、住居 50 余戸で、サハリン島最大規模の集落だった。

東 1808 年において、名好町か西柵丹村にリヨナイという集落があり、首長はウトニシだった。間宮林蔵が宿泊した時、サンタン族に取り囲まれた。

諜 1808 年において、サハリン北部のモシリヤにアイヌ集落（3 戸）があり、ノテトにコーニというアイヌ首長（ニシツハと称す）がいた。コーニは清王朝よりカーシンタ（村長）の官名を与えられていた。ここは、歴史上、日本領になったことがなく、以後の歴史は全くわからない。

門 1854 年、サンタンからノテトにスメレンクル人のカンベーとユーケンが来た。サハリンアイヌのカアマは、14、5 歳の頃、サンタン人に連行された人物で、案内人として来た。

（2）1875 ～ 1905 年

（データなし）

（3）1905 年以降

全 モデクナイホのアイヌは、マングン族と同居し、バレーショ作りを知っていた。

全 エストルアイヌは、ロシア政府の農耕政策（高価な代金を徴収）に不信感を持ち、農業をしたことがなかった。マングン族もニブフ族も同様であった。

全 エストルアイヌは、ライチシカ湖で、イトウ、アメマスを獲り、越年した。サクコタンのニブフ族は、ソーヤでニシンを獲ったが、漁獲量は少なかった。

アニワ湾

　アニワ湾周辺では、千島・サハリン交換条約で、多くのアイヌの人たちが北海道に移住させられた。日本政府は、1905年にサハリン南部が日本領になっても、出身地に戻ることを認めなかった。

能登呂村
（の　と　ろ）

1. 1908 〜 1911年のアイヌ集落
（データなし）

2. 歴史
（1）1875 年以前
- 休　19 世紀初頭には、チシヤ（2戸）、ベシヤウシヤム（2戸）、コンブイ（4戸）などの集落があった。
- 千　1875 年以前には、ノットロ、リヤトマリ、ナイチャに、アイヌが住んでいた。冬はリヤトマリで越年し、夏はナイチャにいた。

（2）1875 〜 1905 年
- 碑　千島・樺太交換条約により、白主領のショウニ（好仁村宗仁）、シラヌシ（好仁村白主）、リヤトマリ（能登呂村利屋泊）から、男 67 人、女 86 人、計 153 人が北海道に移住した。
- 千　ノットロには、ロシア領時代、燈明台があり、1895 年頃、灯台守（ロシア人）が 5 〜 6 人いた。その頃、北海道の石狩より、15 人の団体が来た。
- 千　小樽の巨商・岡田屋（旧・場所請負人か）が、リヤトマリ、ナイチャを漁場にした。鈴谷（ススヤ）は冬期、カレイがたくさん棲息していた。

（3）1905 年以降
（データなし）

留多加町
（るうたか）

1. 1908 ～ 1911年のアイヌ集落

（データなし）

2. 歴史
（1）1875 年以前
- 休 19 世紀初頭には、リテ（3 戸）、ルヲタカ（4 戸）、カモイシヤバ（3 戸）などのアイヌ集落があった。
- 足 1870 年頃、ルータカと西海岸のアイヌが戦争。境界争いをしていたところに、クマ狩りのトラブルから、西海岸の 30 余名のアイヌが侵攻、ルータカアイヌは敗北した。

（2）1875 ～ 1905 年
- 足 1890 年頃まで、ルータカ川口にイナウがあったが、ここより西は、西海岸の領域だという証拠であった。1892 年頃まで、ルータカの地を我が物顔でいた。

※以上、真岡の久米古舞の山下ツスベの話

（3）1905 年以降
（データなし）

解説 ルータカアイヌと西海岸のアイヌの戦い

アイヌ史で最後の武力衝突と言えば、クナシリ・メナシの戦い（1789 年）とされている。しかし、それは北海道アイヌを中心とした歴史である。サハリンアイヌの戦いは同族間のものだが。1870 年頃まであったことが確認できる。

近代／南樺太編

241

千歳村
<small>ちとせ</small>

1. 1908 〜 1911年のアイヌ集落

（データなし）

2. 歴史

（1）1875 年以前

> 休 19世紀初頭には、チナエボ（5戸）、トマリ（2戸）、ヲンナイ（2戸）、エレルムヲロ（2戸）、ウンラ（2戸）、ウシヨウナイ（3戸）などのアイヌ集落があった。

> 足 ウンラ（千歳の旧称）には、（後に白浜集落に移住しているが）もともと、アイヌの小集落があった。

（2）1875 〜 1905 年

> 足 千島・樺太交換条約により、千歳村〜大泊村の9村から、376人が北海道に移住した。

（3）1905 年以降

> 千 武井氏（後志の泊村の漁場経営者か）のニシン漁場となった。

大泊町
おおどまり

1. 1908 〜 1911年のアイヌ集落

（データなし）

2. 歴史

（1）1875 年以前

- 子 1786 年、清王朝の官職を持つサンタン人がヲホトマリに来た。
- 休 19 紀初頭には、クシュンコタン（8 戸）、ホロアントマリ（2 戸）、エンルムカ（2 戸）、ヲフユトマリ（2 戸）などのアイヌ集落があった。
- 近 北蝦夷地場所を切り開くに当たって、クシュンコタンのキムラヤイの指図があった。
- 唐 1842 年に、クシュンコタンに運上屋があり、アイヌ集落（30 〜 40 戸）があった。
- 門 1853 年、ロシア国船 2 隻が、クシュンコタンに来航した。サ によると、この時点で、「サハリンはロシア領」と一方的に宣言した。
- 近 キムラヤイの後、1853 年にロシア船が来航したおりには、孫のヘンクカリがクシュンコタンの惣乙名になっていた。ベンクカリはサハリン 5 大首長の一人（碑）。
- 碑 クシュンコタンには、サハリンの 5 大首長の一人、ベンクカリがいた。
- 千 エンルモロ（三の沢）は、昔、小集落があり、ニシンの群来場であった。
- 千 クシュンコタンは、鈴谷〜大泊の総称で、その中のハッカトマリ（山下町）が大集落で、運上屋の所在地だった。1870 年頃には、何十個のニシン釜がある、ニシンの大漁場であった。
- 千 トマリオンナイ（楠渓町）には運上屋があり、番人が越年していた。
- 千 トマリオンナイの首長・チコヒロ（木下知古広）は、大泊支庁、真岡支庁の一部、豊原支庁、内淵、栄浜の全部の総頭首長で、シラヌシの東山梅尾、真岡の西崎仁四郎が補佐した。

（2）1875 〜 1905 年

- 碑 千島・樺太交換条約により、楠渓領（千歳村〜大泊村の 9 村）の男 195 人、女 181 人、計 376 人が北海道に移住した。
- 千 トマリオンナイのチコヒロは、1875 年に北海道手宮（現・小樽市）に入り、そこで亡くなった。
- 千 エンルモロは小集落で、同地のスウカナリアイヌ（遠藤芳造）は、石狩の対雁村で助教員を行った後、実業界に入った。
- 千 ハッカトマリは、ロシア領時代の政権所在地（カラサアコウ）となった。

（3）1905 年以降

- 樺 大泊支庁管内のアイヌは、22 戸 125 人だった（1914 年 4 月 7 日）。

遠淵村
とおぶち

1. 1908 ～ 1911年のアイヌ集落

（データなし）

2. 歴史

(1) 1875 年以前

休 19 世紀初頭には、トウブツ（8戸）、コチヨベツ（3戸）などのアイヌ集落、遠淵湖畔にナエホロ（4戸）、ホロベツ（2戸）、ウエンベツ（2戸）、シヨウニ（2戸）のアイヌ集落があった。

足 1850 年、トープツは 40 戸ほどの集落だったが、北方のトンナイ（富内）アイヌ（30戸ほど）と勢力争いをしていた。1853 年の秋の末、トープツとトンナイが戦いになり、トンナイ首長の息子・コランケが、トープツ首長を殺害した。トープツ首長の娘は、仇討ちをし、コランケを殺害した。

(2) 1875 ～ 1905 年

（データなし）

(3) 1905 年以降

（データなし）

知床村

1. 1908〜1911年のアイヌ集落
（データなし）

2. 歴史
(1) 1875年以前
- 🈑 19世紀初頭においては、ヤワンベツ（4戸）、ナエクロト（3戸）、ホロシヨボ（2戸）、チシウシ（2戸）などの集落があった。
- 🈑 シレトホ（中知床）には、昔、アイヌがいた。
- 🈑 シルトコ首長のバシララは、サハリンの5大首長の一人だった。

(2) 1875〜1905年
- 🈑 千島・樺太交換条約により、イノスコマナイ（長浜村）〜小満別（知床村）から、男88人、女89人の計177人が北海道に渡った。
- 🈑 千島・樺太交換条約により、皆別領のミナベツ（知床村）〜ハシホ村（中知床半島）から、男12人、女15人、計27人が北海道に渡った。
- 🈑 皆別から北海道に移住した南淵卯之助は、（アイヌ特設学校である）対雁学校から、札幌師範（現・北海道教育大学札幌校）に進学した。

(3) 1905年以降
（データなし）

 山辺安之助
（1867〜1923年）

　知床村の弥満別の出身なので、山辺姓を名乗った。千島・樺太交換条約で石狩の対雁に行き、アイヌ特設学校に入った。1893年、墓参りをしたいと言って、サハリンに戻り、富内村に住むことにした。そこで、自分の家を学校とした。日露戦争が起きると、日本兵に味方して、サハリンの戦闘に加わった。1911年、白瀬中尉の南極「探検」隊に入った。

　山辺の数奇な人生は、金田一京助の力も借り、1912年に『あいぬ物語』として発表した。同書は日本語とアイヌ語の併記で記された最初のものであり、知里幸恵の『アイヌ神謡集』へとつながっていく。

東海岸

富内村
とんない

1. 1908 ～ 1911 年のアイヌ集落

	集落名		戸数（戸）	人口（人）
	日本語	アイヌ語		
富内村	富内	トンナイチャ	15	50
	落帆	オチョポカ	6	26
	負咲	オブサキ	2	9
	愛郎	アイロップ	1	6

2. 歴史

（1）1875 年以前

足 1850 年秋の末、遠淵アイヌと戦いになり、トンナイ首長の息子・コランケが遠淵首長を殺害した。しかし、遠淵アイヌ首長の娘が、コランケを殺害した。

千 アイルフ（愛郎）、トンナイチャ、オブサキ（南負咲）には、アイヌの集落があった。トンナイチャはニシン、夏はマスの漁場だった。オブサキには、ホンケ、トキヤアイヌ、北海道より移住した山岸の 3 軒があった。

（2）1875 ～ 1905 年

千 アイルフ（愛郎）には、アイヌの家が 1 軒のみで、相原氏が漁権を持っていた。

千 1891、2 年頃、大泊より脱監したロシア人 16 人が、トンナイチャの集落を襲った。イヨマンテの最中に、留守番の数人が殺害されるが、アイヌ側が仇討ちに転じ、ロシア人 13 人を射殺した。

千 ロシア領時代の惣代は、トンナイチャのラマンテアイヌ。

千 ロシア領時代のオチョポカには、アイヌの家が 1 軒のみ、相浜の首長バフンケアイヌ（木村愛助）が、ロシアの許可のもと漁業を行っていた。

（3）1905 年以降

千 日本領になると、トンナイアイヌのすべてが富内に集められ、（白瀬中尉の南極探検に加わった）山辺安之助が惣代になった。

樺 屯内茶（トンナイチャ）に昨年、アイヌ学校が創設され、児童数は 30 余名になった（1911年 5 月 19 日）

樺 富内のアイヌの多くが山崎組の伐木人夫に雇われていた（1911 年 4 月 9 日）。

樺 1912 ～ 14 年にかけて愛郎、負咲、富内のアイヌを落帆に集住させた。1931 年の人口は 27 戸 140 人で、うち北海道出身者（復帰者だろう）は 68 人、サハリン出身者は 62人だった。1913 年に落帆教育所を設置した。生業は半農半漁。

落合町
おちあい

1. 1908 ～ 1911年のアイヌ集落

	集落名		戸数（戸）	人口（人）
	日本語	アイヌ語		
落合町	大谷	タク・オ・イ[※1]	9	58

※1：南より。

2. 歴史

（1）1875 年以前
（データなし）

（2）1875 ～ 1905 年
全　ロシア領時代はボリショタコエと言い、アイヌの惣代はオハイベーカ。彼は、ロシア領時代から農業を習い、バレーショを作った。

（3）1905 年以降
全　バレーショ、裸麦、大根を作ったが、河川が氾濫した。

全　タコエ川、ナイブツ川で、地引き網を行っていて、冬期の生活は困難ではなかった。

栄浜町
さかえはま

1. 1908 〜 1911年のアイヌ集落

	集落名		戸数(戸)	人口(人)
	日本語	アイヌ語		
栄浜村	栄浜	ニコライスコエ（ロシア語）	2	9
	栄浜	クラシノチンスコエ（ロシア語）	1	5
	栄浜	サカエハマ（日本語）	6	35
	魯礼	ロレー	3	22
	内淵	ナイブツ	6	35
	相浜	アイ	4	18
	小田寒	オダサン	9	64
		ドチノ	1	2

2. 歴史

（1）1875 年以前

㑏 19世紀初頭には、イヌスシナイ（7戸）、シヤツサツ（5戸）、トウルルカ（4戸）、ナイブツ（5戸）などのアイヌ集落があった。

雞 1801 年において、ナイブツ川上にアイヌ集落があって、アンカソカが首長だった。

図 1808 年において、清王朝によって、ナイブツのリイシルアイノが、カーシンタ（村長）の役を与えられていた。

㽞 オソイコントマリ（尾添）に、アイヌ集落があった。

㽞 フンベトマリ〜トウリイワナイには、アイヌ集落があったが、野寒に移住した。

㽞 栄浜は運上家の所在地で、アイヌはシスカまで漁業の出稼ぎに行った。

㽞 アイにアイヌ集落があり、ハセランケアイヌが首長だった。

㽞 栄浜とナイブツの間のオチョココッセでは、北海道のサルアイヌが漁業に来た（1903年 平取のベンリアイヌ談）。

（2）1875 〜 1905 年

碑 ナイブツ（内淵）の男2人、女7人（千徳太郎の一家）が、北海道に移住した。

足 1886 年、栄浜を中心に疱瘡が流行、ロレーより南は特にひどかった。

碑 1897 年頃、ノッサンのアイヌが疱瘡で多く亡くなり、富内、栄浜に移った。

㽞 ノッサンに移住したフンベトマリ〜トウリイワナイのアイヌは、疱瘡にかかり、全員亡くなった。

千 ロレーは、モニタハヌアイヌ（内藤宗太）が首長で、漁場をロシアから許可された。オチョココッセは、相浜のトチムンランケの漁場、リヤルエサンはノッサンの勝部長三郎の漁場だった。

全 栄浜のカモイカランナは、ロシア人からバレーショ作りを学んだ。アイ村は、ロシア人が開墾した。

千 オソイコントマリ（尾添）では、ペヨトルという人が漁業権を得て、ロシア人が経営した。

千 栄浜に、各地のアイヌがニシン漁に来た。

千 ロシア人は、ナイブチ川右岸、アイヌは左岸に居住していた。ロシア兵の暴行に抵抗した。

（3）1905年以降

全 1911年頃、ニコライスコエ村で初めて農業（バレーショ、裸麦、大根）を、ナイフツでバレーショに挑戦するがほとんど失敗。オタサン村では、惣代人（坪沢六助）がバレーショを持って来るが、イモの病気が発生した。

樺 1912年、小田寒・内淵のアイヌ4名が拓殖博覧会参加のため、東京に行った（1912年10月2日）。

全 ロレーのアイヌは、石沢孫十郎の漁場で、オダサンのアイヌは笹野栄吉の漁場でニシン漁を行い、冬期の食料に備えた。

千 1921年まで、シルトルは広漠たる密林地だったが、大谷、落合、露礼、内淵、相浜、白浦、真縫、函田、栄浜のアイヌの移住が決まった。

調 1921年に、大谷、魯礼、内淵、志安、相浜、真苫、小田寒、北板田、東白浦、真縫のアイヌを白浜駅付近に集住させた。人口は74戸269人。同年、白浜教育所を開校した。

近現代アイヌ列伝 **千徳太郎治**（1872～？年）

1875年の千島・樺太交換条約で北海道に移住させられ、1895年再びサハリンに戻った。内淵教育所で教員をしていたが、サハリンアイヌの風習について、『樺太アイヌ叢話』という本にして出版した（1929年）。

白縫村
しらぬい

1. 1908 ～ 1911年のアイヌ集落

	集落名		戸数（戸）	人口（人）
	日本語	アイヌ語		
白縫村	東白浦	シララカ	8	35
	真縫	マヌイ	3	20
	箱田	オハコタン	5	31

2. 歴史

（1）1875 年以前

- 雑　1801 年において、マトマナイ（白縫村）の首長は、ウメアタイヌだった。
- 近　1850 年頃までは、シララオロ（白浦）のノテカリマが力を持っていて、、和人の横暴をはねのけてきた。
- 千　マトマナイには、相浜・小田寒の墓地があった。
- 千　ボロナイにアイヌ集落があった。マーヌイは旧家・ソヲコンテのいた地。ワーレには、白浦のアイヌ惣代・白川茂衛門の父がいた。チトカンペシは、アイヌが弓を練習したところだった。
- 千　シララカ、ワーレは、会所（運上屋）の所在地だった。

（2）1875 ～ 1905 年

- 足　1886 年、シララカで一人のアイヌが疱瘡になった。1 カ月たたないうちに、15 戸（60 人）のアイヌがほとんど病死。内淵（栄浜村）～ロレー（栄浜村）～トンナイチャ（富内）へ、一方はタライカから鵜城へ、そこから「南進」してアラゴワイ（荒貝～真岡町）に伝わった。
- 千　マトマナイ（真苫）に「先住民」の家が 2 軒あった。オホコタンには、4 軒のアイヌ集落があったが、転居した。ボロナイからは、アイヌがいなくなった。
- 千　マヌイは、1897 年に大建築物があり、ロシア兵が駐屯していた。
- 千　イヨマンテの最中にトンナイ（富内）で殺人事件を起こしたロシア人 16 人のうち、13 人はトンナイアイヌが討ったが、あとの 3 人はマトマナイのアイヌが討った。

（3）1905 年以降

- 全　1910 年頃は、シララカのアイヌは漁業に従事していた。
- 樺　真縫・東白浦ではマス漁が不漁となり、冬場の食料確保のための漁に当たった（1911 年 10 月 11 日）。
- 全　1914 年、マトマナイに、栄浜の村岡久松が木工場を始めた。
- 千　1919 年、オハコタンが廃村になった。

帆寄村
ほ より

1. 1908 〜 1911年のアイヌ集落

（データなし）

2. 歴史

（1）1875 年以前

- 雑 1801 年において、ショユンコタンの首長は「ウワシリ相ノ」だった。
  アイ
- 図 1808 年において、ショユンコタンのニシカニは、清王朝にカーシンタ（村長）を任命
  されていた。
- 壬 ペケレ（辺計）、チカボロナイ（近幌内）、マクンコタン（馬群潭）にアイヌがいた。
- 壬 ヌブリポフ（登保）でニシン漁を行い、チカボロナイ（近幌内）にマスが、マクンコ
  タン（馬群潭）にマス・サケが遡上した。

（2）1875 〜 1905 年

- 壬 ペケレ（辺計）では、和人が建網を許可され、漁業を営んでいたが、取り消された。
- 壬 マクンコタン（馬群潭）の川奥で、ロシア人が農牧を営んでいた。
- 壬 ヌブリポフ（登保）は、角野氏の漁場だった。

（3）1905 年以降

- 壬 ヌブリポフ（登保）が、和人の集落となった。

近代／南樺太編

251

元泊村
もととまり

1. 1908 ～ 1911年のアイヌ集落

	集落名		戸数（戸）	人口（人）	1856年 戸数（戸）
	日本語	アイヌ語			
元泊村	婦礼	フヌプ※1	2	21	4
	樫保	カシポ	3	30	3

※1：婦礼のアイヌ語は、囲では「フレチシ」とする。

2. 歴史

(1) 1875 年以前

図 1808 年において、清王朝によって、フヌプのシカリカトがカーシンタ（村長）の役を与えられた。

囲 フレチシ（婦礼）にアイヌの家が2軒、カシホ（樫保）に3軒、モットマリ（元泊）、フヌプにもいた。

辞 フヌプは、元泊の付近にあった。

(2) 1875 ～ 1905 年

囲 フレチシは、内山吉太の漁場だった。

囲 モットマリ（元泊）に5～6軒あり、ソヲコンデアイヌが惣代。フヌプのアイヌは、多くが他の地に行き、2軒のみだった。

囲 1903 年頃、カラサーコヴより脱獄したロシア人11人を、ロシア監視人とアイヌ5人で殺害した。

囲 カシホ（樫保）の惣代はアサワアイヌ、首長はスボホアイヌ（真縫の惣代はハルカアイヌの弟）だった。

(3) 1905 年以降

囲 モットマリ（元泊）は、内山吉太の漁場だった[2]。

囲 フヌプの惣代は、イボフネアイヌだった。

囲 カシホ（樫保）の教官所に、北海道の武隈徳三郎が勤務していた。

※2：武隈の『アイヌ物語』（1919 年）は、アイヌの風習・宗教観をアイヌ自身の手で初めて出版したもの。

知取町
しりとる

1. 1908 ～ 1911年のアイヌ集落

	集落名		戸数（戸）	人口（人）	1856年 戸数（戸）
	日本語	アイヌ語			
知取町	北遠古丹	ウエンコタン	1	2	2
	東柵内	サツコタン	1	10	

2. 歴史

（1）1875 年以前

（データなし）

（2）1875 ～ 1905 年

　千　密林の中に、ロシア人の家が 20 戸ほどあって、農牧をしていた。

（3）1905 年以降

　千　サツコタンの（家主）サンカワは、敷香支庁より補助金を受け、サツコタン川の渡船
営業を行った。

　樺　知取の特設アイヌ学校の小学生が閑院宮の前で「君が代」を歌った（1931 年 7 月 19 日）。

近代／南樺太編

泊岸村

とまりけし

1. 1908～1911年のアイヌ集落

	集落名		戸数（戸）	人口（人）	1856年 戸数（戸）
	日本語	アイヌ語			
泊岸村	新問	ニートエ	3	13	(20) ※1
	東間串	トイクシ	1	5	
	古丹岸	コタンケシ	3	21	1 (12)

※1：ニートエの20人は、アイヌの人口ではなく、ニブフ、アイヌ、ウイルタが集まっていたということである。

2. 歴史

（1）1875 年以前

見 1808 年において、コタンケシ・ナヨロのアイヌには、サンタン人の風俗をする者もいた。

千 コタンケシには、昔からのアイヌ集落があった。

宗 1856 年 6 月、ニイツイの川口にタライカ人、ヲロッコ（ウイルタ）、ニクブン（ニブフ）が集まっていた。

（2）1875～1905 年

千 コタンケシに、アイヌの家が 3 軒あり、首長はシトリンカアイヌだった。牛馬を 5～6 頭飼育していた。

（3）1905 年以降

全 1911 年、敷香支庁がニートエ、トイクシの 4 戸にバレーショ種を「与える」が、うまくいかなかった。コタンケシのストリキは、ロシア人の耕作を見習い、発育良好であった。

調 1930 年代の新問「土人部落」の人口は 34 戸 122 人、そのうち北海道出身者（対雁からの復帰者だろう）は 118 人、サハリン出身者は 20 人だった（計算が合わないが）。

内路村
（ないろ）

1. 1908 ～ 1911年のアイヌ集落

	集落名		戸数（戸）	人口（人）	1856年 戸数（戸）
	日本語	アイヌ語			
内路村	内路	ナイロ	11	73	アイヌ2 ニブフ10ほど

2. 歴史

（1）1875 年以前

雑 1801 年において、シイ川上にヲロコ（ウイルタ）の集落が5軒あって、サンタン人が山超えするという。

見 1808 年において、コタンケシ・ナヨロのアイヌに、サンタン人の風俗をする者がいた。

余 1856 年6月、ナヨロにタライカ人2戸、ニワブン（ニブフ）10軒あった。ロシアと清王朝の戦いがあったため、生活品が入らず、不自由をしていた。

（2）1875 ～ 1905 年

千 南方にロシア人集落があった。1904 年には、首長ワリランアイノなどの越年家がおり、穴居家だった。

（3）1905 年以降

千 1909 年、平岡定太郎・樺太庁長官は、10 の漁場[1]をアイヌに選定し、アイヌの財政を安定させようとした。その時のアイヌ代表は、ワリランアイノ外14 名であった。

※1： ①ニレネナイ ②ニイトイ ③シララカ ④ロレー ⑤オチヨポカ
⑥タラントマリ ⑦クメコマイ ⑧ドーブチ ⑨チラフナイ ⑩ポロトマリ

解説 平岡定太郎・樺太庁長官

平岡がどういう政策を取ったか、南樺太領有直後のアイヌ史を考える上で重要である。アイヌ集落をいくつかに集め、漁場も選定したということは、サハリンアイヌ史の大きな転換点である。だが、サハリン北部（ロシア領）に天然痘が流行し、多くの人々が移住してきたとき、平岡は移住者に対して、「恰も犬猫と同一視す居れり」と言った（1908 年11 月28 日『北海タイムス』）。平岡の先住民族観がアイヌ政策にどう反映されたのか、今後の研究課題である。

近代／南樺太編

敷香町
（しすか）

1. 1908 ～ 1911年のアイヌ集落

集落名			戸数（戸）	人口（人）	1856年 戸数（戸）
	日本語	アイヌ語			
タライカ	多来加	タライカ	5	28	
	多来加	タライカ	1（サンダー）※1	1	
		エサンノスケ	2（ニブフ）	10	
			1（ヨッコ）※2	1	
タライカ湖畔		ルクタマ	1（ニブフ）※3	7	
			5（ウイルタ）	38	
		キウリ	5（ウイルタ）	32	
		シリマオカ			11（75 ～ 76）
ホロナイ河畔		オクモイ	5（ウイルタ）	30	
		ルイシヨ	5（ウイルタ）	26	
		ブラモッコショエ（？語）	1（ニブフ）	6	
		ジムタキ（？語）	5（ウイルタ）	26	
		トオケシ	1（ウイルタ）	6	
			2（ニブフ）	10	
			4（キーリン）※4	13	
			1（ウイルタ）	2	

※1：サンダー……サンタン人。
※2：ヨッコ……サハリンの先住民族。自称はヨクーン。現在ヤクーツ族と呼ぶ。
※3：ウイルタ……サハリン中部を居住圏とするツングース系の先住民族。
※4：キーリン……アムール川下流域・サハリンの先住民族で、ツングース系の民族。

2. 歴史

（1）1875 年以前

　　1643 年の『フリース船隊航海記録』によると、タライカ湾にはアイヌが居住していた
と言う。1781 年の『松前志』では、タライカアイヌは衰退しており、19 世紀初頭の『松
田伝十郎・間宮林蔵両人カラフト検分申上書』では、ウイルタの地となっている。アイ

ヌはウイルタとの戦闘に敗れ、この地を失ったという伝承を持っている。

調 1856 年、シツカ川端にヨロッコ（ウイルタ）8 軒、向岸のハッタに 3 軒の家があった。

千 1869 年には、和船（ベンザイ船）がシスカまで来れた。

(2) 1875 ～ 1905（明治 8 ～明治 38）年

千 シスカはロシア人のみが住み、海岸はカレマレンコの漁場だった。シスカ川の上流は、サンタン人やニブフの居住地だった。

千 タライカには 3 軒のアイヌの家があり、ここの惣代は南極「探検」のシシランアイヌ（花守信吉）だった。

(3) 1905（明治 38）年以降

調 1930 年頃の先住民族の人口は、アイヌ 18 戸 80 人、オロッコ（ウイルタ）66 戸 324 人、ニクブン（ニブフ）28 戸 121 人、キーリン 3 戸 30 人、サンダー 2 戸 9 人、ヤクーツ 1 戸 2 人だった。6 民族は多来加、東多来加、佐知に「散在」していた。

解説 オタスの杜（もり）

1926 年、日本はオタスの先住民族（ウイルタ、ニブフ）の集落を一般公開のモデル村として建設することを決定した。この村の中央には神社を置きながら、一方で先住民族のありのままの生活を見ることができる場所として、日本全国に宣伝された（ニコライ・ヴィシネフスキー『オタス』参照）。

解説 日本とロシア（ソ連）の覇権に翻弄されるサハリンの民

1917 年にロシア革命が起こると、翌年、日本はイギリス・フランス・アメリカとともにソ連に突如侵入した。日本はサハリン北部を占領し、1922 年までシベリア出兵した。

1945 年 8 月 9 日、アジア・太平洋戦争で日本が敗色濃厚になると、ソ連は日ソ中立条約を一方的に破棄し、サハリン南部に侵入した。昭和天皇の敗戦宣言（8 月 15 日）の後も侵攻を続け、8 月 25 日、サハリン全土を占拠した。

戦後も、サハリン島には日本人や、日本によって強制連行された朝鮮人が残され、今日に至っている。また、（サハリン南部にいた）アイヌ・ウイルタ・ニブフの多くの人は日本本土に移住を余儀なくされるが、ウイルタのゲンダーヌはソ連によってシベリア抑留させられた上に、日本に来ても日本国籍がなかった。1948 年において、サハリンにいるアイヌは100 人ほどであった。1995 年において、サハリンでアイヌ民族を名乗る人物としてリュージナ・クニコ氏がいた。

近代／南樺太編

【アイヌ史博物館一覧】

2016年現在

地域	施設名	連絡先	アイヌによる博物館	歴史	
				前近代	近代
檜山	史蹟・勝山館	上ノ国町 0139-55-2230		○ コシャマインの戦い	
後志	よいち水産博物館	余市町入舟町21 0135-22-6187		○ 「中世」の遺物	
	下ヨイチ運上家	余市町入舟町10 0135-23-5915		○ 運上屋	
石狩	北海道博物館	札幌市厚別区厚別町 小野幌53 011-898-0456		◎	◎
	北海道大学北方生物圏フィールド科学センター植物園	札幌市中央区北3西8 011-251-8010			○ 「開拓」期
	北海道立アイヌ総合センターアイヌ民族展示室	札幌市中央区北2西7 011-221-0462		◎	◎
	江別市郷土資料館	江別市緑町西1-38 011-385-6466			○ 対雁移住
上川	川村カ子トアイヌ記念館	旭川市北門町11 0166-51-2461	○		
	旭川市博物館	旭川市神楽3-7 0166-69-2004		◎	◎
留萌	留萌市海のふるさと館	留萌市大町2-3-1 0164-43-6677		○ コタンビル	
渡島	松前城資料館	松前町松城144 0139-42-2216		○ 松前氏の拠点	
胆振	苫小牧市博物館	苫小牧市末広町3-9-7 0144-35-2550		○ 丸木船	
	知里幸恵の銀のしずく記念館	登別市登別本町2-34-7 0143-83-5666	○		○ 知里幸恵
	登別市郷土資料館	登別市片倉町6-27 0143-88-1339			○ 知里家の人々

地域	施設名	連絡先	アイヌによる博物館	歴史	
				前近代	近代
日高	萱野茂・二風谷アイヌ資料館	平取町二風谷 01457-2-3215	○		
	沙流川歴史館	平取町二風谷 01457-2-4085		○ チャシ	
	新ひだか町博物館	新ひだか町静内山手町 3-1-1 0146-42-0394		○ シャクシャインの戦い	
十勝	幕別町蝦夷文化考古館	幕別町千住114-1 0155-56-4899	○		
北海道外	大阪人権博物館	大阪市浪速区浪速西 3-6-36 06-6561-5891			○ 大正デモクラシー

◎……アイヌ史が通史としてわかる場合
○……アイヌ史の中の、一つのテーマを示している場合
なお、施設名・連絡先は星野泰司氏による（北教組『「アイヌ民族の学習」をすすめるための指針』より）
※アイヌ文化を説明する博物館は北海道内にたくさんあるが、ここには入れていない。

259

おわりに

　私のアイヌ史研究の第一歩は、北海道教育大学の日本史研究室に入った（1977年）ときから始まった。以来、40年たった。思い返すと、その間、三つの時期を経て、今日に至っているように思える。

　第Ⅰ期は、前近代アイヌ史の研究と、アイヌ史全体の流れをつかもうとしていた時期である。新しいテーマを持っては研究論文を書き連ね、それらをまとめたものが『アイヌ史を見つめて』（1996年）であり、『アイヌ史のすすめ』（2002年）だった。この間、菊地清光さんが中心になって進めていた「縄文文化とアイヌ文化」のつながりの研究に私も参加したし、白沢ナベさんや中本ムツ子さんらが講師の札幌アイヌ語教室で、アイヌの言葉と文化の奥深さの一端を学んだ。

　第Ⅱ期は、アイヌ民族の学習を提示し、広げようとした時期である。「アイヌ民族の学習」を広げる意義は多くの方の賛同を得られるものだろうが、そもそもまだ「アイヌ民族の学習」は形ができていなかったし、まちがったことを教えかねなかった。これを進める上で、今まで学んできたり、研究してきたアイヌ史、アイヌ文化、アイヌ語の見方が基盤になったのは言うまでもない。このとき、考えたり発表した内容は、『アイヌの学習にチャレンジ』（2000年）、『アイヌ・北方領土学習にチャレンジ』（2004年）として刊行した。北教組調査研究室に入ったり、北教組合同教研の社会科共同研究者になったこと、日教組の人権教育の内容を見てきたことは、研究と教育を考える上で、血となり肉となった。そうした結果、アイヌ文化振興研究推進機構（推進機構）の小中学生用テキスト、北大アイヌ先住民センターの高校用テキスト作りに関わることができた。また、北海道教育大学旭川校の先生や学生たちと、アイヌ語のテキスト（小中学生用）も作っていった。アイヌの歴史と文化と言葉の教材化に携わることができたわけである。

　第Ⅲ期は、先住民族としての歴史認識を学びつつ、アイヌ史を通史として見て、アイヌ史をまとめ、広げようとした時期である。アイヌ通史については、高校生以上用として『ようこそアイヌ史の世界へ』（2009年）を、一般向けとして『アイヌの歴史』（2014年）を出版した。また、資料としては『アイヌ語古語辞典』（2013年）と今回の『アイヌ地域史資料集』を出版するに至った。

　ところで第Ⅱ期の後半から、私や知人は歴史認識をめぐってさまざまな勢力から攻撃されるようになった。まず、旭川の教育大の先生たちが学生たちのアイヌ

語辞典作りなどに関係して、大学当局から解雇処分にされ、その後、最高裁まで
の闘いの結果、先生たちが勝ったにもかかわらず、未だに職場復帰していない。

　小中学生用テキストは、私の執筆した近代史の記述が道議会、国会で批判にさ
らされた。推進機構は指摘された文をただちに書き変え、編集委員を全員入れ替
え、新たなテキストを作る準備を始めようとした。その流れで、北大アイヌ先住
民センターの高校用テキストもほぼ完成していたにもかかわらず、査読資料とし
て扱われ、日の目を見ることはなかった。しかし、小中学生用テキストは、広範
な反対運動と多くのアイヌの人たちの意見のもと、元の文にもどすことができた。

　また、昨年（2015年）は、中学校社会科教科書のうち、日本文教出版の「旧土
人保護」法の記述が文科省の検定で書き変えされるという事件が起きた。この事
件は、仲間たちとともに各教科書のアイヌ史記述を改めて調べ、教科書会社、文
科省、安倍晋三首相に質問状を出したが、安倍内閣は「これでよし」と閣議決定
してしまった。

　これらの攻撃を羅列したのは「こんな目にあった」ことを宣伝するためではな
い。これらの事件に遭遇する中で、私の近代史の視点、先住権の視点をどれほど
きたえてくれたか。深めさせてくれたか。それが知識としてではなく、身体に刻
まれた。そのことを伝えなければならないと思った。

　それまでの私の関心は、もっぱら前近代アイヌ史にあったが、近代史の視点、
先住権の視点が脆弱だったら、アイヌ史を研究したり、アイヌ民族の学習を進め
る意義を見失うことを痛感した。

　今回の『アイヌ地域史資料集』を執筆するに当って、明石書店の森さんから現
代アイヌ史も入れることはできないかという話があった。だが、現代の地域別の
アイヌ集落の史料集など見たこともなかったし、それでも探そうとすることは人
権上、許されないと思い、「難しい」と言った。

　ところが、森さんから送られてきた初校には、近代史の各支庁の記述でずいぶ
ん空白の部分があった。ここをどうするか。北大アイヌ先住民センターでお蔵入
りさせられた高校用テキストを思い浮かべた。石黒文紀さんは、近現代にアイヌ
文化を広めた人物を、同テキストに載せていた。その後、石黒さんは亡くなった
が、あの文までお蔵入りはないだろう。そういうわけで、近現代にアイヌ文化を
広めた人、さらには政治活動をした人を紹介するコーナーを作った。その中には
石黒さんが調べた情報も多く入っている。それまで、和人の権力者や漁場経営者、
「同化」を望む役人ばかりの記述だったのが、アイヌの視点も入り、歴史がグッ

261

とふくらんだようにも感じた。

　以上、私の経験したさまざまなことが土台になり、あるいは絡み合い、『アイヌ地域史資料集』となって実を結んだしだいである。

　なお、私が書いたものは、雑多なデータを手書き原稿にしたものであった。それを小樽市内の星野泰司氏が整理し、疑問点を洗い出し、ワープロ打ちし、小樽教育地図研究会という小さな会で発刊させてくれた。

　本書は、それを明石書店から大幅改訂して出版したものである。

2016 年 7 月 2 日

索引

あ

アイコウイン　111
アイヌ墳墓盗掘事件　211
アイヌ保護学園　199
アツイシ　127, 129
厚岸場所　160
厚田場所　74
アツマ　129
厚真町　128
アツマ（ヘツ）　127
アトラーソフ　177
網走地方　208
アヒロ場所　124, 125
虻田場所　114
アブラコマ（様似）場所　147
天川恵三郎　197
荒井源次郎　203
安藤陸奥守　176

い

イコチマイン　38, 39
イコトイ　160, 162, 168
イサリ　129
イシカリ13場所　64
石狩地方　198
石狩場所　63, 64
イシハ　185
イシヤリ　127
磯谷場所　40
胆振地方　212
違星北斗　197
岩内場所　42

う

ウイルタ　186, 254, 256
ウエンツルシ　135, 137
鵜城村　238
有珠場所　117
ウソリケシ　110
歌棄場所　38
ウナケシ　100
浦川場所　144
ウルップ島の戦い　177

え

エクレシュイ　115, 162
エコマ　49
恵須取町　239
絵鞆場所　120
択捉場所　170

お

太田場所　27
太田紋助　223
大泊町　243
小川佐助　217
奥蝦夷　150
奥尻場所　26
オケラ　233
渡島地方　210
忍路場所　56
オタフンペチャシ　155
御試交易　160, 163, 165
小樽内場所　60
落合町　247
オニビシ　138, 140
オロッコ　94, 100

か

カーシンタ　178, 185, 235, 237, 238, 239, 248, 251, 252
貝沢藤蔵　217
蠣崎蔵人　40, 41, 149, 157
蠣崎義広　31
カスンデ　162
カニクシアイノ　186
カネキラウコロエカシ　159
カネラン　152
上カバタ　70, 71
上川地方　202
上サツポロ　64, 65
上シノロ　66
上ツイシカリ　69
上ママス　129
上武川　129
上ユウバリ　68, 69
上余市場所　54
カムチャダール　177
カモクタイン　140
萱野茂　217
唐子　185
カルベカイン　73
川村カネト　203
金成太郎　213
金成マツ　212
カンネクルマ（カンニシコル）　42-49
観音洞穴　45

263

き

北蝦夷地　179
北千島アイヌ　176, 225
ギレミ　185
金田一京助　245
金太郎　162

く

久春内村　236
釧路地方　221
久寿里場所　155, 156
口蝦夷　150
久遠場所　24
国後場所　166
クナシリ・メナシの戦い　159, 162, 165, 166, 168, 223
クルムセ　159
クンヌイの戦い　112

け

ゲンダーヌ　257

こ

好仁村　232
国泰寺　162
コシャマイン　110
コシャマインの戦い　53, 110
コタンビル　81, 82
コタンユルカ　156
小能登呂町　234
近藤重蔵　174

さ

栄浜町　248
サカナ　115, 119

サケノンクル　137
サッポロコタン　73
沙流場所　132
サンキチ　166, 168
サンダー　256
サンタン交易　97
サンタン人　236, 243, 255
山丹人　235

し

色丹島　225, 226
色丹場所　169
敷香町　256
静内場所　138
シタエホリ　172
シッカリ　66
静狩（礼文華）場所　116
シノリ館　110
シノロ　67
シブチャリ紛争　146
島小牧場所　34
シママツフ　70, 71
下カバタ　70, 71
下サツポロ　64, 65
下シノロ　64
シモチ　160
下ツイシカリ　67
下ママツ　129
下武川　129
下ユウバリ　68, 69
下余市場所　52
シャクシャイン　138, 140
シャクシャインの戦い　43, 51, 55, 57, 59, 63, 77, 97, 113, 123, 125, 140, 146, 150, 155
積丹場所　46
斜里場所　98

ショヤコウジ兄弟　110
ションコ　168
ションコアイノ　163, 165
白井柳次郎　214
白老場所　124
白沢ナベ　199
白縫村　250
白糠場所　154
知取町　253
後志地方　196
知床村　245

す

杉村キナラブック　201
須築場所　32
寿都場所　36

せ

セタナイチャシ　30
瀬棚場所　30
セッパヤ　168
センケ　97
善光寺　119
センタイン　140

そ

宗谷地方　206
宗谷場所　94
『夷酋列像』　162
空知地方　200

た

高島場所　58
高田屋嘉兵衛　174
武隈徳三郎　220, 252
搭搭児帯　185
タナサカシ　31
田沼意次　179

タリコナ　31
タルマイ　126, 129

ち

チイカイ　128, 129
チイカルシ　66
チエルニイ　173, 177
チコヒロ　243
チコモタイン　31
千島・樺太交換条約　225,
　233, 240, 242, 243, 245,
　249
千歳村　242
チメンバ　123
チョウサマ　99
チヨマカウタ　63
知里真志保　214
知里幸恵　213
珍内村　237

つ

津石狩　66
ツキノエ　162, 166, 168
ツビシカリ　68
ツフカルイシ　67

て

天売・焼尻場所　88
天塩場所　86

と

等樹院　148
遠淵村　244
十勝地方　218
十勝場所　151
トクヒラ　72, 73
トビラス　82
トママイ　66

苫前場所　83
泊居町　235
泊岸村　254
トミカラアイノ　157, 159
トンクル　113
富内村　246

な

ナイホウ　65
内路村　255
中本ムツ子　199
鍋沢サムロッォ　217
名寄村　235

に

新冠御料牧場　215
新冠場所　135
西柵丹村　239
ニシシスケ　133
日露通好条約　186
ニブフ　180, 185, 235, 239,
　254, 256

ね

根室地方　224
根室（キイタップ）場所
　163

の

野田町　234
ノテカリマ　186, 250
能登呂村　240
野村義一　214

は

ハウカセ　63, 70, 72, 73
箱館六箇場所　108
ハシタイン　31

バシララ　245
バチェラー　199, 213, 214
八郎左衛門　54
ハツシヤフ　66, 67
浜益場所　76
ハラタ　178, 185, 235
ハラヤケ　144, 147, 148

ひ

美国場所　48
日高（浦河）地方　215
飛騨屋久兵衛　96, 97, 157,
　159, 160, 162, 163, 166,
　168
日ノ本　176
檜山地方　194
広地村　233

ふ

太櫓場所　28
フリース船隊　162, 168,
　177
古宇場所　44
古平場所　50

へ

ヘケレニシ　156
ヘケレニセ　159
ヘナウケ　31, 35
ペリー　111
弁開凧次郎　211
ヘンクカリ　243

ほ

ホウストフ　186
ホタナイ　128
ホタンナイ　129
北海道アイヌ協会　220

索引

265

帆寄村　251
幌泉場所　149
幌別場所　122

ま

真岡町　233
マクライ　233
マコマイ　126
増毛場所　78
マス　128, 129
松前城下交易　87
マトマイヌ　110
ママチ　128
間宮林蔵　180, 239

み

三石場所　141

む

ムイサヲ　129
ムイシャリ　128
ムカワ　126
ムニトク　37
村山伝兵衛　96
ムンケケ　159

め

メンカクシ　156, 159

も

モシリヤチャシ　157
元泊村　252

や

ヤエビラカン　235
ヤエレシカレ　72
ヤエンクルアイヌ　235
ヤシヤイン　121
山辺安之助　245, 246
山本多助　223

ゆ

結城庄司　223
ユウバリ　68
勇払場所　126

よ

揚忠貞　235
吉田菊太郎　220

ら

ラストチキン　177
ラッコ交易　165, 167
ラッコ島　165
蘭泊村　233

り

リクニンリキ　35
利尻場所　90
流鬼　185

る

留多加町　241
留萌地方　204
留萌場所　81

れ

礼文場所　92

ろ

ロウサン　129
楊兀魯帯　185

わ

ワジマ　42, 43
渡党　53

を

ヲサツ　127, 129
ヲセツコ　128, 129
ヲッケニ　168
ヲニトムシ　159

平山裕人（ひらやま　ひろと）

1958年　北海道小樽市生まれ
1981年　北海道教育大学卒業
現在　　北海道小樽市立高島小学校
主な著書
『アイヌ史を見つめて』　1996年
『アイヌの学習にチャレンジ』　2000年
『アイヌ史のすすめ』　2002年
『ようこそ　アイヌ史の世界へ』　2009年
　以上、北海道出版企画センター刊行
『ワークブック アイヌ・北方領土学習にチャレンジ』　2005年
『アイヌ語古語辞典』2013年
『アイヌの歴史―日本の先住民族を理解するための160話』2014年
　以上、明石書店刊行

アイヌ地域史資料集

2016年7月25日　初版第1刷発行

著　者	平 山 裕 人
発行者	石 井 昭 男
発行所	株式会社 明石書店
	〒101-0021　東京都千代田区外神田6-9-5
電　話	03（5818）1171
ＦＡＸ	03（5818）1174
振　替	00100-7-24505
	http：//www.akashi.co.jp
組版／装丁	明石書店デザイン室
印刷・製本	モリモト印刷株式会社

（定価はカバーに表示してあります）　　　　　　　ISBN978-4-7503-4375-4

JCOPY 〈（社）出版者著作権管理機構　委託出版物〉
本書の無断複写は著作権法上での例外を除き禁じられています。複写される場合は、そのつど事前に、（社）出版者
著作権管理機構（電話 03-3513-6969、FAX 03-3513-6979、e-mail: info@jcopy.or.jp）の許諾を得てください。

〈価格は本体価格です〉

帝国日本のアジア研究
総力戦体制・経済リアリズム・民主社会主義
辛島理人
● 5000円

アホウドリと「帝国」日本の拡大
南洋の島々への進出から侵略へ
平岡昭利
● 6000円

明石ライブラリー 159 日本の右翼
歴史的視座からみた思潮と思想
歩平、王希亮著　山邊悠喜子、宮崎教四郎、和田千代子、齋藤一晴、奥村正雄訳
● 8000円

大川周明と狂気の残影
アメリカ人従軍精神科医とアジア主義者の軌跡と邂逅
エリック・ヤッフェ著　樋口武志訳
● 2600円

清沢満之と日本近現代思想
自力の呪縛から他力思想へ
山本伸裕
● 3000円

福沢諭吉 朝鮮・中国・台湾論集
「国権拡張」「脱亜」の果て
杉田聡編
● 3800円

世界史の中の日本 岡倉天心とその時代
岡倉登志
● 2500円

中江兆民の国家構想
資本主義化と民衆・アジア
小林瑞乃
● 7200円

東アジア史のなかの日本と朝鮮
古代から近代まで
吉野誠
● 2800円

東アジアと海上の道
古代史の視座
上田正昭
● 2580円

漫画に描かれた日本帝国
「韓国併合」とアジア認識
韓相一、韓程善著　神谷丹路訳
● 3800円

沖縄と「満洲」
「満洲一般開拓団」の記録
沖縄女性史を考える会編
● 10000円

晩年の石橋湛山と平和主義
脱冷戦と護憲・軍備全廃の理想を目指して
姜克實
● 2800円

司馬遼太郎と網野善彦
「この国のかたち」を求めて
川原崎剛雄
● 2000円

日系アメリカ移民 二つの帝国のはざまで
忘れられた記憶 1868-1945
東栄一郎著　飯野正子監訳　長谷川寿美、小澤智子、飯野朋美、北脇実千代訳
● 4800円

横浜ヤンキー
日本・ドイツ・アメリカの狭間に生きたヘルム一族の150年
レスリー・ヘルム著　村上由見子訳
● 2600円

日韓でいっしょに読みたい韓国史

未来に開かれた共通の歴史認識に向けて

徐　毅植、安　智源、李　元淳、鄭　在貞著
君島和彦、國分麻里、山﨑雅稔訳

B5変型／並製
／220頁
●2000円

日本の学生や一般読者に向けて韓国人研究者によって書かれた韓国史の概説書。韓国の歴史と文化、韓国と日本の文化交流の2部構成で、豊富な図版とともに大まかな流れが把握できるように叙述されている。韓国人の歴史認識を理解するうえで好適な入門書。

内容構成

第1部　韓国の歴史と文化
第1編　文明の発生と国家の登場
第2編　いくつかの国から統一国家へ
第1章　新羅・高句麗・百済・加耶
第2章　統一新羅と渤海
第3編　統一新羅と高麗の文化の発展
第1章　国家の安定と文化の発展
第2章　高麗の発展と繁栄

第2部　韓国と日本の文化交流
　―文化交流の歴史を正しく理解しよう
第1章　原始時代、東北アジア大陸と日本列島の文化交流
第2章　3国から日本列島に向かった人々、そして文化交流
第3章　統一新羅と高麗による対日外交の閉塞と民間での文化交流
第4章　朝鮮から日本に向かう文化の流れ
第5章　日本の近代化と文化の流れの逆転
第6章　韓国と日本の新しい関係と文化交流

第2章　朝鮮の成立と近代社会
第1章　欧米との出会いと近代化
第4編
第2章　日本の統治政策と国家護運動
第5編
第1章　独立のための抗争
第2章　南北分断と大韓民国の発展

高句麗の文化と思想

東北亜歴史財団編　東潮監訳　篠原啓方訳

●8000円

高句麗の政治と社会

東北亜歴史財団編　田中俊明監訳　篠原啓方訳

●5800円

渤海の歴史と文化

東北亜歴史財団編　濱田耕策監訳　赤羽目匡由・一宮啓祥、井上直樹、金出地崇、川西裕也訳

●8000円

朝鮮王朝時代の世界観と日本認識

河宇鳳著、金　両基監訳、小幡倫裕訳

●6000円

朝鮮通信使の足跡　日朝関係史論

仲尾宏

●3000円

朝鮮通信使をよみなおす　「鎖国」史観を越えて

仲尾宏

●3800円

朝鮮王朝儀軌　儒教的国家儀礼の記録

韓永愚著　岩方久彦訳

●15000円

九州のなかの朝鮮　歩いて知る朝鮮と日本の歴史

九州の中の朝鮮文化を考える会編

●1600円

〈価格は本体価格です〉

〈価格は本体価格です〉

江戸時代の被差別社会 増補 近世関東の被差別部落
石井良助編
●16311円

江戸・東京の被差別部落の歴史 弾左衛門と被差別民衆
浦本誉至史
●2300円

被差別部落の風景 現代日本の人権問題と向き合う
西田英二
●2500円

中山みきの足跡と群像 被差別民衆と天理教
池田士郎
●2500円

水平社宣言起草者西光万吉の戦後 非暴力政策を掲げつづけて
加藤昌彦
●3300円

近代日本の社会的差別形成史の研究
増補『ミナト神戸 コレラ・ペスト・スラム』
安保則夫著
（社）ひょうご部落解放・人権研究所編
●5800円

Q&A 同和問題の基礎知識【第4版】
小森哲郎
●1500円

「とも生み」の思想 人権の世紀をめざして
上田正昭
●3200円

マルチ・エスニック・ジャパニーズ ○○系日本人の変革力
駒井洋監修　佐々木てる編著
●2800円

仏教と差別 同和問題に取り組んだ真言僧 佐々木兼俊の歩んだ道
下西忠、山口幸照、小笠原正仁編著
●2000円

幕藩体制下の被差別部落 肥前唐津藩を中心に
松下志朗
●2800円

近代日本の格差と最下層社会
草間八十雄著　安岡憲彦
●9800円

近代大阪の部落と寄せ場 都市の周縁社会史
吉村智博
●6800円

近代大阪の工業化と都市形成 生活環境からみた都市発展の光と影
小田康徳
●4200円

近代日本の植民地統治における国籍と戸籍 満洲・朝鮮・台湾
遠藤正敬
●6800円

現代ヨーロッパと移民問題の原点 1970、80年代、開かれたシティズンシップの生成と試練
宮島喬
●3200円

ワークブック
アイヌ・北方領土学習にチャレンジ
平山裕人著　B5判／並製／232頁 ●1800円

少数民族としてのみ捉えられがちなアイヌの姿を、かつての広大な文化圏、神話・歴史・言葉などから、小・中学生にもわかりやすく解説。北方領土問題では、数多くの史料をもとに、第二次大戦終結後も続いたソ連の攻撃を丹念に調査し、問題の奥深さに迫る。

■■■■内容構成■■■■

第1章 カムイ・ユカラにチャレンジ
第2章 アイヌ語地名にチャレンジ
第3章 アイヌ史にチャレンジ
　一 古代国家とエミシ（エミシの時代）
　二 原アイヌとオホーツク文化（擦文人の時代）
　三 アイヌと交易の時代（中世）「近世」アイヌの時代）
　四 アイヌモシリをねらう国々（近世）後期アイヌの時代）
　五 日本国民として、先住民族として（近現代アイヌの時代）
第4章 「北方領土」にチャレンジ
　一 国境の攻防戦
　二 ソ連軍の西海岸侵攻
　三 真岡虐殺
　四 豊原空襲と3船襲撃
　五 朝鮮人と先住民族
　六 ソ連軍の北千島侵攻
　七 ソ連の千島列島占領
　八 さまざまな文化の交流の中で

さあアイヌ文化を学ぼう！ 多文化教育としてのアイヌ文化学習
末広小のアイヌ文化学習を支援する会編 ●1600円

アイヌ民族の歴史と文化 北方少数民族 学者の視座より
チューネル・M・タクサミ、ワレーリー・D・コーサレフ著
中川裕監 熊野谷葉子訳 ●3300円

アイヌの四季 フチの伝えるこころ
計良智子 ●2000円

アボリジニで読むオーストラリア もうひとつの歴史と文化
青山晴美 ●2200円

消滅の危機にあるハワイ語の復権をめざして 先住民族による言語と文化の再活性化運動
松原好次編著 ●5000円

多民族化社会・日本 〈多文化共生〉の社会的リアリティを問い直す
渡戸一郎、井沢泰樹編著 ●2500円

境界の民族誌 多民族社会ハワイにおけるジャパニーズのエスニシティ
森仁志 ●5000円

エスニック・ワールド 世界と日本のエスニック社会
山下清海編著 ●2000円

〈価格は本体価格です〉

アイヌの歴史
日本の先住民族を理解するための160話

平山裕人著　四六判／上製／348頁　●3000円

アイヌの人々はいつ頃出現し、日本の支配権力や東アジアの諸国家、そしてオホーツクの文化圏など、様々な関係の中でどのように現代まで歩んできたのか。先住民族の視点から、日本史の一部ではない、一つの独立した民族の歴史としてわかりやすく描いた入門書。

■内容構成■

第1編　アイヌ史を考える前に
　第1章　歴史を学ぶとは
　第2章　アイヌの歴史はどこから始まるか
第2編　アイヌの歴史
　第1章　旧石器時代
　第2章　新石器時代
　第3章　原アイヌ文化期
　第4章　アイヌ文化前期
　第5章　アイヌ文化後期
　第6章　近代アイヌ文化期
　第7章　現代アイヌ文化期
〔付録〕アイヌ史を中心とした東アジア列島史年表

アイヌ語古語辞典

平山裕人著　A5判／上製／420頁　●8600円

蝦夷地が幕府直轄地となる以前に残された史料からアイヌ語古語を復元しようとする試み。古文献から古語を集め比較研究した「アイヌ語古語辞典」、地名から古語を考察する「アイヌ語地名史辞典」、18世紀以前の史料『藻汐草』アイヌ語単語集」から成る。

■内容構成■

第1部　アイヌ語古語辞典
第2部　アイヌ語地名史辞典
第3部　『藻汐草』アイヌ語単語集
第4部　アイヌ語古語・日本語索引

〈価格は本体価格です〉